高等职业教育大数据与会计专业系列规划教材

业财一体化

初级会计电算化实务教程（第三版）

（畅捷通T3版）

主　编　陈旭生　尹　峰
副主编　郝言红　金雨佳　葛宏俊
　　　　刘　川　徐启超

- “互联网+”创新型教材
- 扫码看微课视频，随时随地轻松学
- 配套在线课程平台，共享优质教育资源

大连理工大学出版社

图书在版编目(CIP)数据

初级会计电算化实务教程 / 陈旭生，尹峰主编. -- 3版. -- 大连 ：大连理工大学出版社，2024.8
高等职业教育大数据与会计专业系列规划教材
ISBN 978-7-5685-3347-8

Ⅰ. ①初… Ⅱ. ①陈… ②尹… Ⅲ. ①会计电算化－高等职业教育－教材 Ⅳ. ①F232

中国版本图书馆 CIP 数据核字(2021)第 222154 号

大连理工大学出版社出版
地址:大连市软件园路 80 号　邮政编码:116023
发行:0411-84708842　邮购:0411-84708943　传真:0411-84701466
E-mail:dutp@dutp.cn　URL:https://www.dutp.cn
大连天骄彩色印刷有限公司印刷　　大连理工大学出版社发行

幅面尺寸:185mm×260mm　　印张:13　　字数:308 千字
2013 年 10 月第 1 版　　2024 年 8 月第 3 版
2024 年 8 月第 1 次印刷

责任编辑:刘丹丹　　责任校对:刘俊如
封面设计:对岸书影

ISBN 978-7-5685-3347-8　　定　价:45.00 元

前言

Preface

会计电算化是高等职业教育大数据与会计专业的一门核心课程，其任务是培养学生掌握会计电算化基本理论和基本实践技能。会计电算化的培养目标是强化会计电算化基础能力和核心专业技术应用能力。通过对会计电算化的学习，学生不仅能够学到财务与业务一体化管理软件的基本操作技能，还能学到会计工作岗位之间的业务衔接关系和内部控制要求，同时领会会计人员的职业道德规范等内容，完成理论转向实践、单项技能转向综合技能的过渡。

为了达到企业需要的会计电算化专门人才的培养目标，本教材编写人员集中优势资源，以工学结合为切入点，根据课程内容和学生特点，在第二版的基础上进行了修订。教材以企业典型的会计工作任务为出发点，以任务驱动式的教学方式，使学生在完成任务的过程中学习财务与业务一体化管理软件的使用方法并系统地学习每一个工作任务所涉及的知识要点。为了巩固所学知识，及时了解学生的掌握程度，每一个项目后面都附有相应的上机实验，方便学生进行针对性的实践应用。

本教材针对用友畅捷通 T3 标准版中的基本知识和操作方法进行讲解训练，学生可以系统学习总账业务，报表、工资、固定资产管理，采购、销售业务处理的基本工作原理，以及会计核算与管理的全部工作过程。全书共分为 6 个项目，具体包括系统管理与基础设置、总账业务、报表管理、工资管理、固定资产管理和应收应付款管理，每个项目附加任务实训。为了满足学生针对不同内容进行专项训练的需要，教材中的每一个项目和任务实训都准备了实验前的准备账套和实验后的结果账套数据，学生可以任意选取想要完成的学习任务，不会因为数据准备不充分而无法随机地选取学习内容。

本教材以面向高等职业院校大数据与会计专业、大数据与财务管理专业、大数据与审计专业及相关经济管理专业的会计信息化、会计电算化等课程教学为目的，适合欲掌握财务管理软件应用的人员使用。教材采用案例教学、实践教学的任务驱动式的教学方式，有针对性地呈现完整的会计核算和会计管理的应用方案。教材内容安排合理，文字简明，面向应用，突出操作技能训练，能够适应企业管理现代化对会计人员综合素质的要求。

本教材由广州城建职业学院陈旭生、尹峰任主编，广州城建职业学院郝言红和金雨佳、宣城职业技术学院葛宏俊、河北青年干部管理学院刘川、新道科技股份有限公司徐启超任副主编。具体分工如下：尹峰编写项目一，刘川编写项目二，徐启超编写项目三，葛宏俊编写项目四，金雨佳编写项目五，郝言红编写项目六，陈旭生负责全书的大纲制定、结构设计和统稿工作。此外，本教材是在用友集团旗下新道科技股份有限公司的大力支持下编写完成的，在此深表谢意！

在编写本教材的过程中，编者参考、引用和改编了国内外出版物中的相关资料及网络资源，在此表示深深的谢意！相关著作权人看到本教材后，请与出版社联系，出版社将按照相关法律的规定支付稿酬。

会计工作一直处在不断的改革变化之中，会计信息化的发展更是日新月异，我们还会在今后的工作中搜集最新会计电算化信息，努力完善本教材。由于编者水平有限，书中难免有疏漏之处，恳请读者批评指正。

编　者

2024 年 8 月

所有意见、建议请发往：dutpgz@163.com

欢迎访问职教数字化服务平台：https://www.dutp.cn/sve/

联系电话：0411-84707492　84706671

目录 Contents

项目一 系统管理与基础设置

“学习目标”

知识目标

熟悉用户管理和创建账套的操作内容；熟悉账套管理操作内容；了解用友畅捷通T3版财务管理系统基本信息和基础档案的主要内容；熟悉企业T3的功能；掌握基本信息和基础档案的操作内容。

依法建账是会计核算中的最基本要求之一，根据《中华人民共和国会计法》《会计基础工作规范》等法律法规的规定，各单位必须依法建立会计账簿，不得私设会计账簿。

能力目标

能够根据企业的实际情况设置操作员及其权限，能够根据需要创建账套；能够熟练进行用友畅捷通T3财务管理系统相关子系统的启用；能够根据需要准确设置企业基本信息、编码方案、数据精度等基本信息；能够根据需要准确进行部门、职员、往来单位、存货、财务、收付结算等基本信息的设置。

用友T3财务管理软件由总账、报表、工资核算、固定资产、应收应付款等子系统组成，各子系统都是为同一个主体的不同方面服务的。各子系统之间既相对独立又相互联系、协同运作，共同完成一体化的会计核算与管理工作。为了实现一体化的管理应用模式，要求各子系统共享公用的基础信息，拥有相同的账套和年度账，并要求操作员设置操作权限进行集中管理，所有的数据共用一个数据库。因此，为了完成全面的系统服务，系统中设立了系统管理功能，为各子系统提供统一的环境，对财务管理软件所属的各个系统进行统一的操作管理和数据维护，最终实现财务和业务的一体化管理。

系统管理的主要功能是对T3用友通标准版的各个子系统进行统一的操作管理和数据维护。系统管理的内容主要包括对账套的管理以及对操作员及其权限的管理。

系统管理

任务一　设置操作员

设置操作员主要包括增加操作员及操作员信息的管理，方便企业有关财务人员登录系统并进行软件各系统功能的操作。

任务导入

广东旭日公司计划在2021年1月1日开始采用用友T3版财务管理软件进行财务做账，软件已经安装在计算机中。那么哪些人可以操作这个软件，各自分别有哪些权限？这就需要对操作员进行设置了。旭日公司财务部共有4人，分别是会计主管陈峰，电算主管杨海，会计陈静和出纳吴东妹，现在需要把这4名员工的信息设置在软件中，并为他们分配相应的权限，使得他们能够对软件进行操作。

一　启动系统管理

以系统管理员“admin”的身份启动系统管理。

任务流程

（1）双击桌面上的“系统管理”图标或执行“开始”→“程序”→“T3系列管理软件”→“系统管理”命令，进入“系统管理”窗口，如图1-1所示。

（2）执行“系统”→“注册”命令，打开“注册〖控制台〗”对话框。在“用户名”栏输入“admin”，如图1-2所示。

（3）单击“确定”按钮（系统管理员默认口令为空），进入“系统管理〖试用版〗”窗口（以下简称“系统管理”窗口）。

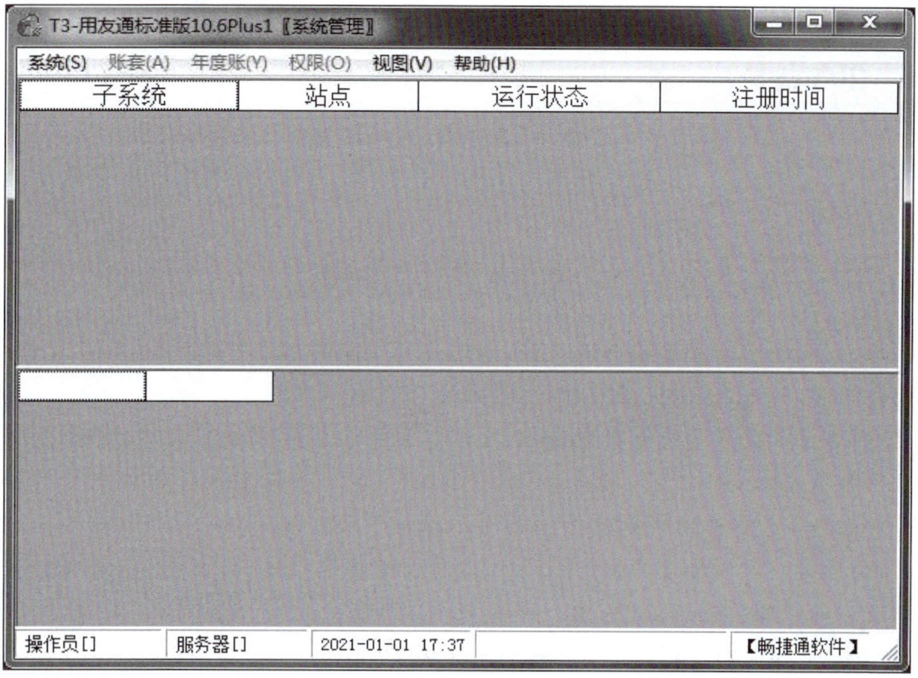

图 1-1 “系统管理”窗口

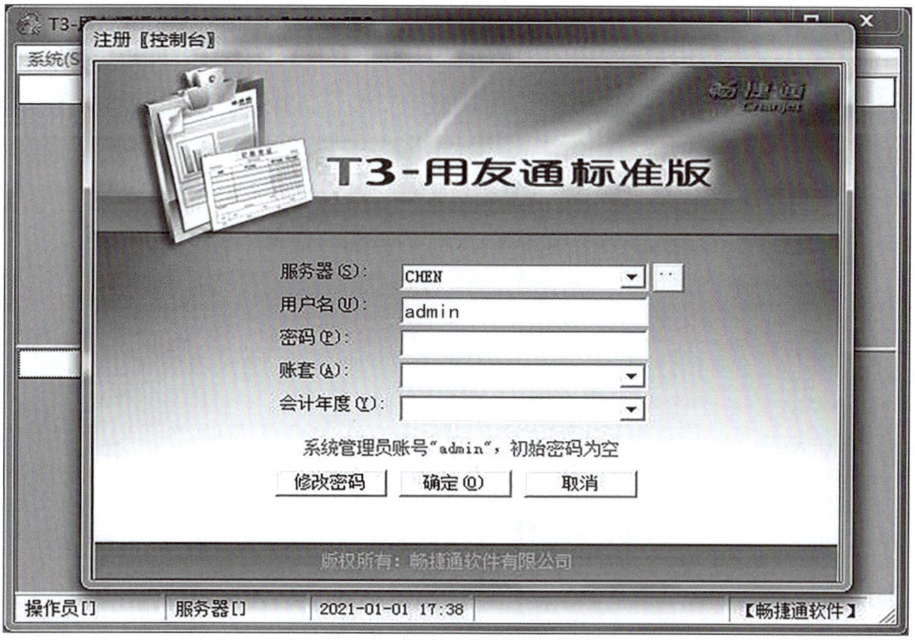

图 1-2 “系统管理员登录”对话框

任务指导

(1)在“系统管理”窗口中可以进行设置操作员、建立账套和设置操作员权限等的操作。

(2)系统允许用户以系统管理员“admin”的身份或者以账套主管的身份注册进入“系统管理”窗口。

(3)系统管理员负责整个系统的总体控制和维护工作,可以管理该系统中所有的账套。

(4)以系统管理员身份注册进入,可以进行账套的建立、恢复和备份,设置操作员、指定账套主管,并可以设置和修改操作员的密码及其权限等。

(5)账套主管负责所选账套的维护工作。主要包括对所选账套进行修改、功能模块启用及对年度账的管理(包括建立、清空、恢复、备份以及各子系统的年末结转和所选账套的数据备份等),以及该账套操作员权限的设置。

(6)由于第一次运行该软件时还没有建立核算单位的账套,因此,在建立账套前应由系统默认的管理员“admin”登录。

(7)系统管理员“admin”没有密码,即密码为空。在实际工作中,为了保证系统的安全,必须为系统管理员设置密码。在教学过程中,由于一台计算机需供多个学员使用,为了使用方便建议不为系统管理员设置密码。

二 增加操作员

增加操作员,见表 1-1。

表 1-1　操作员列表

操作员编号	操作员姓名	操作员口令
CF	陈峰	123
YH	杨海	123
CJ	陈静	123
WDM	吴东妹	123

任务流程

(1)执行“权限”→“操作员”命令,打开“操作员管理”对话框,如图 1-3 所示。

(2)单击“增加”按钮,打开“增加操作员”对话框,输入编号“CF”、姓名“陈峰”、口令“123”和确认口令“123”。如图 1-4 所示。

(3)单击“增加”按钮。

(4)继续增加操作员杨海、陈静和吴东妹。

(5)单击“退出”按钮,系统显示操作员名单,如图 1-5 所示。

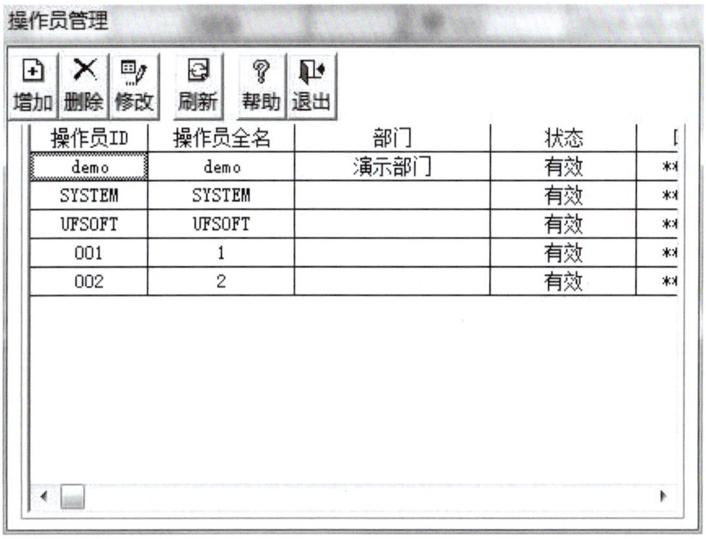

图 1-3 “操作员管理”对话框(1)

图 1-4 “增加操作员”对话框

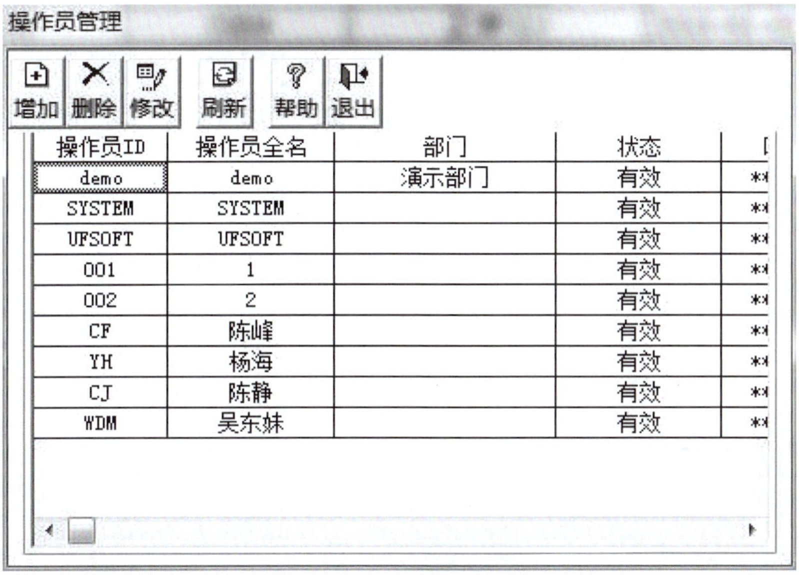

图 1-5 “操作员管理”对话框(2)

任务指导

(1)只有系统管理员有权限设置操作员。

(2)系统预置了3名操作员，分别是demo、SYSTEM和UFSOFT，这3名操作员的初始口令与各自的名称一样，并且字母不区分大小写，如demo的口令就是demo。

(3)操作员编号在系统中必须是唯一的，即使是不同的账套，操作员编号也不能重复。

(4)所设置的操作员一旦被使用，就不能删除。

(5)在实际工作中可以根据需要随时增加操作员。

(6)为保证系统安全、分清责任，应设置操作员口令。

三 修改操作员信息

将操作员“CJ”的口令 “123”修改为“12345”。

任务流程

(1)以系统管理员“admin”的身份注册进入“系统管理”窗口。

(2)执行“权限”→“操作员”命令，打开“操作员管理”对话框。

(3)在“操作员管理”对话框中单击要修改的操作员“陈静”所在行，单击“修改”按钮，打开“修改操作员信息”对话框。

(4)将口令“123”修改为“12345”，如图1-6所示。

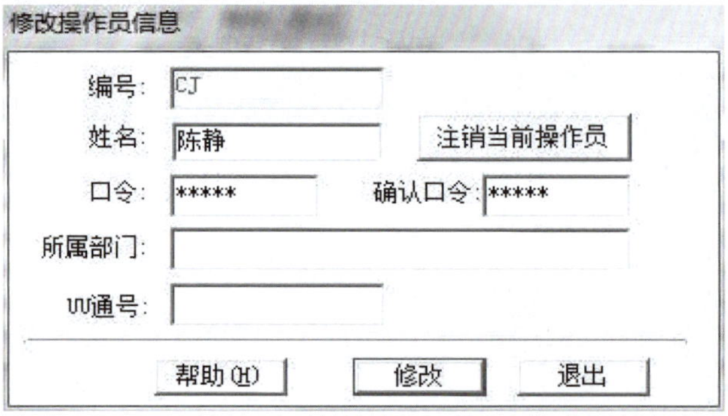

图1-6 修改操作员信息

(5)单击“修改”按钮保存，系统显示修改后的操作员信息。

任务指导

(1)在系统中所设置的操作员在未被使用前，可以进行修改，但是操作员信息一旦保存，则编号不能修改。

(2)只有系统管理员有权修改操作员信息。

(3)在操作员的信息中,操作员编号不能修改,操作员的姓名、口令及所属部门可以修改。

(4)操作员的口令除了可以由系统管理员进行修改外,还可以在操作员登录后由操作员本人进行修改。

任务二 账套管理

账套管理

账套管理的工作主要包括建立账套、修改账套、删除账套、恢复账套和系统启用等。

任务导入

广东旭日股份有限公司是税务部门核定的一般纳税人。该公司从2021年1月1日开始使用T3用友通标准版。现在需要在系统中建账以便把手工业务数据移植到计算机中,并在计算机中处理企业的会计业务。

一 建立账套

创建020账套,账套名称:旭日公司。单位名称:广东旭日股份有限公司(简称"旭日公司")。启用会计期:2021年1月。记账本位币:人民币(RMB)。企业类型:工业。执行:2007年新会计准则。账套主管:陈峰。不按行业性质预置会计科目。该企业不要求进行外币核算,只需对客户进行分类。设置分类编码:科目编码级次:4222;客户分类编码级次:122。创建账套后暂时不启用任何子系统。其他账套信息默认。

任务流程

(1)以账套主管"admin"进入"系统管理"窗口,执行"账套"→"建立"命令,打开"创建账套—账套信息"对话框。

(2)输入账套信息。账套号"020",账套名称"旭日公司",启用会计期"2021年1月",如图1-7所示。

任务指导

(1)新建账套号不能与已存在的账套号重复。

(2)账套名称可以是核算单位的简称,它将随时显示在正在操作的财务管理软件的界面上。

(3)账套路径为存储账套数据的路径,可以修改。

(4)启用会计期为启用财务管理软件处理会计业务的日期。

(5)启用会计期不能在计算机系统日期之后。

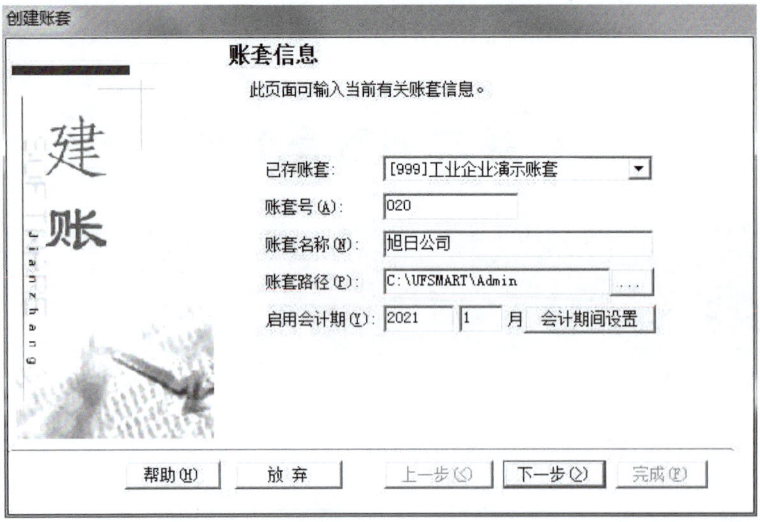

图 1-7 “创建账套—账套信息”对话框

(3)在“创建账套—账套信息”对话框中，单击“下一步”按钮，打开“创建账套—单位信息”对话框。

(4)输入单位信息。单位名称“广东旭日股份有限公司”，单位简称“旭日公司”，如图1-8 所示。

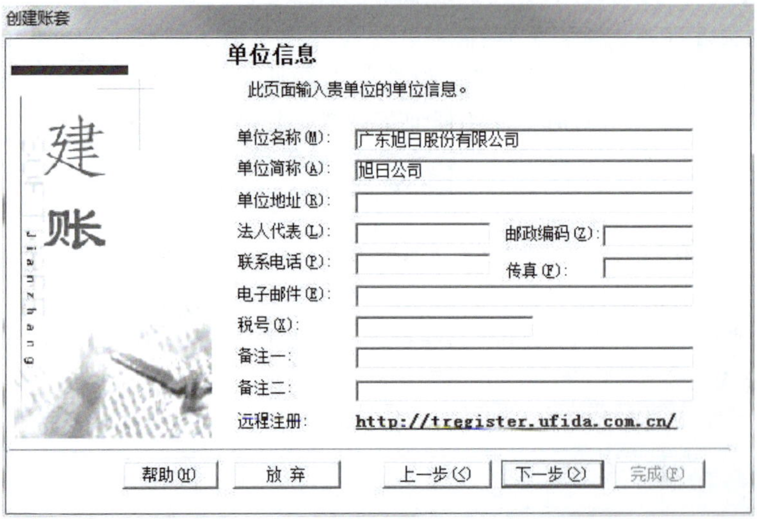

图 1-8 “创建账套—单位信息”对话框

(5)在“创建账套—单位信息”对话框中，单击“下一步”按钮，打开“创建账套—核算类型”对话框。

(6)单击“行业性质”下拉按钮，选择“2007 年新会计准则”，单击“账套主管”下拉按钮，选择“陈峰”，单击“按行业性质预置科目”复选框，取消系统默认按所选行业性质预置会计科目，如图 1-9 所示。

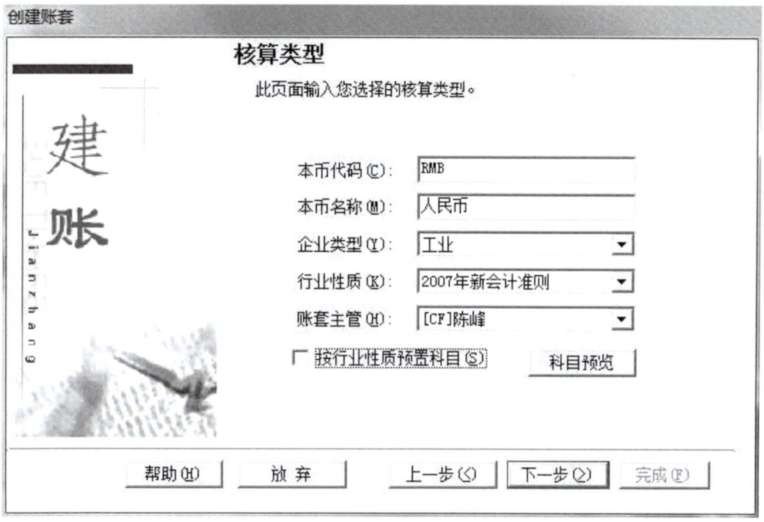

图 1-9 “创建账套—核算类型”对话框

任务指导

(1)行业性质的选择决定着系统采用何种会计制度下的会计科目进行会计核算。

(2)账套主管还可以在操作员权限设置功能中进行修改。

(3)系统默认按所选行业性质预置会计科目。如果不勾选“按行业性质预置科目”复选框(取消√)，则不按行业预置会计科目。

(7)在“创建账套—核算类型”对话框中，单击“下一步”按钮，打开“创建账套—基础信息”对话框。

(8)设置基础信息。勾选“客户是否分类”复选框，如图 1-10 所示。

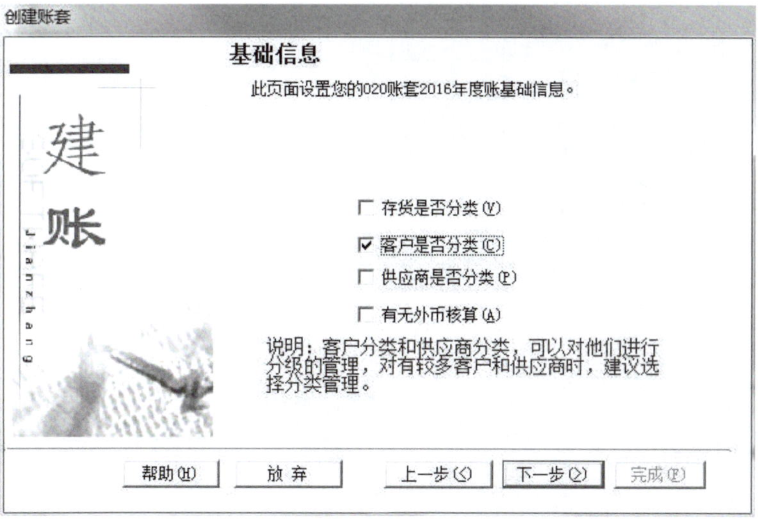

图 1-10 “创建账套—基础信息”对话框

(9)单击“下一步”按钮,打开“创建账套—业务流程”对话框。

(10)单击“完成”按钮,系统弹出“创建账套”信息提示对话框,如图 1-11 所示。

图 1-11 确定已创建的账套

(11)单击“是”按钮,打开“分类编码方案”对话框。设置科目编码级次“4222”,客户分类编码级次“122”,如图 1-12 所示。

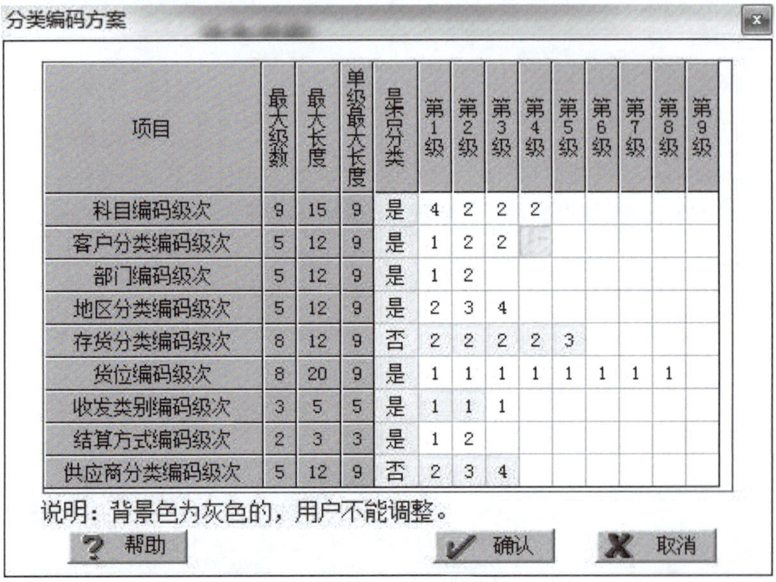

分类编码方案

项目	最大级数	最大长度	单级最大长度	是否分类	第1级	第2级	第3级	第4级	第5级	第6级	第7级	第8级	第9级
科目编码级次	9	15	9	是	4	2	2	2					
客户分类编码级次	5	12	9	是	1	2	2						
部门编码级次	5	12	9	是	1	2							
地区分类编码级次	5	12	9	是	2	3	4						
存货分类编码级次	8	12	9	否	2	2	2	2	3				
货位编码级次	8	20	9	是	1	1	1	1	1	1	1	1	
收发类别编码级次	3	5	5	是	1	1	1						
结算方式编码级次	2	3	3	是	1	2							
供应商分类编码级次	5	12	9	否	2	3	4						

说明：背景色为灰色的，用户不能调整。

帮助　确认　取消

图 1-12 “分类编码方案”对话框

任务指导

(1)为了便于对经济业务数据进行分级核算、统计和管理，软件将对会计科目、企业的部门等信息进行编码设置。编码方案是指设置编码的级次方案，这里采用群码方案，该方案是一种分段组合编码，每一段有固定的位数。编码规则是指分类编码共分几段，每段有几位。一级至最底层的段数称为级次，每级(或每段)的编码位数称为级长。编码总级长为每级编码级长之和。

(2)除科目编码级次的第一级外，其他均可以直接根据需要进行修改。

(3)由于系统按照账套所选行业会计制度预置了一级会计科目，因此，第一级科目编码级次不能修改。

(4)在系统未使用前，如果分类编码方案设置有误，可以在系统中的“基础设置”中进行修改。

(12)单击“确认”按钮，打开“数据精度定义”对话框，如图 1-13 所示。

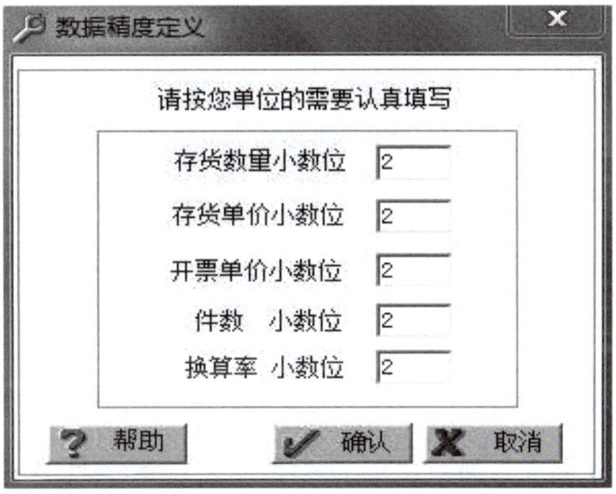

图 1-13 “数据精度定义”对话框

(13)单击“确认”按钮，系统提示“创建账套{旭日公司:[020]}成功。”，如图 1-14 所示。

(14)单击“确定”按钮，系统弹出“是否立即启用账套”信息提示对话框，如图 1-15 所示。

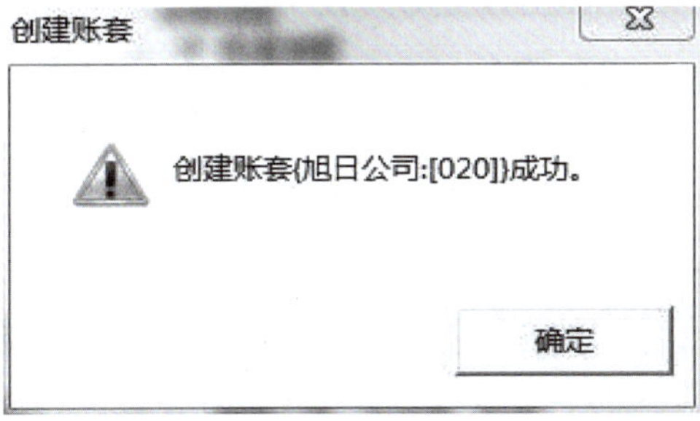

图 1-14 创建账套成功

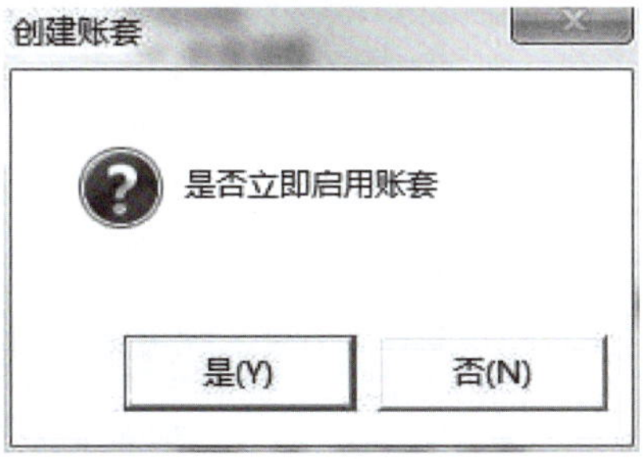

图 1-15 是否启用账套

(15)单击“否”按钮，暂时先不启用任何系统。

任务指导

（1）账套是指一组相互关联的账务数据。一般来说，可以为企业中每一个独立核算的单位建立一个账套，系统最多可以建立999个账套。在账套管理功能中可以完成建立账套、修改账套、备份账套及删除账套的操作。

（2）在建立账套时可以根据企业的具体情况进行账套参数设置，主要包括：核算单位名称、所属行业、启用时间以及编码规则等基础参数。账套参数决定了系统的数据输入、处理及输出的内容和形式。

（3）此时可以直接进行系统启用的操作，否则，只能以账套主管的身份注册系统管理后，再进行相应系统启用的操作。

二 修改账套

以账套主管“CF 陈峰”身份注册进入系统管理，将账套设置为不对“客户”进行分类，而对“供应商”进行分类并且“有外币核算”的账套。供应商分类编码为“122”。

任务流程

（1）执行“系统”→“注册”命令，打开“注册〖控制台〗”对话框。

（2）在“用户名”栏输入账套主管编号“CF”，密码栏输入“123”，单击“账套”下拉按钮，选择“[020]旭日公司”，如图1-16所示。

（3）单击“确定”按钮。

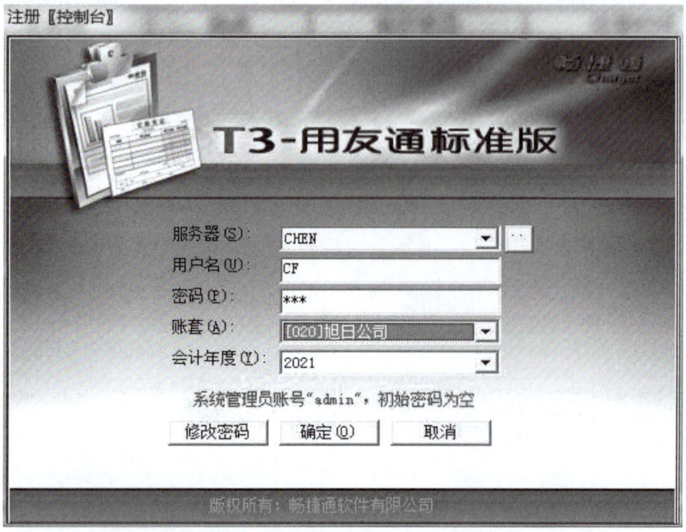

图1-16　账套主管登录“注册〖控制台〗”对话框

任务指导

(1)系统管理员建立完账套后,账套交由账套主管管理,系统管理员不负责修改账套,如果要修改账套,必须用账套主管的身份进入"系统管理"窗口进行修改,只有账套主管才能修改账套信息。

(2)若当前操作员不是该账套的主管,则应在"系统管理"窗口中,注销当前操作员后再以账套主管的身份注册系统管理。

(3)系统的操作员可以在输入正确的密码后,单击"修改密码"按钮,修改密码。

(4)执行"账套"→"修改"命令,打开"修改账套—账套信息"对话框,如图 1-17 所示。

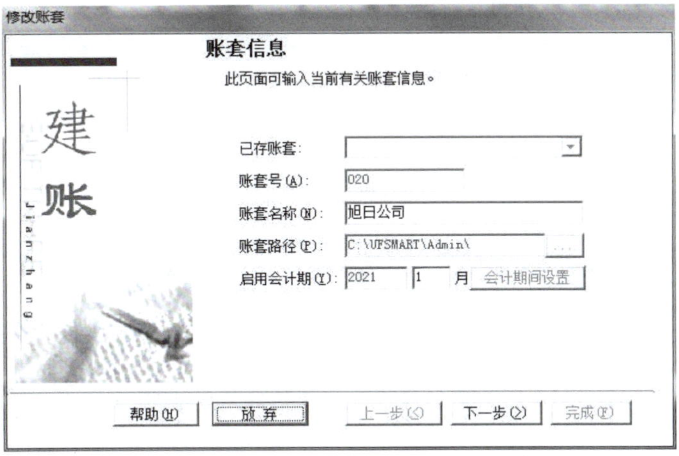

图 1-17 "修改账套—账套信息"对话框

(5)单击"下一步"按钮,打开"单位信息"对话框,单击"下一步"按钮,打开"核算类型"对话框,单击"下一步"按钮,打开"修改账套—基础信息"对话框。

(6)单击"客户是否分类"复选框,取消对客户分类的设置。

(7)勾选"供应商是否分类"和"有无外币核算"复选框,如图 1-18 所示。

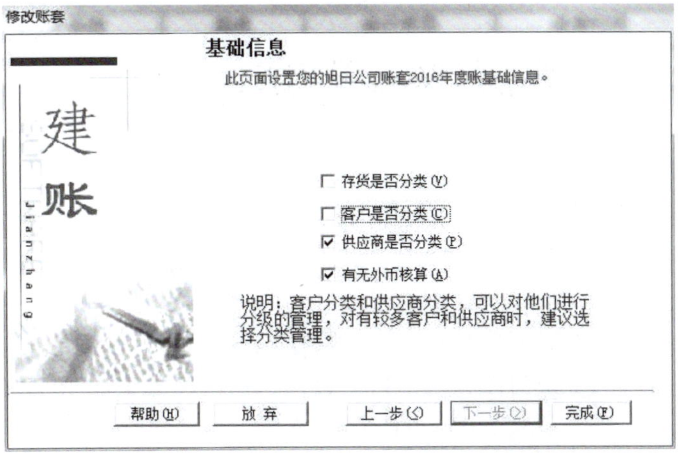

图 1-18 "修改账套—基础信息"对话框

(8)单击“完成”按钮,系统弹出“确认修改账套了么?”信息提示对话框,如图 1-19 所示。

(9)单击“是”按钮,打开“分类编码方案”对话框,修改“供应商”的编码方案为“122”。单击“确认”按钮,打开“数据精度定义”对话框,单击“确认”按钮,系统弹出“修改账套{旭日公司:[020]}”成功。”信息提示对话框,如图 1-20 所示。

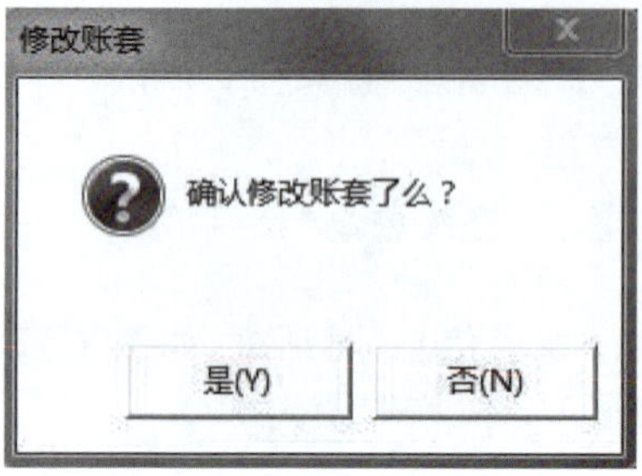

图 1-19　确认修改账套信息

图 1-20　修改账套成功

(10)单击“确定”按钮。

任务指导

(1)如果发现账套的某些信息需要修改或补充,可以通过修改账套功能来完成;此功能还可以帮助用户查看某个账套的信息。

(2)只有账套主管才有权使用账套修改功能。如果要修改某一账套的信息,首先应在启动系统管理后,以账套主管的身份,选择要修改的账套登录注册系统管理。

三　系统启用

以账套主管“CF 陈峰”身份于 2021 年 1 月 1 日注册进入系统管理,启用“总账”“工资管理”“固定资产”“核算”“购销存管理”系统,启用日期均为 2021 年 1 月 1 日。

任务流程

(1)进入“系统管理”窗口,执行“系统”→“注册”命令,打开“注册〖控制台〗”对话框。

(2)在“用户名”栏输入“CF”,“密码”栏输入“123”,选择账套“[020]旭日公司”。

(3)单击“确定”按钮。

(4)进入“系统管理”窗口,执行“账套”→“启用”命令,如图 1-21 所示。

(5)打开“系统启用”对话框,勾选“GL-总账”复选框,打开“日历”对话框,选择“2021 年 1 月 1 日”,如图 1-22 所示。

(6)单击“确定”按钮,打开“提示信息”对话框,如图 1-23 所示。

(7)单击“是”按钮,完成总账系统的启用设置。用同样方法启用“工资管理”“固定资产”“核算”“购销存管理”系统,如图 1-24 所示。

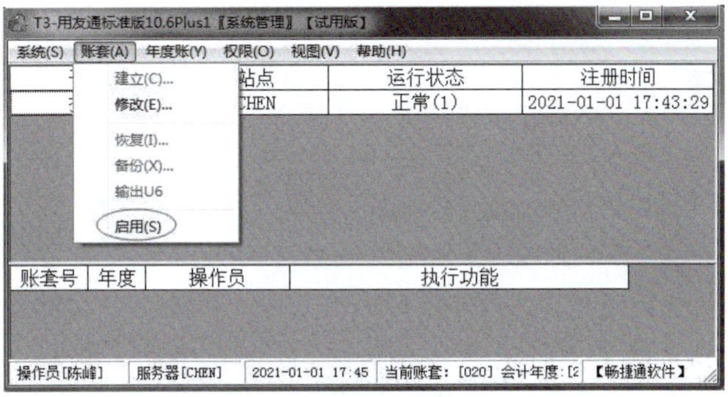

图 1-21 “系统管理”窗口

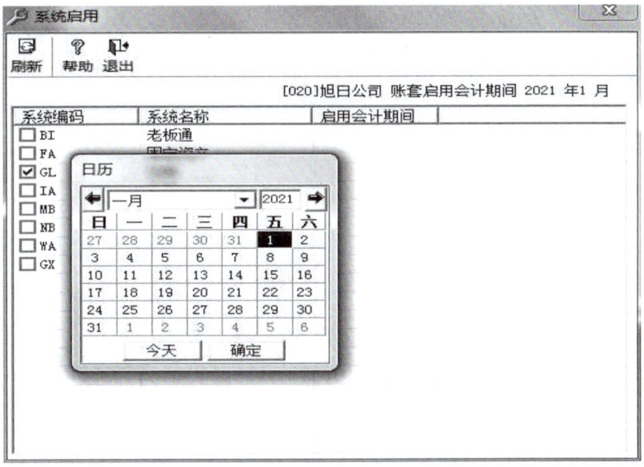

图 1-22 选择总账系统的启用日期

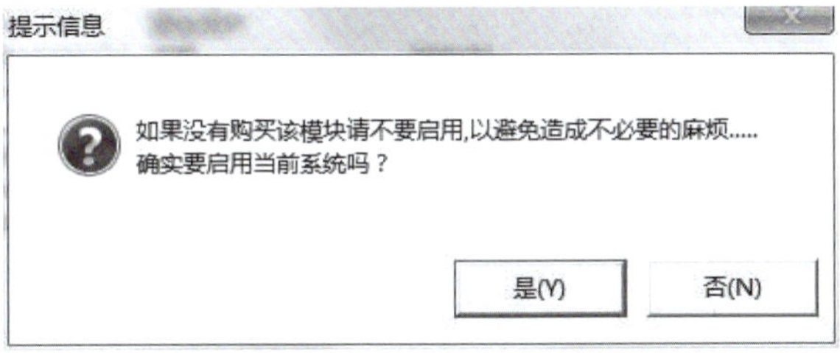

图 1-23 启用总账系统

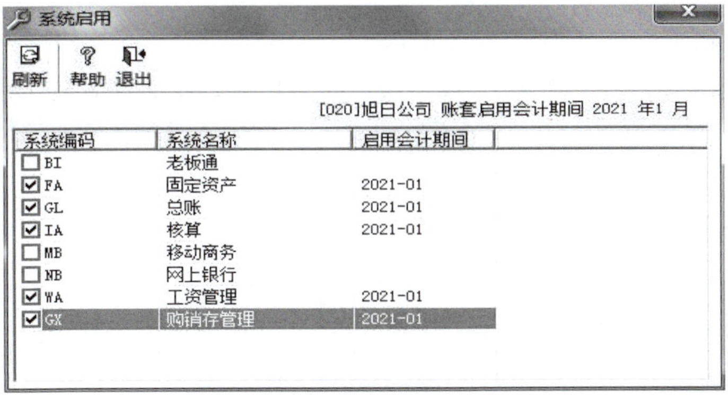

图 1-24 各模块系统的启用

(8)单击“退出”按钮。

任务指导

（1）系统启用是指设定在用友 T3 财务软件中的各个子系统开始使用的日期，只有启用后的子系统才能进行登录。如果在进入账套后发现没有相应的子系统模块，则可利用账套主管的身份注册系统管理，重新回到本步骤开启相应的子系统模块即可。

（2）系统启用有两种方法。一是在系统管理中创建账套时启用系统，即当用户创建一个新的账套后，系统弹出提示信息对话框，系统管理员 admin 可以选择立即进行系统启用设置；二是在账套建立完成后，由账套主管登录到系统管理中，执行“账套”→“启用”命令，进行系统启用的设置。由于该账套在建立账套后并未进行系统启用，因此，只能由账套主管在系统管理的账套启用功能中进行系统启用。

四 备份账套

将账套备份至“D:\020 账套备份\建立账套备份”文件夹中。

任务流程

（1）在 D 盘中建立“020 账套备份\建立账套备份”文件夹。

（2）以系统管理员“admin”的身份进入“系统管理”窗口，执行“账套”→“备份”命令，打开“账套输出”对话框。

（3）单击“账套号”下拉按钮，选择“[020]旭日公司”，如图 1-25 所示。

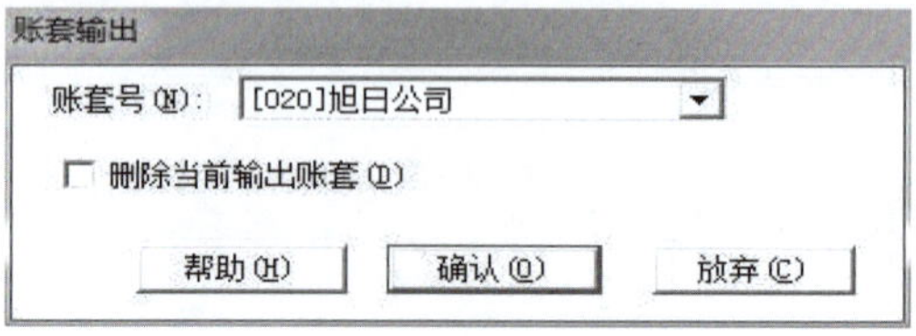

图 1-25 “账套输出”对话框

（4）单击“确认”按钮。

（5）打开“选择备份目标:”对话框，选择“D:\020 账套备份\建立账套备份”（注意文件夹图标应该为打开状态），如图 1-26 所示。

（6）单击“确认”按钮，系统弹出“硬盘备份完毕！”信息提示对话框，如图 1-27 所示。

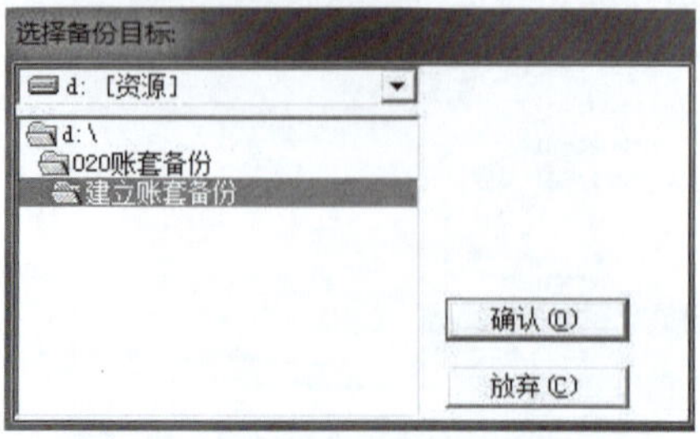

图 1-26 “选择备份目标:”对话框

图 1-27 确定硬盘备份完毕

（7）单击“确定”按钮。

任务指导

(1)账套备份,即会计数据备份,是将财务管理软件所产生的数据备份到硬盘、U盘或配套实验资料中。其目的是长期保存,防止意外事故造成的硬盘数据丢失或被非法篡改和破坏。利用所备份的数据,使系统数据得到尽快恢复以保证业务正常进行。

(2)账套的"备份"功能除了可以完成账套的备份操作外,还可以完成账套的删除操作。如果系统内的账套已经不需要再继续保存,则可以使用账套的"备份"功能进行账套的删除。

(3)删除账套的具体操作:在图1-25的"账套输出"对话框中,勾选"删除当前输出账套"复选框,系统则会在备份完毕后自动删除该账套。

(4)在删除账套时,必须关闭所有系统模块。

(5)只有系统管理员才有权限备份和删除账套。

(6)建议在每次备份时都新建一个文件夹,并注明该备份文件的内容。

(7)在企业中一般在每个月末结账时进行账套备份。在学习的过程中可以将阶段性的操作结果进行备份,以便在计算机出现故障时或更换计算机进行操作时,及时地引入备份数据继续进行操作。

五 恢复账套

将已备份到D盘的"020账套备份\建立账套备份"文件夹中的数据恢复到系统中。

任务流程

(1)以系统管理员"admin"身份进入"系统管理"窗口,执行"账套"→"恢复"命令,打开"恢复账套数据"对话框。

(2)选择路径"D:\020账套备份\建立账套备份"中的数据文件"UF2KAct. Lst",如图1-28所示。

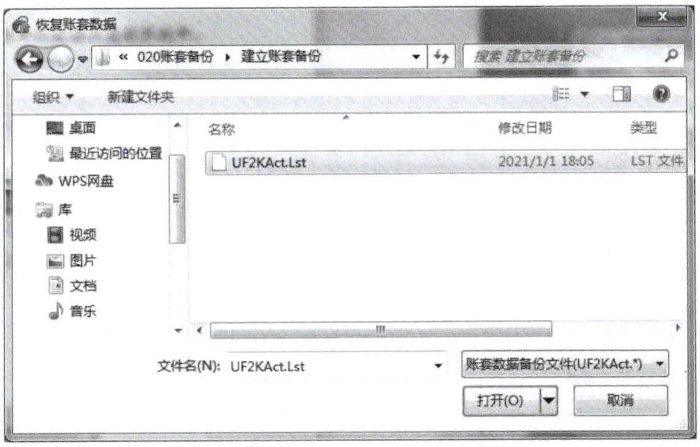

图1-28 "恢复账套数据"对话框

(4)单击"打开"按钮,系统弹出"此项操作将覆盖[020]账套当前的所有信息,继续吗?”信息提示对话框,如图 1-29 所示。

(5)单击“是”按钮确定,系统弹出“账套[020]恢复成功!”信息提示对话框,如图 1-30 所示。

(6)单击“确定”按钮。

图 1-29 恢复数据时系统提示

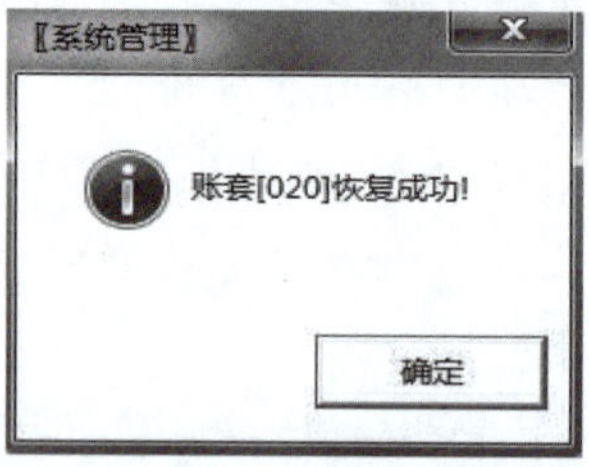

图 1-30 账套恢复成功

任务指导

(1)恢复账套(会计数据引入)是指把 U 盘或配套实验资料等存储介质中的备份数据恢复到系统软件中,即利用现有数据进行恢复。恢复账套(或数据引入)的目的是当硬盘数据被破坏时,将最新备份数据恢复到硬盘中。系统还允许将系统外某账套数据引入本系统中,从而有利于集团公司的操作。例如子公司的账套数据可以定期被引入一母公司系统中,以便进行有关账套数据的分析和合并工作。

(2)备份的账套数据不能直接运行,只有在系统管理中进行恢复(引入)后才能运行。

(3)恢复备份数据会将硬盘中现有的数据覆盖,因此如果没有发现数据被破坏时,不要轻易进行数据恢复。

设置操作员权限

任务三 设置操作员权限

设置操作员权限是指为非账套主管的操作员,设置操作权限或修改操作权限。

任务导入

为了加强内部控制,在设置了操作员并建立了账套后就要对操作员分配权限,以确保在旭日公司中,有专人对 T3 用友通标准版的不同功能模块进行操作。那么应该如何进行操作员的权限设置呢?

一、设置操作员权限

设置操作员“CJ 陈静”具有账套“公用目录设置”“固定资产”“总账”“工资管理”的操作权限;“WDM 吴东妹”具有账套“总账”“现金管理”的操作权限。

任务流程

（1）以系统管理员“admin”身份进入“系统管理”窗口，执行“权限”→“权限”命令，打开“操作员权限”对话框。

（2）单击操作员“CJ 陈静”所在行，单击右上角的下拉按钮选择“[020]旭日公司”及“2021”，如图 1-31 所示。

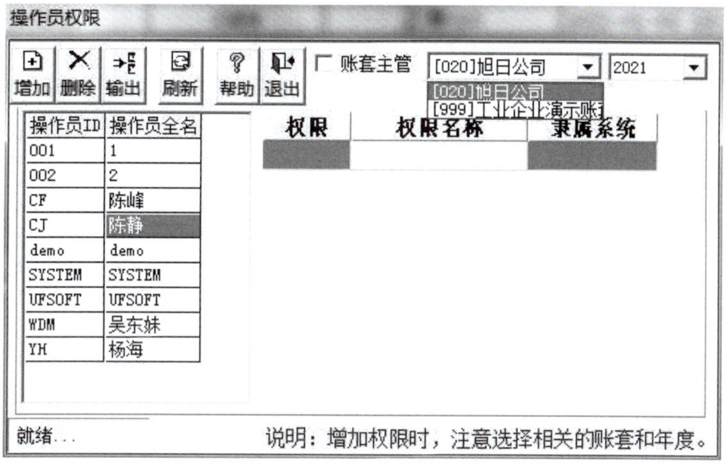

图 1-31 设置操作员权限

（3）单击“增加”按钮，打开“增加权限—[CJ]”对话框。

（4）双击“产品分类选择”中的“公用目录设置”选项，在“明细权限选择”中显示已增加的权限，如图 1-32 所示。

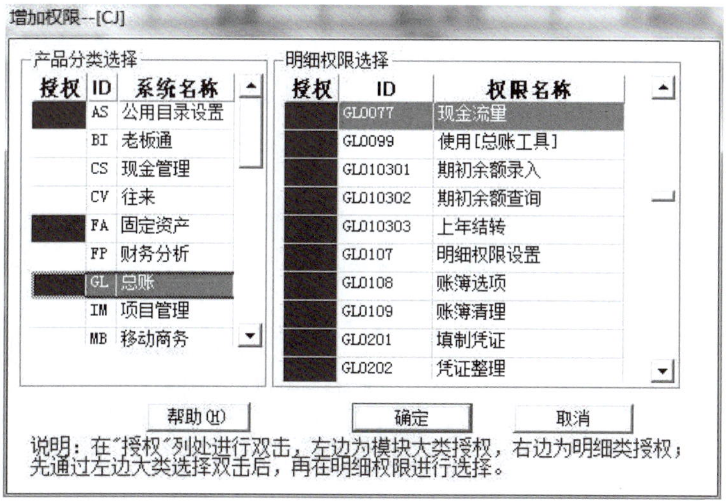

图 1-32 “增加权限”对话框

（5）分别双击“产品分类选择”中的“固定资产”“总账”“工资管理”选项，在“明细权限选择”中分别显示已增加的权限。

（6）单击“确定”按钮。

（7）按照上述方法继续增加出纳“ WDM 吴东妹”的操作权限。

任务指导

(1)为了保证权责清晰和企业经营数据的安全,企业需要对系统中所有的操作人员进行分工,设置各自相应的操作权限。财务分工在财务管理软件中主要体现在两个功能中,即系统管理中的操作员权限设置(功能权限设置)和总账模块中的明细权限设置。

(2)操作员权限设置功能用于对已设置的操作员进行赋权,只有系统管理员和该账套的主管有权进行权限设置,但两者的权限又有所区别。系统管理员可以指定某账套的账套主管,还可以对各个账套的操作员进行权限设置;而账套主管只可以对所管辖账套的操作员进行权限指定。

(3)明细权限设置功能用于对总账模块中各操作员的凭证审核、科目制单及明细账查询打印。

(4)由于操作员权限是指某一操作员拥有某一账套的某些功能的操作权限,因此,在设置操作员和建立该核算账套之后,可以在操作员权限设置功能中进行操作员权限的设置。

二 修改操作员权限

取消操作员"CJ 陈静"在账套中"GL010303 上年结转"的权限。

任务流程

(1)进入"系统管理"窗口,执行"权限"→"权限"命令,打开"操作员权限"对话框。

(2)单击对话框右上角下拉按钮,选择"[020]旭日公司"和"2021"。

(3)单击操作员"CJ 陈静"所在行,在权限显示区中单击"GL010303 上年结转总账",如图 1-33 所示。

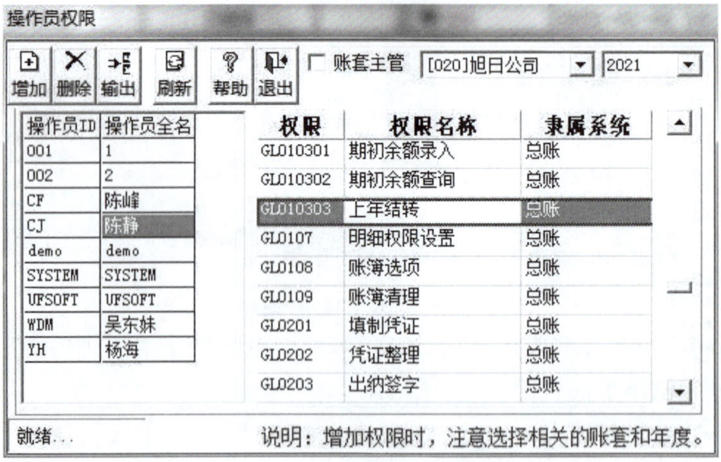

图 1-33 删除操作员权限

(4)单击“删除”按钮，系统弹出“删除权限：[上年结转]吗？”信息提示对话框，如图 1-34 所示。

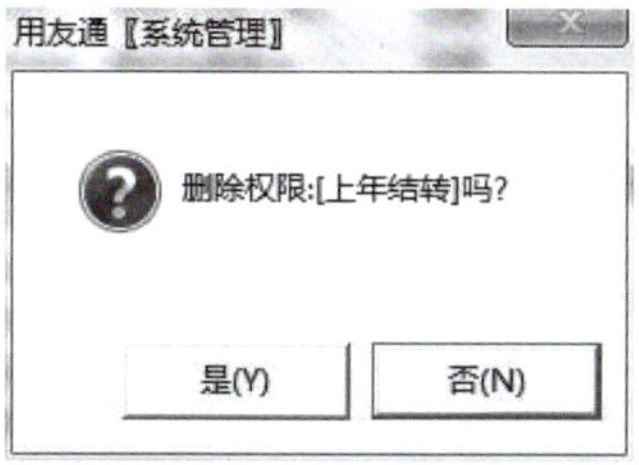

图 1-34　确认删除权限

(5)单击“是”按钮，确认删除操作员陈静“上年结转”权限。

任务指导

(1)账套主管的设立在建立账套时指定，修改时由系统管理员进行账套主管的设定与删除。打开“操作员权限”对话框，选择欲设定或删除账套主管资格的操作员，在对话框右上角选择账套，勾选“账套主管”复选框完成操作。

(2)在实际工作中一个账套可以设置多个账套主管，一位操作员也可以担任多个账套的账套主管。在分配操作员权限时，只需对非账套主管的操作员分配相应的操作权限，而系统默认账套主管自动拥有该账套的所有权限。

(3)系统管理员或账套主管可以对非账套主管的操作员已拥有的权限进行修改或删除。

(4)操作员权限一旦被引用，不能被修改或删除。

(5)如果要删除某一操作员在某一账套中的多个操作权限，可以在选中第一个要删除的权限后，按住 Shift 键，同时移动鼠标，即可选定一批权限，单击“删除”按钮，进行批量删除。

任务四　基础档案设置

基础档案设置

基础档案设置主要包括部门档案设置、职员档案设置、往来单位分类、结算方式设置、会计科目操作、凭证类别设置、目录信息设置和存货档案设置等。

任务导入

旭日公司在建立了企业年度账套之后，进行日常业务处理前必须先进行基础设置。那么如何完成系统的基础设置，需要设置哪些内容呢？

一　启动 T3 系统

以账套主管“CF 陈峰”身份于 2021 年 1 月 1 日注册进入总账系统。

任务流程

（1）执行“开始”→“程序”→“T3 系列管理软件”→“T3”命令，或直接双击桌面上的“T3”图标。打开“注册〖控制台〗”对话框。

（2）在“用户名”栏输入“CF”，“密码”栏输入“123”，账套选择“[020]旭日公司”，“会计年度”选择“2021”，“操作日期”栏输入“2021-01-01”，如图 1-35 所示。

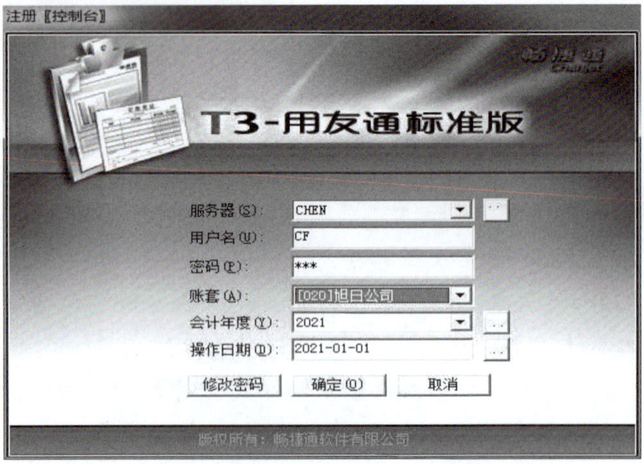

图 1-35　输入注册“控制台”信息

（3）单击“确定”按钮，进入“T3-用友通标准版 10.6Plus1”窗口，关闭“产品注册验证”窗口和“期初档案录入”窗口。

（4）单击“总账”按钮，出现总账系统操作流程图，如图 1-36 所示。

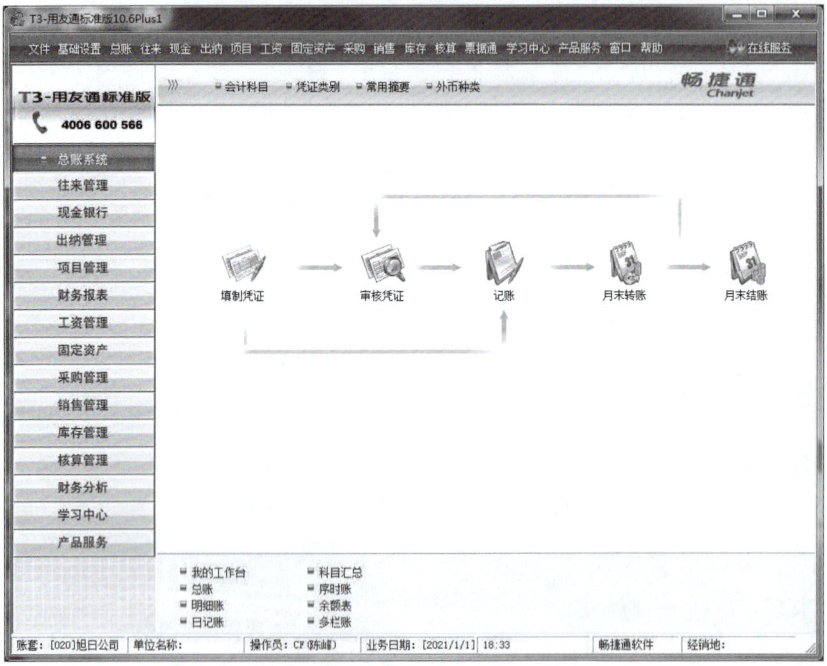

图 1-36　总账系统操作流程图

任务指导

(1)在启动总账系统前应先在系统管理中设置相应的账套。

(2)在启动总账系统前应先在系统管理中已启用了总账系统。

二 设置部门档案

由账套主管陈峰设置部门档案，部门档案资料见表1-2。

表1-2　　部门档案资料

部门编码	部门名称
1	行政部
2	财务部
3	业务部
301	采购部
302	销售部

任务流程

(1)进入“T3-用友通标准版10.6Plus1”窗口，执行“基础设置”→“机构设置”→“部门档案”命令，如图1-37所示

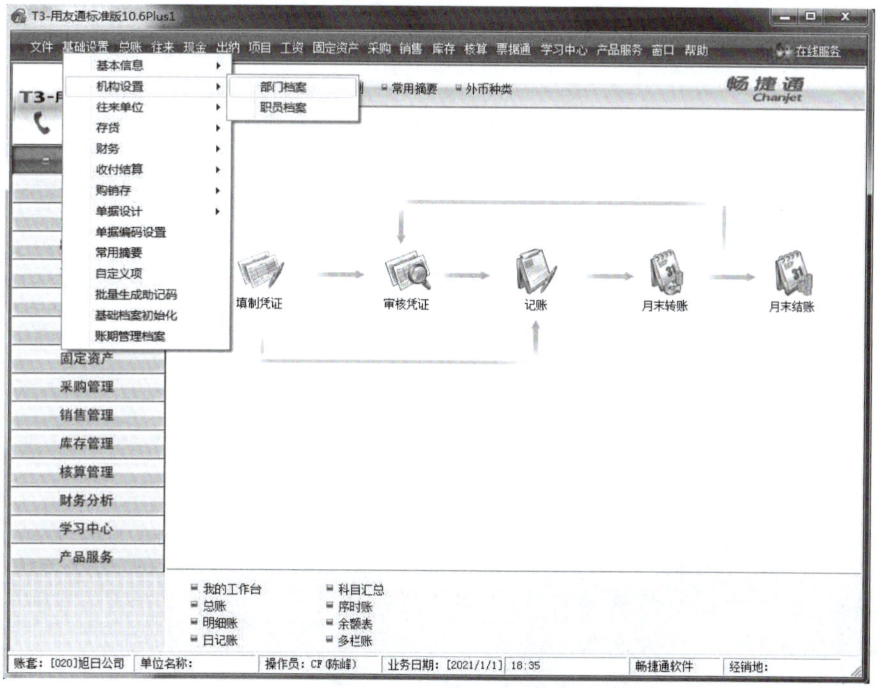

图1-37　部门档案设置流程

(2)进入“部门档案”窗口,单击“增加”按钮,输入部门编码“1”,部门名称“行政部”,如图 1-38 所示。

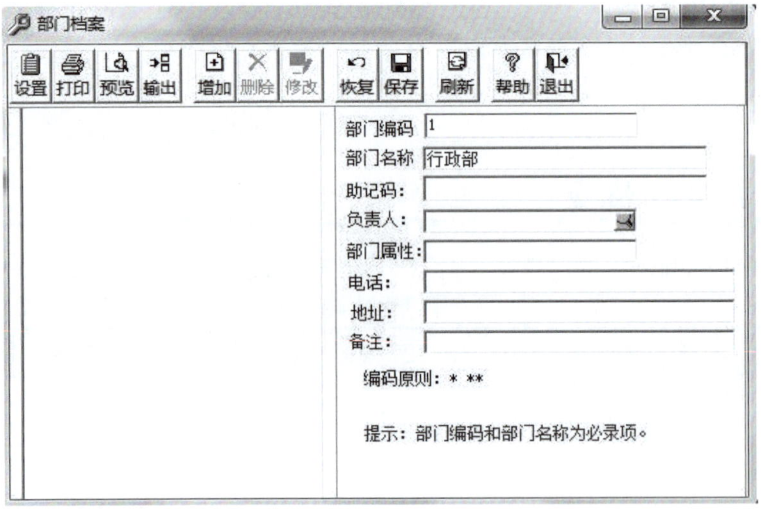

图 1-38 “部门档案”窗口(1)

(3)单击“保存”按钮。

(4)重复步骤(1)和(2)继续添加其他部门,窗口左侧显示已输入的部门档案,如图 1-39 所示。

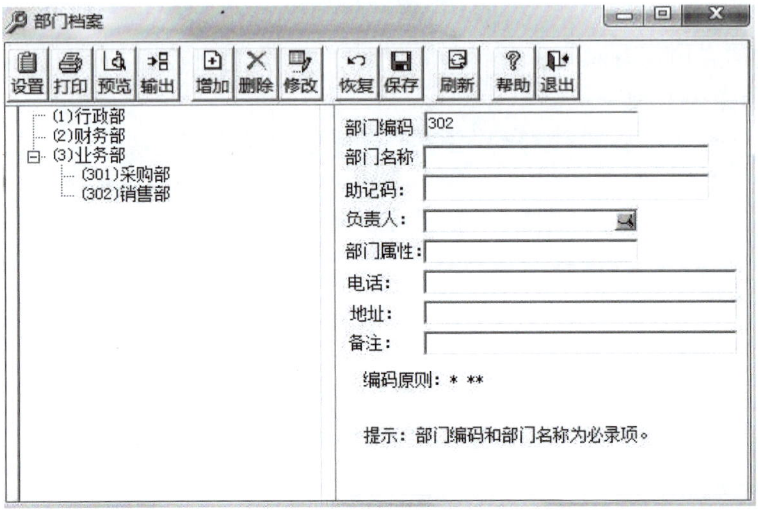

图 1-39 “部门档案”窗口(2)

(4)单击“退出”按钮。

任务指导

(1)部门编码必须符合编码原则,如出现编码原则错误,则必须返回“系统管理”窗口,以账套主管的身份进行修改。

(2)部门档案资料一旦被使用将不能被修改或删除。

三 设置职员档案

职员档案资料见表 1-3。

表 1-3　　职员档案资料

职员编码	职员名称	所属部门
001	江泽湘	行政部
002	曾青	行政部
003	陈峰	财务部
004	陈静	财务部
005	吴东妹	财务部
006	杨海	财务部
007	周梦琪	采购部
008	许晓雪	采购部
009	张杰	销售部
010	王倩	销售部

任务流程

(1)进入“T3-用友通标准版 10.6Plus1”窗口，执行“基础设置”→“机构设置”→“职员档案”命令，进入“职员档案”窗口。

(2)输入职员编号“001”，职员名称“江泽湘”，单击所属部门栏的参照按钮选择“行政部”，输入完毕后按回车键保存。

(3)单击“增加”按钮，重复步骤(2)，继续添加其他职员信息，直至全部输入完成，如图 1-40 所示。

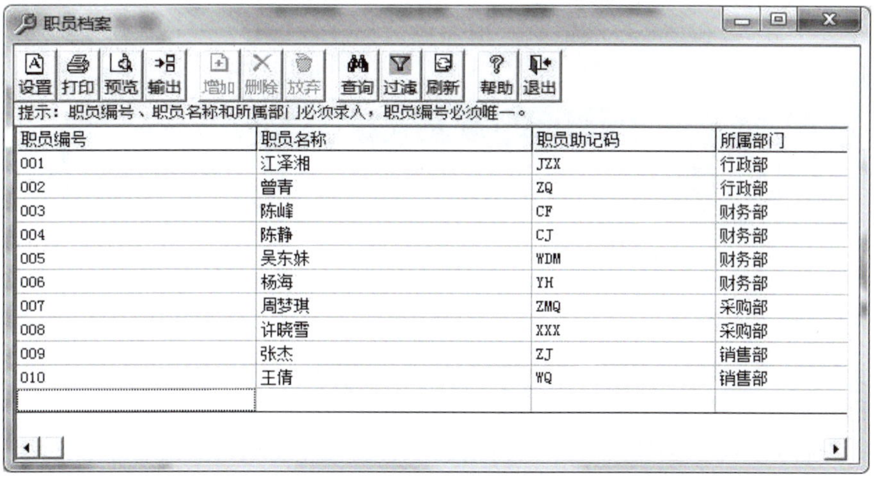

图 1-40　“职员档案”窗口

(4)单击“退出”按钮。

任务指导

(1)职员档案中的“所属部门”可以直接输入,也可以直接输入部门编码,或双击“所属部门”栏后再单击参照按钮,在已输入的部门档案中选择相应的部门。

(2)输入全部职员档案后,必须单击“增加”按钮(或按回车键),以增加新的空白行,否则,最后一个职员档案将无法保存。

(3)职员档案资料一旦被使用将不能被修改或删除。

四 设置供应商分类

供应商分类资料见表 1-4。

表 1-4　　供应商分类资料

类别编码	类别名称
1	华南地区
2	华北地区
3	西北地区
4	其他地区

任务流程

(1)进入“T3-用友通标准版 10.6Plus1”窗口,执行“基础设置”→“往来单位”→“供应商分类”命令,进入“供应商分类”窗口。

(2)单击“增加”按钮,输入类别编码“1”,类别名称“华南地区”。

(3)单击“保存”按钮。

(4)重复步骤(2)和(3),继续输入其他供应商分类的内容,系统显示已输入的供应商分类,如图 1-41 所示。

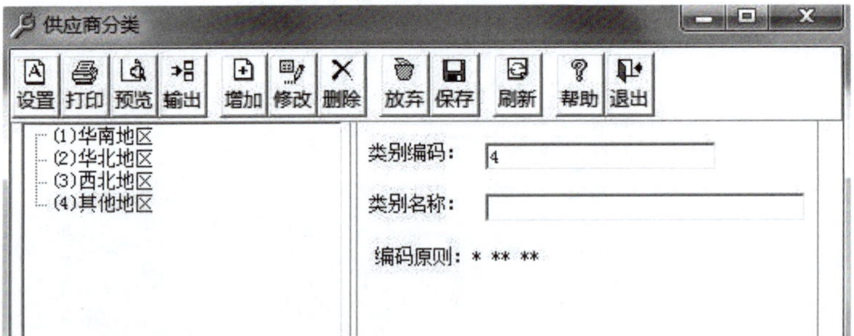

图 1-41　已设置的供应商分类

(5)单击“退出”按钮。

任务指导

(1)供应商分类的编号必须符合编码原则。

(2)供应商分类编号必须是唯一的。

(3)客户分类的设置方法与供应商分类的设置方法相同。

五 设置供应商档案

供应商分类资料见表 1-5。

表 1-5 供应商档案资料

供应商编号	供应商名称	供应商简称	所属分类码	银行账号
101	国信公司	国信公司	华南地区	1594895646165
102	华实公司	华实公司	华北地区	6524943241290
103	杰西卡公司	杰西卡公司	华南地区	2593467846198
104	天源公司	天源公司	西北地区	3294895646145
105	优畅公司	优畅公司	其他地区	6794345546164

任务流程

(1)进入"T3-用友通标准版 10.6Plus1"窗口,执行"基础设置"→"往来单位"→"供应商档案"命令,进入"供应商档案"窗口,如图 1-42 所示。

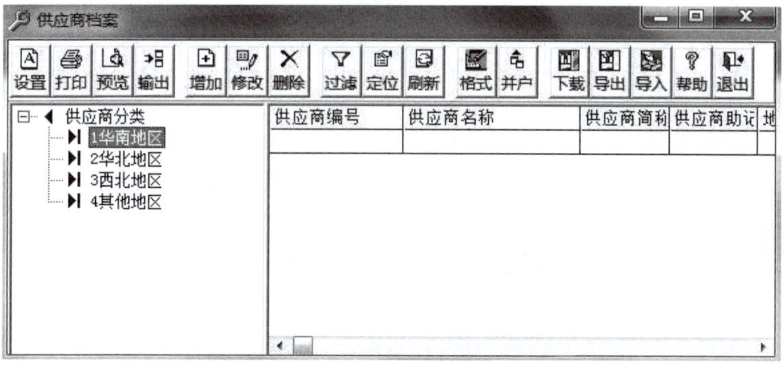

图 1-42 "供应商档案"窗口

(2)单击"华南地区"分类。

任务指导

(1)供应商档案必须在最末级供应商分类下设置。

(2)若左框中无供应商分类,则将供应商归入无供应商分类项。

(3)单击“增加”按钮，打开“供应商档案卡片”对话框，在“基本”选项中，输入供应商编号“101”，供应商名称“国信公司”，供应商简称“国信公司”，供应商助记码“GXGS”所属分类码“1”，如图 1-43 所示。

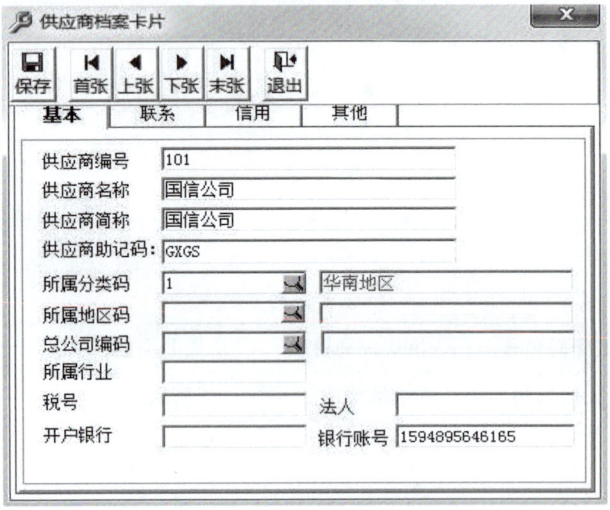

图 1-43　供应商档案卡片

任务指导

(1)供应商编号必须唯一。

(2)供应商编号、供应商名称、供应商简称、供应商助记码以及所属分类码必须输入，其余可以选择性输入。

(3)“联系”选项卡内容可以为空。

(5)单击“保存”按钮。

(6)重复步骤继续输入其他的供应商档案，如图 1-44 所示。

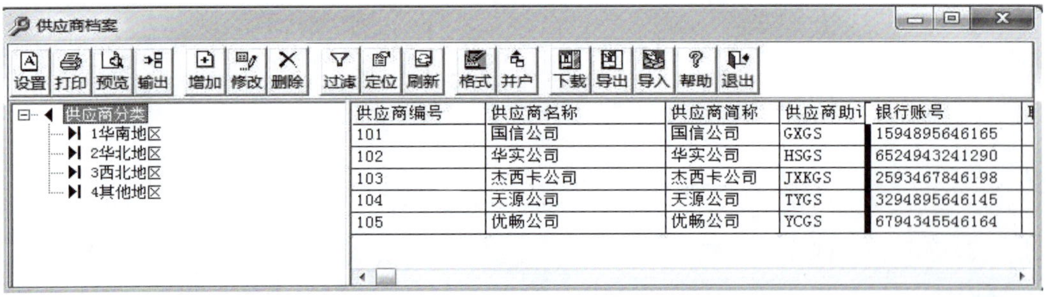

图 1-44　已设置的供应商档案

六　设置客户档案

客户档案资料见表 1-6。

表 1-6　　　　客户档案资料

客户编号	客户名称	客户简称	税号	开户银行	银行账号
101	天鹏科技有限公司	天鹏公司	85643209	中国工商银行	263748502947512
102	大亚科技有限公司	大亚公司	84554588	中国农业银行	896574125632587
103	荣泰实业有限公司	荣泰公司	84623945	中国银行	526374293529420

任务流程

(1)进入“T3-用友通标准版 10.6Plus1”窗口，执行“基础设置”→“往来单位”→“客户档案”命令，进入“客户档案”窗口，如图 1-45 所示.

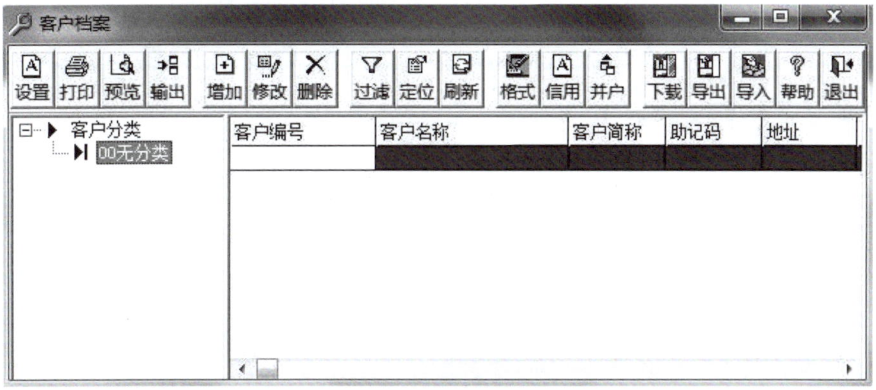

图 1-45　“客户档案”窗口

(2)单击客户分类中的“00 无分类”末级分类。

(3)单击“增加”按钮，打开“客户档案卡片”对话框，打开“基本”选项卡，输入 101 号客户档案的相关信息，如图 1-46 所示。

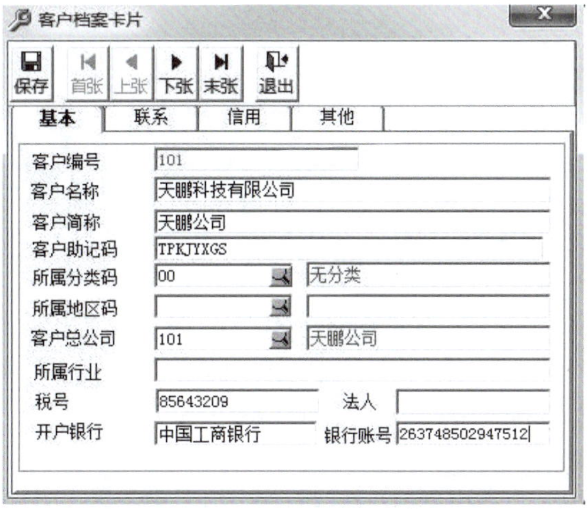

图 1-46　“客户档案卡片”对话框

(4)单击“保存”按钮

(5)重复以上步骤继续输入 102 号和 103 号客户档案，如图 1-47 所示。

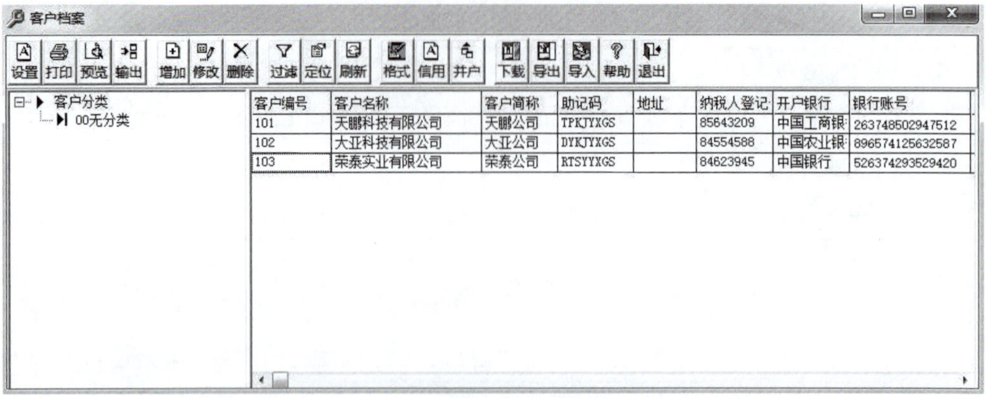

图 1-47　已输入的"客户档案"对话框

七　设置结算方式

设置如下结算方式，见表 1-7。

表 1-7　结算方式

结算方式编号	结算方式名称	票据管理标志
1	现金结算	否
2	银行转账	否
3	转账支票	否
4	其他	否

任务流程

(1)进入"T3-用友通标准版 10.6Plus1"窗口，执行"基础设置"→"收付结算"→"结算方式"命令，进入"结算方式"窗口。

(2)单击"增加"按钮，输入结算方式编码"1"，结算方式名称"现金结算"，单击"保存"按钮，如图 1-48 所示。

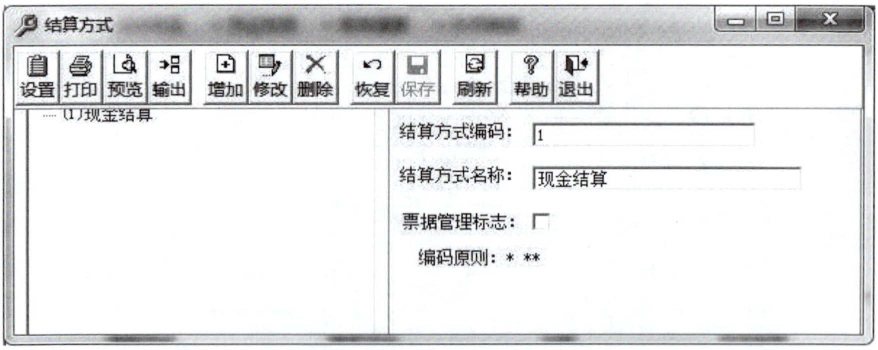

图 1-48　"结算方式"窗口

(3)重复步骤(2)，输入其他的结算方式，单击"保存"按钮，系统将显示已输入的所有结算方式。

任务指导

(1)结算方式的编码必须符合编码原则。

(2)结算方式的输入内容必须唯一。

(3)设置结算方式的主要目的是在输入有银行账辅助核算的会计科目时填写相应的结算方式,以便在进行银行对账时将结算方式作为对账的一个参考数据。

八 设置外币及汇率

设置2021年1月的美元汇率为6.5。

任务流程

(1)进入“T3-用友通标准版10.6Plus1”窗口,执行“基础设置”→“财务”→“外币种类”命令,打开“外币设置”对话框,如图1-49所示。

(1)在币符栏输入“USD”,币名栏输入“美元”,单击“固定汇率”单选按钮,单击“确认”按钮,系统显示增加的外币名称,并显示汇率表。

(2)单击“美元”,系统显示各月份的汇率表,在2021年1月的记账汇率栏输入“6.50000”,如图1-50所示。

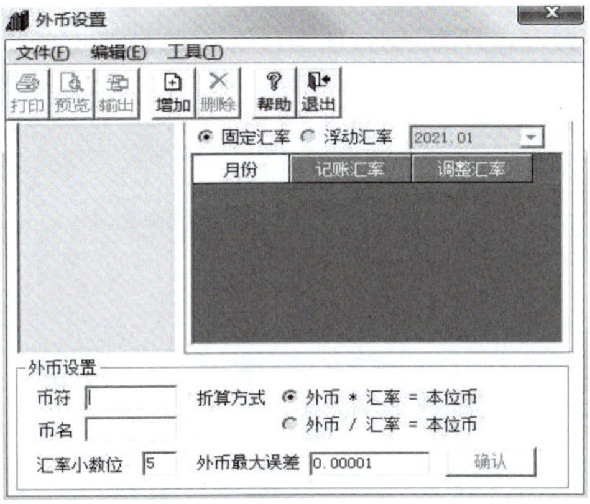

图1-49 “外币设置”对话框

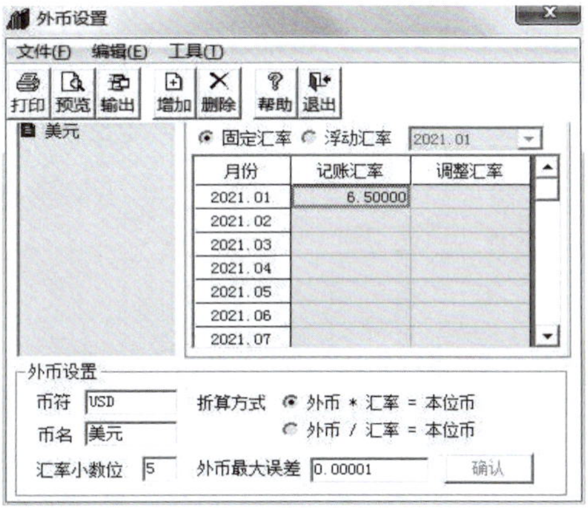

图1-50 输入外币汇率

(3)单击“退出”按钮,系统将自动保存当前外币设置。

九 设置会计科目

设置会计科目

增加会计科目,见表1-8。

表1-8 会计科目表

科目编码	科目名称	科目类型	科目性质	币别计量	辅助核算
1001	库存现金	资产	借方		
1002	银行存款	资产	借方		

（续表）

科目编码	科目名称	科目类型	科目性质	币别计量	辅助核算
100201	工行存款	资产	借方		
100202	中行存款	资产	借方	美元	外币核算
1012	其他货币资金	资产	借方		
1122	应收账款	资产	借方		
1123	预付账款	资产	借方		供应商往来
1221	其他应收款	资产	借方		个人往来
1403	原材料	资产	借方		
1404	材料成本差异	资产	借方		
1405	库存商品	资产	借方		
140501	电脑	资产	借方	台	项目核算、数量核算
140502	打印机	资产	借方	台	数量核算
140503	多媒体软件	资产	借方	套	数量核算
140504	洗衣机	资产	借方	台	数量核算
140505	控制面板	资产	借方	块	数量核算
140506	办公台	资产	借方	张	数量核算
140507	电机	资产	借方	个	数量核算
1501	材料采购	资产	借方		
1511	长期股权投资	资产	借方		
1601	固定资产	资产	借方		
1602	累计折旧	资产	贷方		
1604	在建工程	资产	借方		
1606	固定资产清理	资产	借方		
2001	短期借款	负债	贷方		
2202	应付账款	负债	贷方		
2203	预收账款	负债	贷方		客户往来
2221	应交税费	负债	贷方		
222101	应交增值税	负债	贷方		
22210101	进项税	负债	贷方		
22210102	销项税	负债	贷方		
2211	应付职工薪酬	负债	贷方		
2241	其他应付款	负债	贷方		

（续表）

科目编码	科目名称	科目类型	科目性质	币别计量	辅助核算
2501	长期借款	负债	贷方		
2621	独立账户负债	负债	贷方		
4001	实收资本	权益	贷方		
4101	盈余公积	权益	贷方		
4103	本年利润	权益	贷方		
4104	利润分配	权益	贷方		
410401	未分配利润	权益	贷方		
6001	主营业务收入	损益	收入		项目核算
6401	主营业务成本	损益	支出		项目核算
6405	税金及附加	损益	支出		
6601	销售费用	损益	支出		部门核算
660101	工资	损益	支出		部门核算
660102	租赁费	损益	支出		部门核算
660103	工会经费	损益	支出		部门核算
660104	折旧费	损益	支出		部门核算
6602	管理费用	损益	支出		部门核算
660201	工资	损益	支出		部门核算
660202	办公费	损益	支出		部门核算
660203	工会经费	损益	支出		部门核算
660204	折旧费	损益	支出		部门核算
660205	差旅费	损益	支出		部门核算

任务流程

（1）进入“T3-用友通标准版 10.6Plus1”窗口，执行“基础设置”→“财务”→“会计科目”命令，打开“会计科目”对话框，如图 1-51 所示。

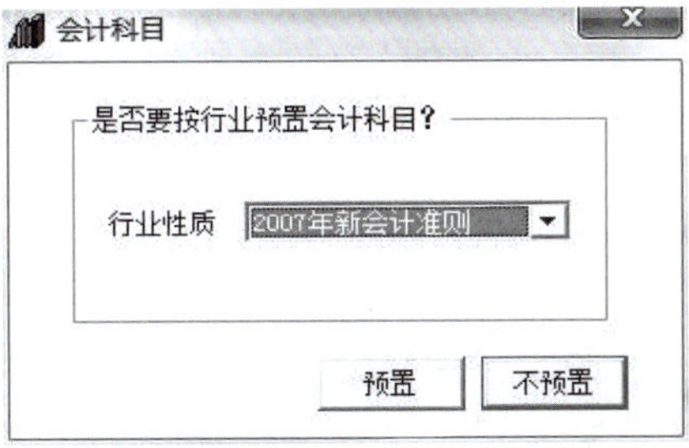

图 1-51　预置会计科目

(2)单击“不预置”按钮,打开“会计科目”对话框,如图 1-52 所示。

图 1-52 “会计科目”对话框

(3)单击“增加”按钮,打开“会计科目_新增”对话框,如图 1-53 所示。输入科目编码“1001”,科目中文名称“库存现金”,科目类型选择“资产”,科目性质单击“借方”单选按钮,其他项目为默认的系统设置。

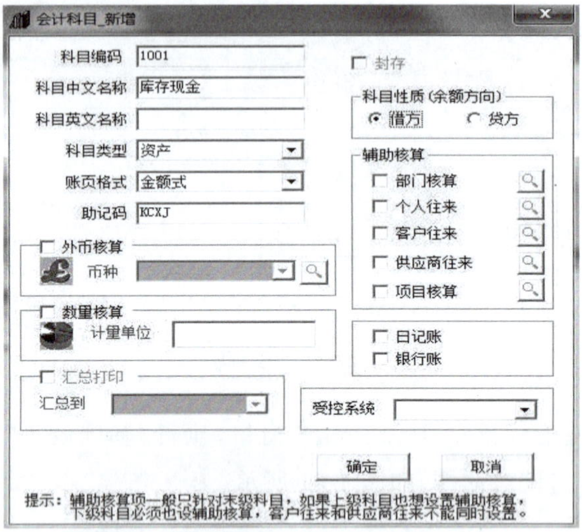

图 1-53 “会计科目_新增”对话框

(4)单击“确定”按钮,继续增加其他的会计科目。

任务指导

(1)若在建立账套时选择按行业预置会计科目,则系统自动建立该行业的一套会计科目,在会计科目初始时只需对会计科目进行修改,或对缺少的会计科目进行增加即可。若在系统初始设置时选择不按行业预置会计科目，则所有的会计科目必须根据需要自行设置。

(2)会计科目一级编码按财政部的统一编码方案编制，明细科目编码按照参数设置中对科目编码级次和级长的规定编制。通常的方法是同级科目按顺序排列，以序号作为本级科目编码，加上级科目编码，组成本级科目全编码。即：

本级科目全编码＝上一级科目编码＋本级科目编码

所以增加的会计科目编码长度及每段位数要符合编码规则，在增加明细科目时，系统默认其类型和方向与上级科目保持一致，已经使用过的末级会计科目不能再增加下级科目。

(3)按照会计制度规定，科目类型分为五大类，即资产、负债、所有者权益、成本、损益。科目类型是系统自动进行分类汇总的依据之一。财政部规定的一级科目编码的第一位已隐含科目类型，在指定科目类型时必须与财政部的规定保持一致。

(4)辅助账是指科目的辅助核算，主要有个人往来、客户往来、供应商往来、部门核算、项目核算、数量核算、外币核算、数量核算等。设置辅助核算可以对科目进一步按核算项目进行分类和汇总。辅助账必须设在末级科目上，但为了查询或出账方便，可以在其上级和末级科目中同时设置辅助账。

(5)对有辅助核算要求的科目设置相应的辅助核算标记，在输入凭证时，系统将根据辅助账标记的不同，要求输入不同的附加内容。辅助账标记要求设在最底层的科目上。辅助账一经定义并使用，则不能进行随意更改，以免造成账簿数据的混乱。

(6)账页格式是根据会计核算的需要对会计账簿的格式进行定义，账页格式一般有金额式、外币金额式、数量金额式、数量外币式、数量外币式等种类。

十 修改会计科目

将“1001 库存现金”科目修改为有“日记账”核算要求的会计科目；“1002 银行存款”科目修改为有“日记账”“银行账”核算要求的会计科目；“1122 应收账款”修改为增加“客户往来”辅助核算的会计科目；“2202 应付账款”修改为增加“供应商往来”辅助核算的会计科目。

任务流程

(1)进入“会计科目”窗口，单击“1001 库存现金”会计科目。

(2)单击“修改”按钮(或双击该会计科目)，打开“会计科目_修改”对话框，单击“修改”按钮。

(3)勾选“日记账”复选框，如图 1-54 所示。

(4)单击“确定”按钮。依此方法继续修改其他的会计科目。

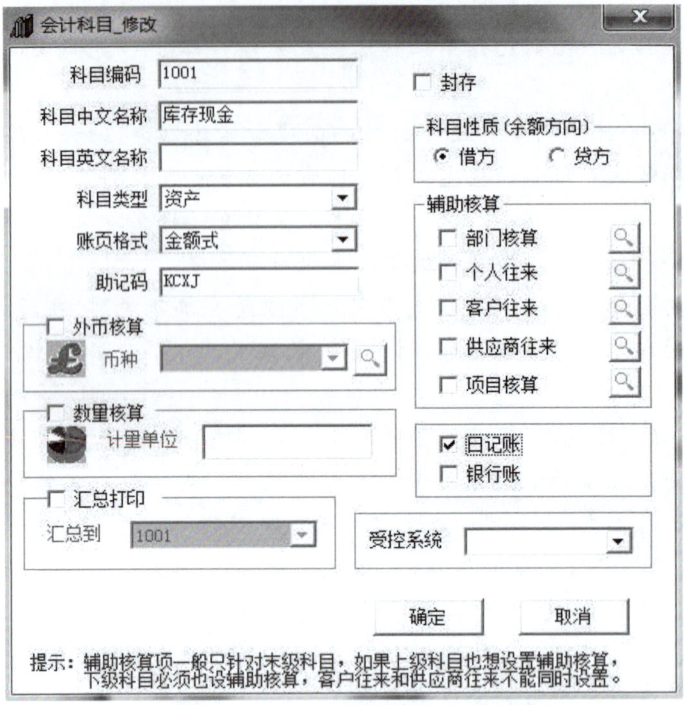

图 1-54 “会计科目_修改”对话框

任务指导

(1)非末级会计科目不能再修改科目编码。

(2)已经使用过的末级会计科目不能再修改科目编码。

(3)已有数据的会计科目,应先将该科目及其下级科目余额清零后再进行修改。

十一 删除会计科目

将“2621 独立账户负债”科目删除。

任务流程

(1)进入“会计科目”窗口,打开“全部”或“负债”选项卡,单击“2621 独立账户负债”科目。

(2)单击“删除”按钮。

(3)系统弹出“记录删除后不能修复！真的删除此记录吗?”信息提示对话框,如图 1-55 所示。

(4)单击“确定”按钮。

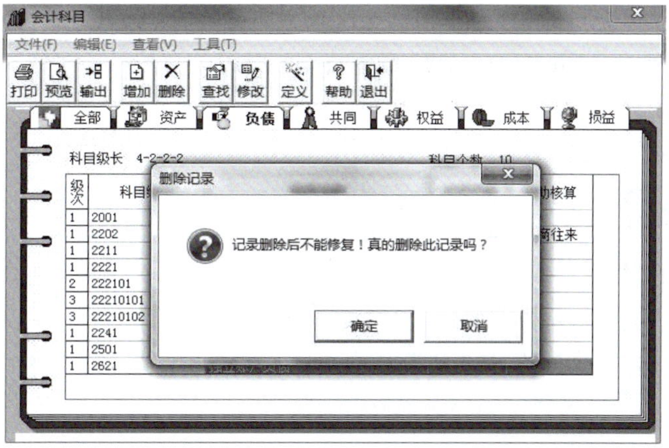

图 1-55　删除会计科目

任务指导

(1)删除科目后不能恢复，只能通过增加功能重新增加被删除的会计科目。

(2)非本级科目不能删除。

(3)已有数据的会计科目，应先将该科目及其下级科目余额清零后再删除。

(4)被指定的会计科目不能删除。如想删除，必须先取消指定。

十二 指定会计科目

指定“1001 库存现金”为现金总账科目，“1002 银行存款”为银行总账科目。

任务流程

(1)进入“会计科目”窗口，执行“编辑”→“指定科目”命令，打开“指定科目”对话框。

(2)单击“现金总账科目”单选按钮，在待选科目选择框中，单击“1001 库存现金”，单击“>”按钮，系统自动将其添加进已选科目框中，如图 1-56 所示。

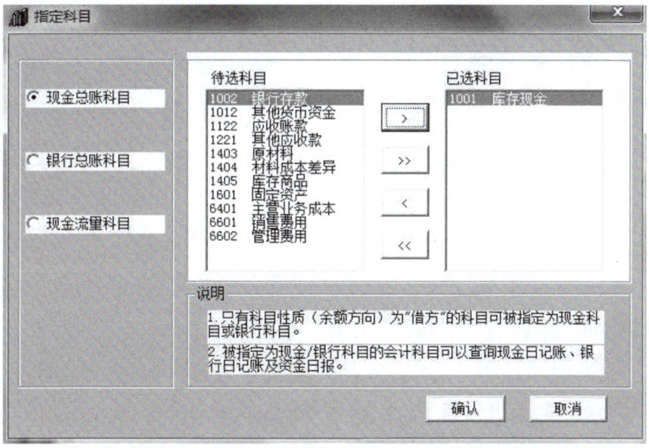

图 1-56　指定库存现金为现金总账科目

(3)单击“银行总账科目”单选按钮，在待选科目选择框中，单击“1002 银行存款”单击“>”按钮，系统自动将其添加到已选科目框中。

(4)单击“确认”按钮。

任务指导

(1)只有指定“现金总账科目”和“银行总账科目”之后才能进行出纳签字，并查询现金日记账和银行存款日记账。

(2)完成出纳签字的操作前还应在总账系统中设置“出纳凭证必须经由出纳签字”。

设置凭证类别

十三 设置凭证类别

设置凭证类别方式为“收款凭证”“付款凭证”“转账凭证”，见表 1-9。

表 1-9 凭证类别

类别字	类别名称	限制类型	限制科目
收	收款凭证	借方必有	1001,1002
付	付款凭证	贷方必有	1001,1002
转	转账凭证	凭证必无	1001,1002

任务流程

(1)进入“T3-用友通标准版 10.6Plus1”窗口，执行“基础设置”→“财务”→“凭证类别”命令，打开“凭证类别预置”对话框，如图 1-57 所示。

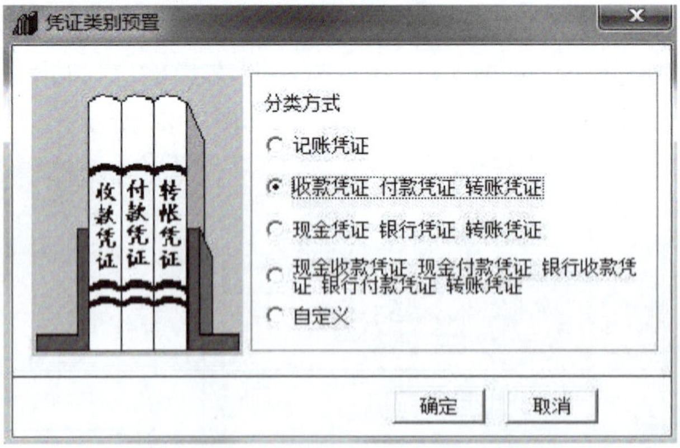

图 1-57 “凭证类别预置”对话框

(2)单击“收款凭证 付款凭证 转账凭证”单选按钮，单击“确定”按钮，打开“凭证类别”对话框。

(3)在收款凭证所在行双击“限制类型”，单击下拉按钮，选择“借方必有”选项；双击“限制科目”，单击参照按钮，选择“1001 库存现金”和“1002 银行存款”(或直接输入

“1001,1002”,注意中间的逗号必须在英文状态下输入)。

(4)重复上述操作,继续设置付款凭证及转账凭证的“限制类型”和“限制科目”内容,如图 1-58 所示。

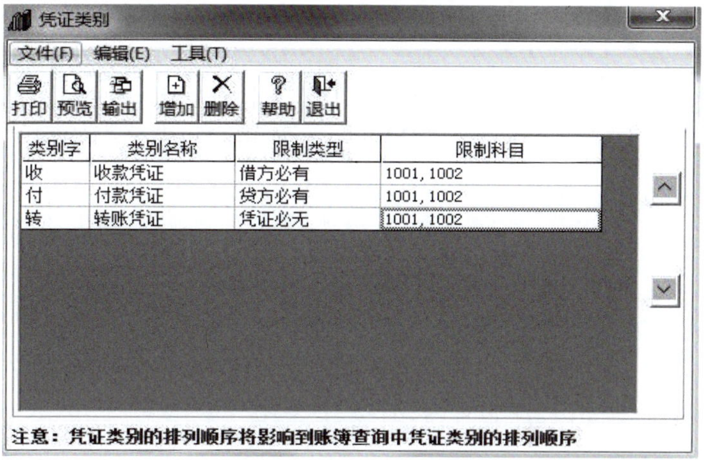

图 1-58 “凭证类别”窗口

(5)单击“退出”按钮。

任务指导

(1)系统一般提供五种常用分类方式供选择:记账凭证;收款、付款、转账凭证;现金、银行、转账凭证;现金收款、现金付款、银行收款、银行付款、转账凭证;自定义凭证类别。

(2)凭证分类不影响记账结果,一般可分为收款凭证、付款凭证和转账凭证,业务量较少的单位可不分类,即只设置记账凭证一种凭证类别。

(3)某些类别的凭证在制单时对科目有一定的限制,通常系统有五种限制类型供选择:

借方必有:制单时,此类凭证借方至少有一个限制科目有发生额;

贷方必有:制单时,此类凭证贷方至少有一个限制科目有发生额;

凭证必有:制单时,此类凭证无论借方还是贷方至少有一个限制科目有发生额;

凭证必无:制单时,此类凭证无论借方还是贷方不可有一个限制科目有发生额;

无限制:制单时,此类凭证可使用所有合法的科目。

限制科目由用户输入,可以是任意级次的科目,科目之间用英文半角逗号分隔,数量不限,也可参照输入,但不能重复输入。

(4)在输入凭证之前应进行凭证类别的设置,已使用的凭证类别不能删除,也不能修改类别字,若限制科目为非末级科目,则在制单时其所有下级科目都将受到同样的限制。

(5)填制凭证时,如果不符合这些限制条件,系统拒绝保存。

(6)可以通过凭证类别列表右侧的上下箭头按钮调整凭证列表中凭证的排列顺序。

十四 设置项目目录信息

旭日公司的项目目录信息见表 1-10。

表 1-10　　项目目录信息

项目大类名称	核算科目	项目分类		项目目录	
		分类编码	分类名称	项目编号	项目名称
产品核算	电脑、电脑收入、主营业务成本	1	台式电脑	1	Intel 系列
				2	AMD 系列

任务流程

(1)定义项目大类。进入“T3-用友通标准版 10.6Plus1”窗口,执行“基础设置”→“财务”→“项目目录”命令,打开“项目档案”对话框,如图 1-59 所示。

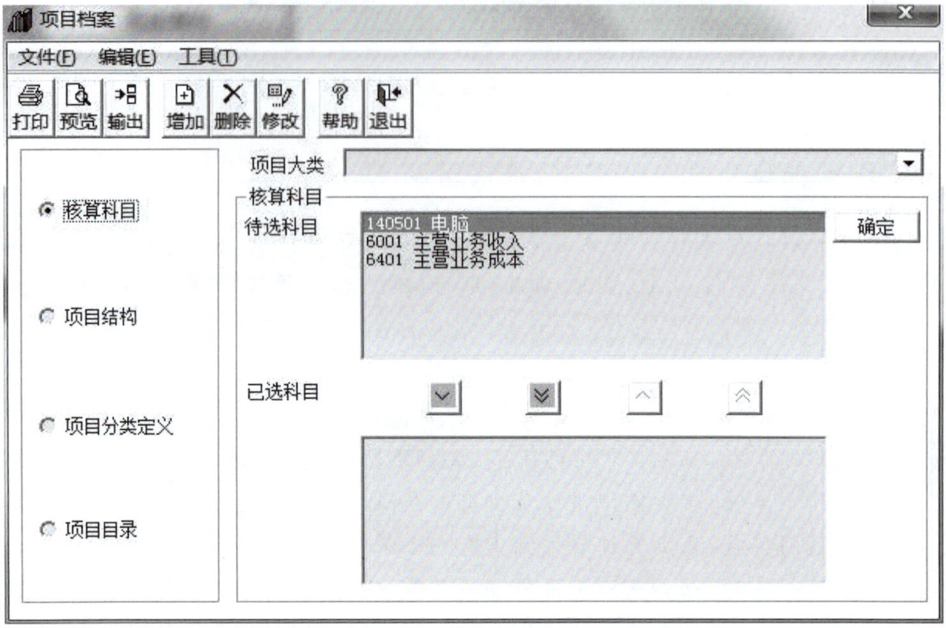

图 1-59　“项目档案”对话框

任务指导

(1)凡是设置了项目核算的会计科目,都会显示在项目档案的核算科目待选科目栏中。

(2)如果发现待选科目中缺少所需科目,则返回科目设置,将其设置为“项目核算”辅助类型即可。

(2)单击“增加”按钮,打开“项目大类定义_增加(项目大类名称)”对话框,输入新项目大类名称“产品核算”,如图 1-60 所示。

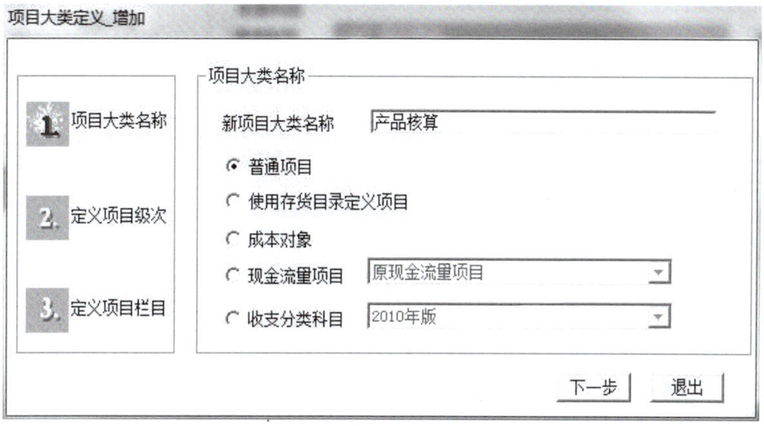

图 1-60 “项目大类定义_增加”对话框

(3)单击“下一步”按钮，打开“项目大类定义_增加(定义项目级次)”对话框，采用系统默认值，单击“下一步”按钮，打开“项目大类定义_增加(定义项目栏目)”对话框，采用系统默认值，如图 1-61 所示。

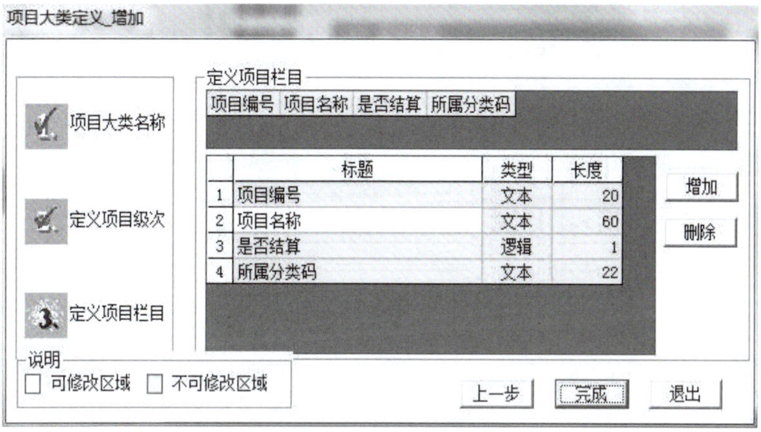

图 1-61 定义项目栏目

(4)单击“完成”按钮退出。

(5)指定核算科目。打开“项目档案”对话框，单击“核算科目”单选按钮，项目大类选择“产品核算”，在“待选科目”框中分别选择要核算的科目，单击“V”按钮，将选中的核算科目移至“已选科目”框中，单击“确定”按钮，系统弹出“保存成功！”信息提示对话框，如图 1-62 所示。

(6)单击“确定”按钮。

(7)定义项目分类。打开“项目档案”对话框，单击“项目分类定义”单选按钮，项目大类选择“产品核算”，单击右下角“增加”按钮，根据资料分别输入分类编码、分类名称，单击“确定”按钮，如图 1-63 所示。

(8)定义项目目录。打开“项目档案”对话框，单击“项目目录”单选按钮，项目大类选择“产品核算”，单击右下角“维护”按钮，打开“项目目录维护”对话框，单击“增加”按钮，根据资料分别输入项目编号、项目名称、选择所属分类码，按回车键返回，如图 1-64 所示。

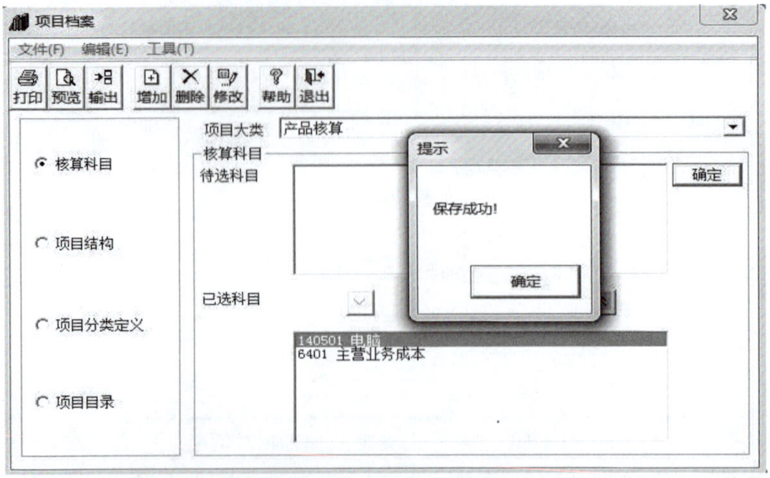

图 1-62　指定核算科目

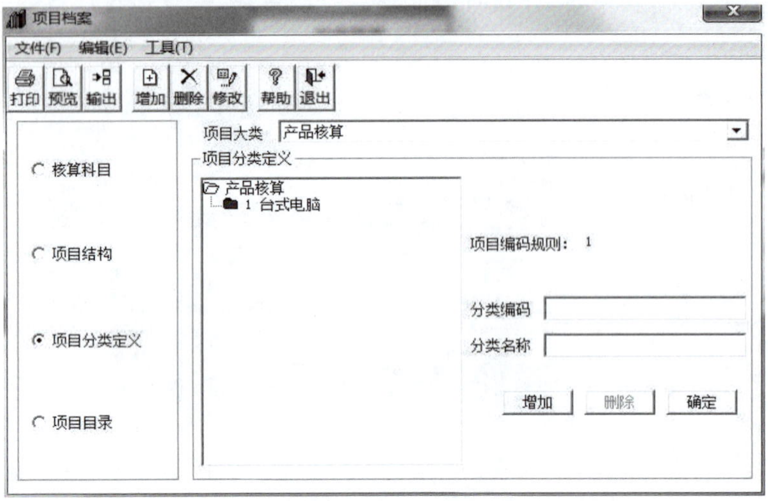

图 1-63　项目分类定义

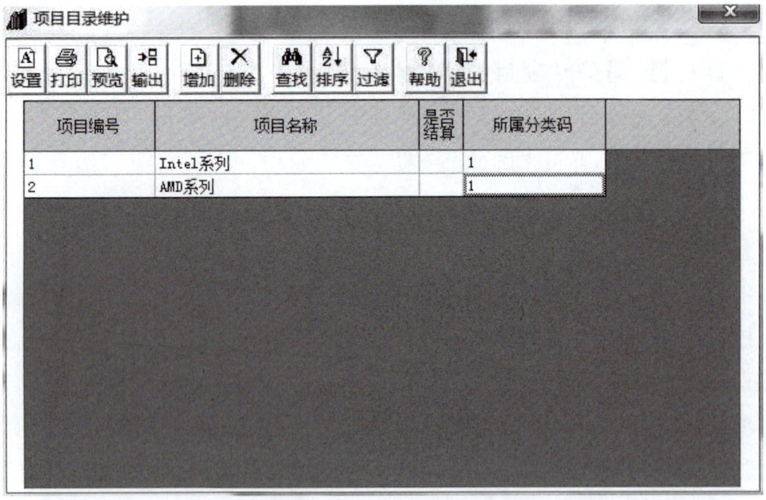

图 1-64　项目目录维护

(9)单击“退出”按钮,返回“项目档案”对话框,单击“退出”按钮完成项目目录设置。

十五 设置存货档案

旭日公司的存货档案见表1-11。

表1-11 存货档案

存货编码	存货代码	存货名称	规格型号	计量单位	税率	存货属性
CJ001	001	打印机		台	13%	销售、外购、生产耗用
CJ00201	00201	笔记本电脑	Intel	台	13%	销售、外购、生产耗用
CJ00202	00202	笔记本电脑	AMD	台	13%	销售、外购、生产耗用
CJ003	003	多媒体软件		套	13%	销售、外购、生产耗用
CJ004	004	办公台		张	13%	销售、外购、生产耗用
XY001	XY1	洗衣机		台	13%	销售、外购、生产耗用
XY002	XY2	控制面板		块	13%	销售、外购、生产耗用
XY003	XY3	电机		个	13%	销售、外购、生产耗用

任务流程

(1)进入“T3-用友通标准版10.6Plus1”窗口,执行“基础设置”→“存货”→“存货档案”命令,打开“存货档案”对话框,如图1-65所示。

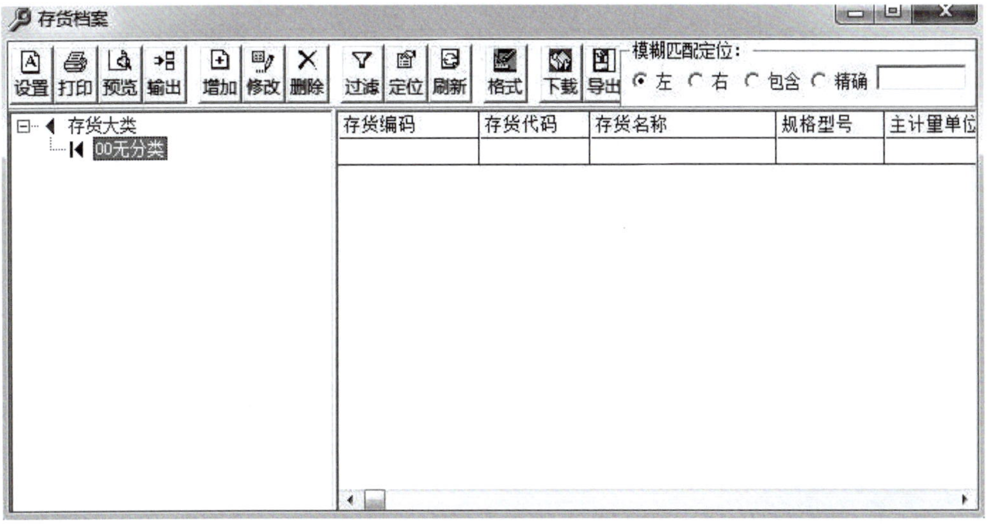

图1-65 存货档案

(2)选择“00无分类”末级分类,单击“增加”按钮,打开“存货档案卡片”对话框,输入CJ001的存货内容,如图1-66所示。

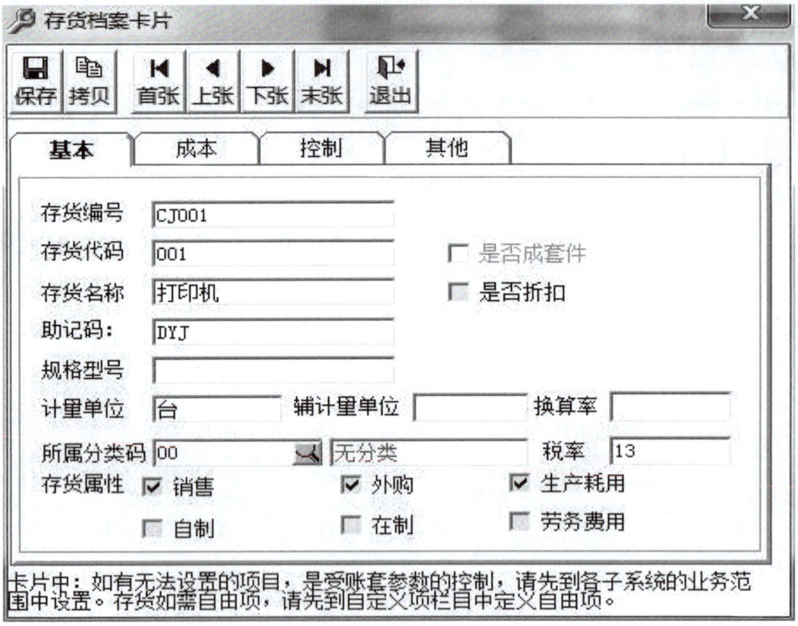

图 1-66　存货档案卡片

(3)单击“保存”按钮，继续输入其他存货档案，结果如图 1-67 所示。

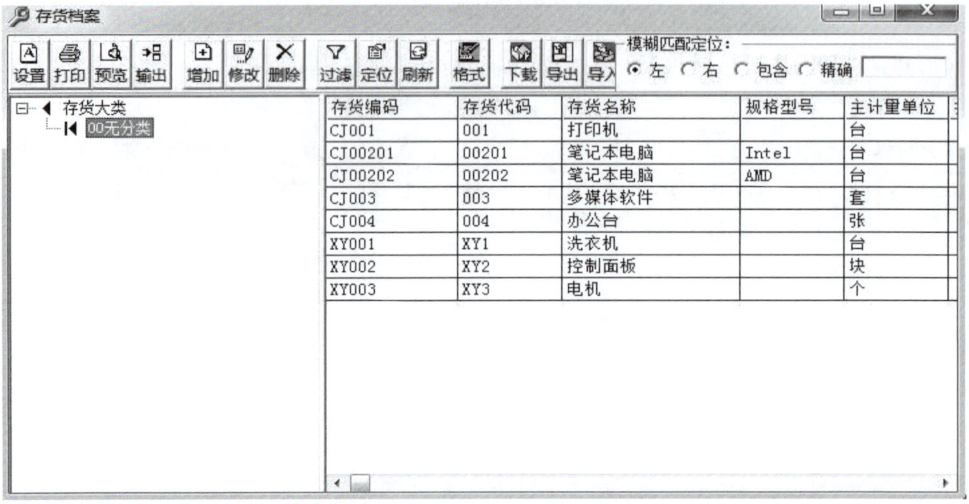

图 1-67　存货档案内容

(4)单击“退出”按钮。

任务实训

任务实训一　系统管理

【实验准备】

安装“T3 用友通标准版”系统，以“admin”系统管理员身份登录系统管理。

【实验要求】

(1)设置操作员。

(2)建立账套(直接启用总账、工资管理、固定资产、核算、购销存管理系统,启用日期为“2021 年 1 月 1 日”)。

(3)设置操作员权限。

(4)账套备份(备份至 D 盘中的“030 账套备份/030-1”)。

【实验资料】

1. 操作员及其权限

表 1-12　　操作员基本信息

编号	姓名	口令	所属部门	权限
LN	刘宁	001	财务部	账套主管
LF	李芳	002	财务部	公用目录设置及“总账”中除恢复记账前状态(CL0209)外的所有总账系统的权限
WQ	王强	003	财务部	总账系统及现金管理的权限

2. 账套信息

(1)账套基本信息

账套号:030

账套名称:哈百丽公司

单位名称:哈百丽科技有限公司

单位简称:哈百丽公司

单位地址:浙江省杭州市经济开发区

法人代表:张同

邮政编码:200022

本币名称:人民币

启用会计期:2021 年 1 月

企业类型:工业

行业性质:2007 年新会计准则

账套主管:刘宁

(2)按行业性质预置科目

基础信息:对存货、客户进行分类,无外币核算

(3)分类编码方案如下:

科目编码级次:4222

客户分类编码级次:123

部门编码级次:122

存货分类编码级次:122 其他分类编码默认系统设置

启用总账、工资管理、固定资产、核算、购销存管理系统,启用日期为 2021 年 1 月 1 日,并为操作员分配相应权限。

任务实训

任务实训二　基础设置

【实验准备】

已经完成了任务实训一的操作。引入配套资料中的“T3-1”账套。以操作员“LN 刘宁”身份于 2021 年 1 月 1 日注册进入“[030]哈百丽公司”账套。

【实验要求】

(1)设置部门档案。

(2)设置职员档案。

(3)设置客户分类。

(5)设置客户档案。

(6)设置供应商档案。

【实验资料】

(1)部门档案

表 1-13　　部门档案资料

部门编码	部门名称
1	行政部
2	财务部
3	业务部
301	采购部
302	销售部
4	生产车间

(2)职员档案

表 1-14　　职员档案资料

职员编码	职员姓名	所属部门
1	张同	行政部
2	刘宁	财务部
3	李芳	财务部
4	王强	财务部
5	赵红	采购部
6	孙明	采购部
7	王佳	销售部
8	李刚	生产车间

(3)客户分类

表 1-15　　客户分类资料

类别编码	类别名称
1	东北地区
2	华北地区
3	西北地区

（4）客户档案

表 1-16 客户档案资料

客户编码	客户名称	客户简称	所属分类	税号	开户银行	银行账号
01	捷升公司	捷升公司	1	87945678	中国建设银行	673827365787
02	康慧公司	康慧公司	1	84623467	中国农业银行	623462934986
03	佳尔公司	佳尔公司	2	80128433	中国工商银行	623409462534
04	华天地公司	华天地公司	2	81294637	中国银行	623459237473
05	广厦集团	广厦集团	3	88091265	中国工商银行	694634527372

（5）供应商档案

表 1-17 供应商资料

供应商编码	供应商名称	供应商简称	银行账号
01	北京光明公司	北京光明公司	623489209233
02	华凌公司	华凌公司	623422399807
03	天喜公司	天喜公司	663234827389
04	北京阳光公司	北京阳光公司	657897623223

（6）存货分类

表 1-18 存货分类资料

类别编码	类别名称
1	原材料仓
2	成品仓

（7）存货档案

表 1-19 存货档案资料

仓库	存货编号	存货名称	计量单位	存货属性
成品仓	C001	电脑	台	销售、外购、自制
成品仓	C002	打印机	台	销售、外购、自制

（8）本单位开户银行

表 1-20 单位开户银行资料

编号	开户银行	银行账号	暂封标志
1	中国银行	645738098712	否

项目二
总账业务

“学习目标”

知识目标

掌握总账系统的功能结构；熟悉总账系统的业务处理流程；掌握总账系统初始化的设置；掌握凭证录入的基本方法；掌握凭证审核的原理和审核方法；掌握凭证记账的原理和方法；掌握总账期末业务处理的原则和方法。

会计人员在会计期间内应当按照国家规定的会计制度，运用一定的会计方法，遵循一定的会计步骤对经济数据进行记录、计算、汇总、报告，编制会计凭证、登记会计账簿并按规定编制当期财务报表。

能力目标

能够进行总账系统的初始化设置；能够进行凭证的输入、修改、删除、查询、审核；能够进行记账及账簿的查询；能够进行取消审核、反记账、反结账的操作。

任务一 总账系统初始化

定义总账系统启用参数

任务导入

旭日公司自2021年1月开始使用T3用友通标准版进行总账账务处理。在进行总账业务处理之前,应根据公司具体的核算要求进行总账系统的参数设置。另外,在正式使用系统进行总账业务处理之前,要对原有手工数据进行加工整理,确认总账系统期初余额的输入方案。现在需要了解在使用计算机处理账务数据时,应如何输入期初余额,期初余额对日常业务有哪些影响。

一 设置总账系统参数

引入配套资料中"总账业务"账套数据,定义总账系统启用参数。

账套主管于2021年1月1日首次启用总账系统,设置总账系统的参数为取消"允许修改、作废他人填制的凭证",取消"制单序时控制"。

任务流程

(1)以账套主管"CF 陈峰"身份于2021年1月1日登录"[020]旭日公司"账套。

(2)执行"总账"→"设置"→"选项"命令,打开"选项"对话框。

(3)单击"允许修改、作废他人填制的凭证"复选框(取消复选框中的"√"),打开"提示信息"对话框,如图2-1所示。

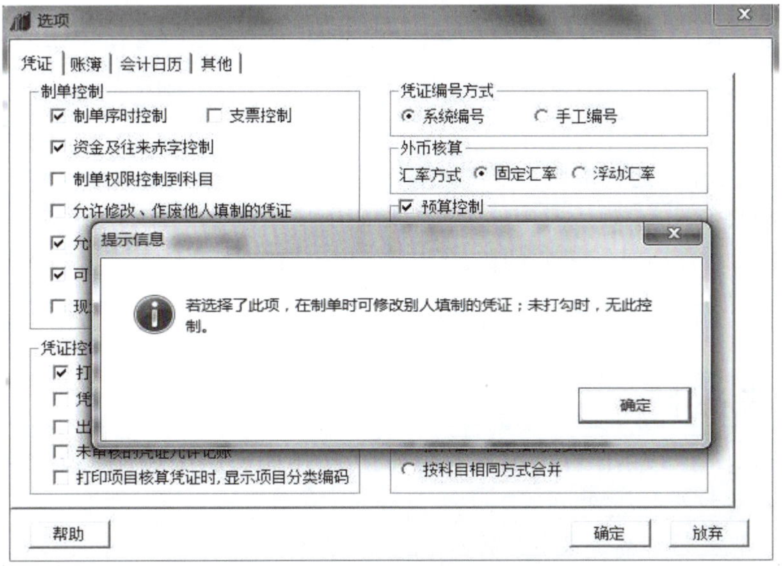

图 2-1 总账系统"选项"对话框

（4）单击“确定”按钮，返回“选项”对话框。

（5）单击“制单序时控制”复选框（取消复选框中的“√”），取消“制单序时控制”功能。

（6）单击“确定”按钮完成参数设置。

任务指导

（1）总账系统的运行参数直接影响日常业务处理的规则，所以在设置时应充分考虑日常业务的特点和管理要求，根据需要设置每一项参数。

（2）如果选择“凭证审核控制到操作员”，还应通过设置“明细权限”功能设置相应的明细审核权限。

（3）如果选择“出纳凭证必须经由出纳签字”，还应通过“指定科目”功能设置相应现金总账科目和银行存款总账科目，才能进行出纳签字的操作。

二 输入基本科目余额

2021 年 1 月，账套的基本科目期初余额见表 2-1。

表 2-1 基本科目期初余额表

科目名称	方向	期初余额
库存现金	借	13 680.00
工行存款	借	752 330.00
固定资产	借	3 323 600.00
累计折旧	贷	856 022.00
短期借款	贷	800 000.00
长期借款	贷	783 510.00
实收资本	贷	2 589 000.00

任务流程

（1）进入“T3 用友通标准版 10.6Plus1”窗口，执行“总账”→“设置”→“期初余额”命令，打开“期初余额录入”对话框。

（2）单击“1001 库存现金”科目的期初余额栏，输入期初余额“13 680.00”，如图 2-2 所示。

（2）输入其他会计科目的期初余额。

任务指导

（1）如果某科目为数量和外币核算，应输入期初数量和外币余额，且先输入本币余额，再输入数量和外币余额。

（2）非末级会计科目余额不用输入，系统将根据其下级明细科目自动汇总计算。

(3)出现红字余额用负号输入。

(4)修改余额时,直接输入正确数据即可。

(5)凭证记账后,期初余额变为只能浏览的只读状态,不能再修改。

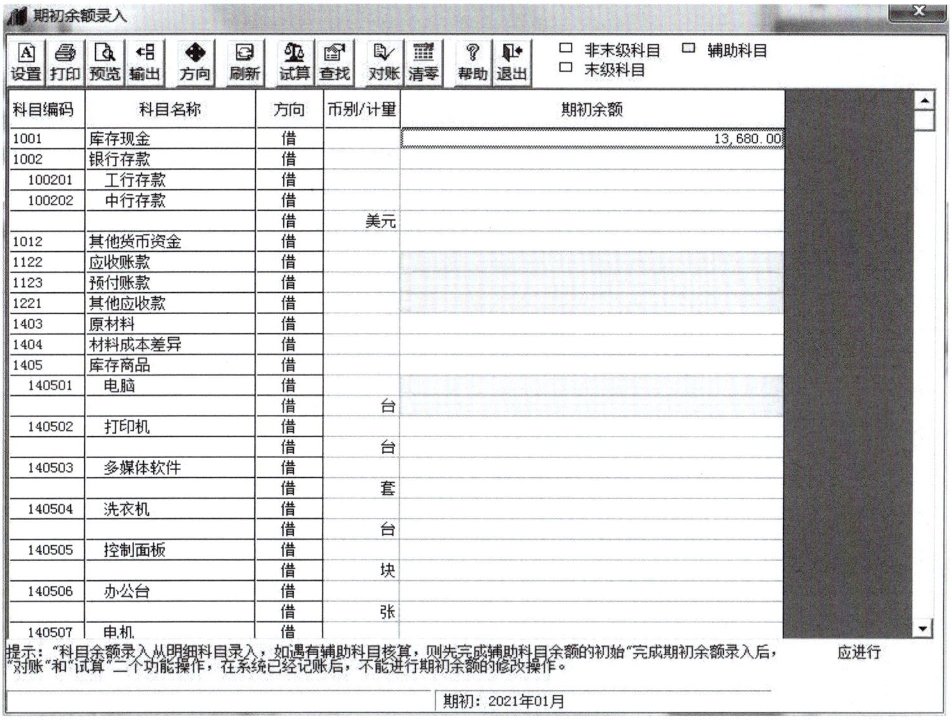

图 2-2 “期初余额录入”对话框

三 输入辅助核算科目信息

表 2-2 应收账款科目信息

日期	凭证号	客户	摘要	方向	期初余额
2020-12-26	转-122	天鹏公司	销售商品	借	257 400.00
2020-12-30	转-130	荣泰公司	销售 10 块控制面板	借	60 000.00

表 2-3 其他应收款科目信息

日期	凭证号	部门	个人	摘要	方向	期初余额
2020-12-30	付-101	采购部	周梦琪	出差借款	借	2 000.00

表 2-4 应付账款科目信息

日期	凭证号	供应商	摘要	方向	期初余额
2020-12-22	转-39	杰西卡公司	购买 50 台打印机	贷	65 000.00
2020-12-28	转-51	华实公司	购买 100 套多媒体软件	贷	80 000.00

表 2-5　　库存商品科目信息(电脑)

项目	方向	金额	数量(台)
Intel 系列	借	209 522.00	50.00
AMD 系列	借	160 000.00	50.00

表 2-6　　库存商品科目信息(打印机)

期初余额	数量(台)
65 000	50.00

表 2-7　　库存商品科目信息(多媒体软件)

期初余额	数量(套)
80 000	100.00

表 2-8　　库存商品科目信息(控制面板)

期初余额	数量(块)
250 000	50.00

任务流程

(1)打开“期初余额录入”对话框,将光标移到“1122 应收账款”科目所在行,系统提示“客户往来”,如图 2-3 所示。

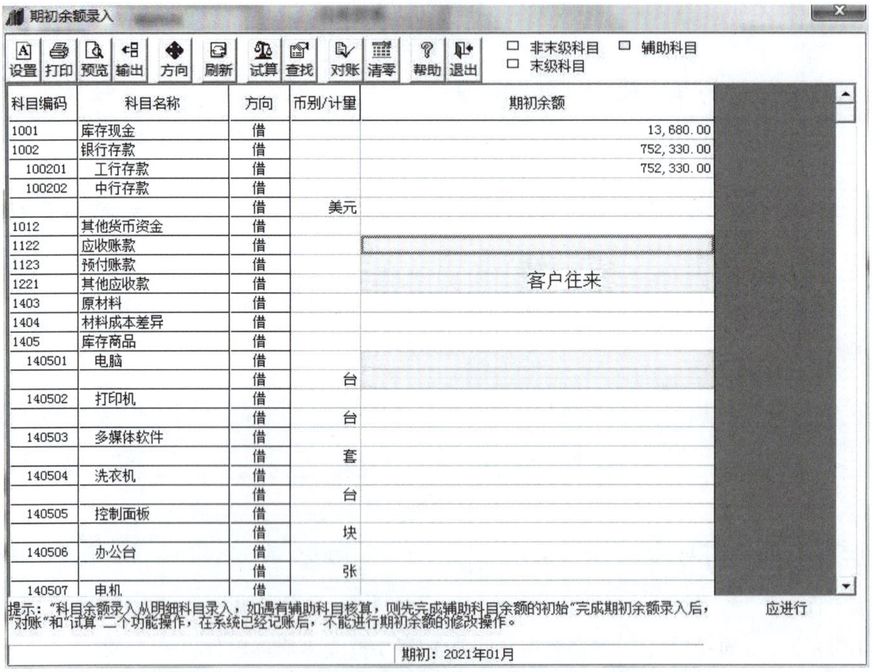

图 2-3　提示客户往来核算

（2）双击应收账款科目的期初余额栏（蓝色区域），打开“客户往来期初”对话框，单击“增加”按钮，修改日期为“2020-12-26”。

（3）输入凭证号“转-122”或双击“凭证号”栏，打开“凭证类别参照”对话框。

（4）直接输入或双击后单击参照按钮，客户选择“天鹏公司”，摘要输入“销售商品”，方向系统默认“借”，输入期初余额“257 400.00”。

（5）单击“增加”按钮增加新的一栏，按上述步骤输入荣泰公司的往来期余额，结果如图 2-4 所示。

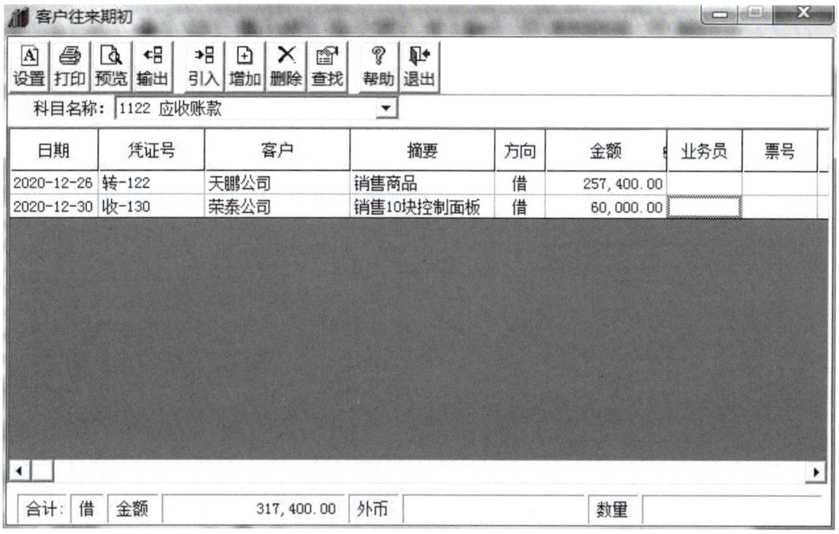

图 2-4 “客户往来期初”对话框

（6）继续输入其他往来科目的余额，输入完成后，单击“退出”按钮。

任务指导

（1）如果某科目涉及部门辅助核算，则必须按辅助项输入期初余额，具体业务处理过程参照个人往来科目期初余额的输入方法。

（2）只要求输入最末级科目的余额和累计发生额，上级科目的余额和累计发生额由系统自动计算。

（3）当不想输入某项内容而系统又提示必须输入时，可按 ESC 键取消输入。此操作在本软件中很多地方适用。

四 调整余额方向

将“1404 材料成本差异”科目余额的方向由“借”调整为“贷”。

任务流程

（1）打开“期初余额录入”对话框，选择“材料成本差异”科目所在行，单击“方向”按钮，打开“调整余额方向”对话框，如图 2-5 所示.

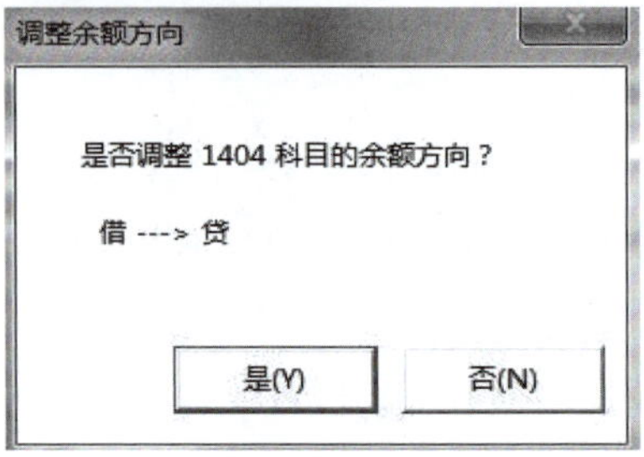

图 2-5 “调整余额方向”对话框

（2）确定需要调整的方向后，单击“是”按钮返回，此时“材料成本差异”科目的余额方向调整为“贷”方。

五 试算平衡

检查期初余额是否平衡，如果不平衡应检查余额输入是否有错误。

任务流程

（1）打开“期初余额录入”对话框，单击“试算”按钮，查看期初余额试算平衡表，检查余额是否平衡，如图 2-6 所示。

图 2-6 “期初试算平衡表”对话框

（2）单击“确认”按钮。

任务指导

（1）期初余额试算不平衡，可以填制凭证但不能记账。

（2）已经记过账，则不能再输入和修改期初余额。

填制凭证

任务二 填制凭证

填制凭证是总账系统主要的日常业务处理工作，也是总账系统日常业务的唯一数据来源，因此，凭证填制的正确性直接影响到企业会计数据的正确性。

任务导入

会计人员的主要工作职责就是记账、算账和报账，应做到手续完备，数字准确，账目清楚，按期报账。旭日公司已经营两年，对于手工会计业务的处理已经积累了丰富的经验。在使用用友 T3 软件时，应明确地知道在总账系统中应该完成哪些主要工作？手工操作与计算机操作有哪些不同？在实际工作中应该掌握的知识点有哪些？

一 增加凭证

2021 年 1 月 3 日行政部购买了一台 500 元的扫描仪，收到普通发票一张，收据一张，全部款项以现金支付，附单据 2 张，填制付款凭证，摘要为购办公用品。

借：管理费用(办公费)(660202)　　500

　应交税费-应交增值税(进项税额)(22210101)　　65

　贷：库存现金　　565

任务流程

(1)执行“总账”→“凭证”→“填制凭证”命令，或直接单击“填制凭证”按钮，进入“填制凭证”窗口。

(2)单击“增加”按钮，增加一张新凭证，选择凭证类别为“付款凭证”，制单日期为“2021.01.03”，如图 2-7 所示。

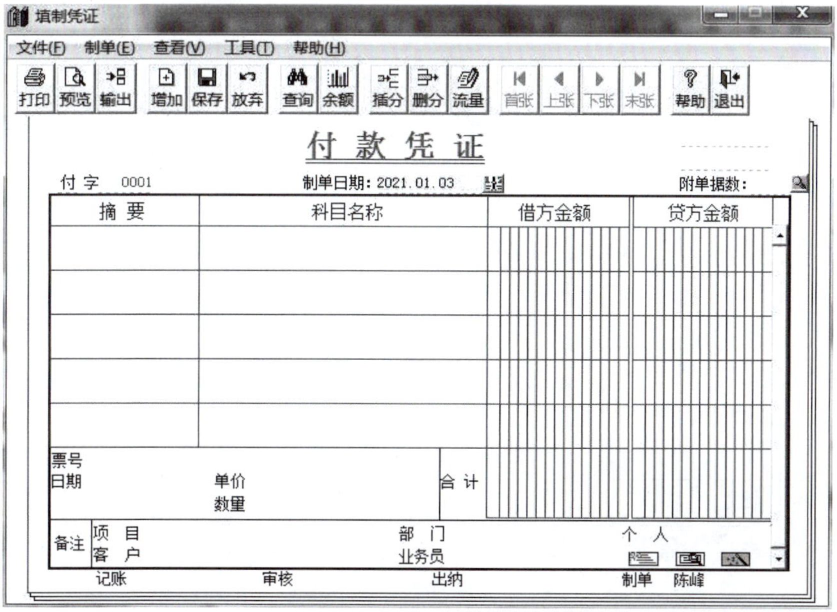

图 2-7 “填制凭证”窗口

(3)在摘要栏输入“购办公用品”，科目名称栏输入“660202”或单击参照按钮选择“660202 管理费用(办公费)”科目，按回车键确认，系统弹出辅助项对话框，如图 2-9 所示。

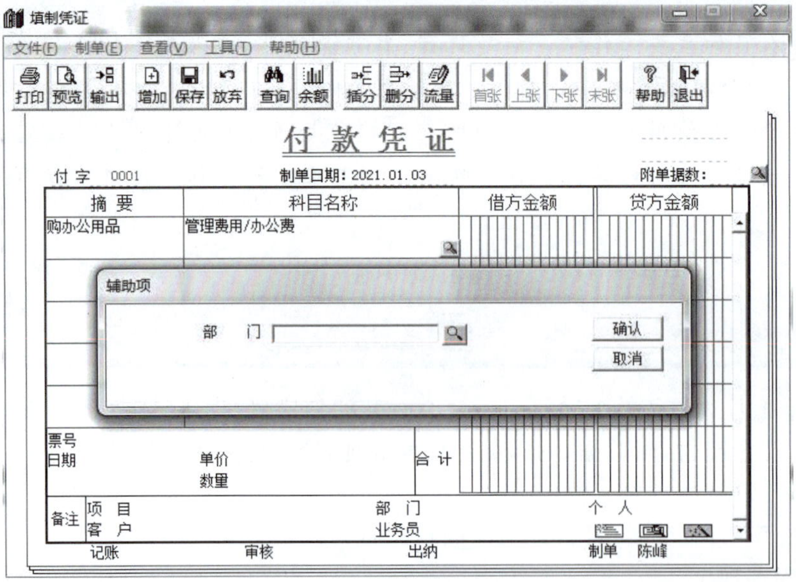

图 2-8 输入凭证辅助项

(4)在部门一栏手动输入或单击参照按钮选择“行政部”，单击“确认”按钮。借方金额输入“500.00”，按回车键，光标跳至下一行，系统自动复制借方的摘要到下一行的摘要栏，在科目名称栏输入“库存现金”的科目编码“1001”，在贷方金额一栏输入“500.00”，附单据数输入“2”张。

(5)单击“保存”按钮，系统显示一张完整的付账凭证，如图 2-9 所示。

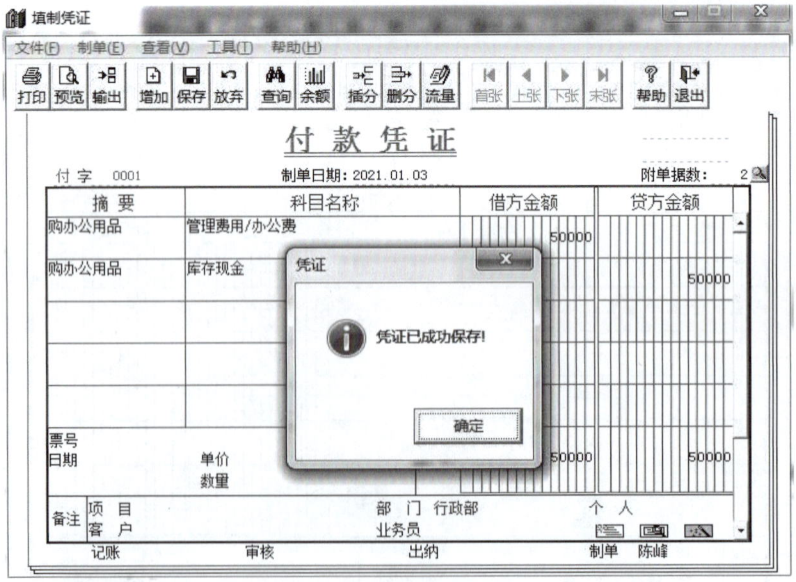

图 2-9 已保存的付款凭证

(6)单击“确定”按钮。

任务指导

(1)凭证类别为初始设置时已定义的凭证类别代码或名称。

(2)在"附单据数"处可以按回车键通过,也可以输入单据数量,制单日期通常为业务发生的日期。

(3)正文中不同行的摘要可以相同也可以不同,但不能为空。每行摘要将随相应的会计科目在明细账和日记账中出现。新增分录完成后,按回车键,系统会将摘要自动复制到下一分录行。

(4)由于在日常经济业务处理的过程中有很多业务的内容是相通或类似的,因此,在填制凭证时会填写相同或类似的摘要,系统提供了设置常用摘要的功能,可以单击摘要栏的参照按钮设置常用摘要。

二 填制凭证

1月16日销售部收到来自天鹏公司的一张转账支票,支票号为113,金额为257 400,用以偿还前欠货款,填制收款凭证,摘要为收到货款。

借:银行存款-工行存款(100201)　　　　257 400

　贷:应收账款(1122)　　　　257 400

任务流程

(1)单击"增加"按钮。

(2)在填制凭证过程中,当输入客户往来科目"1122"时,系统弹出"辅助项"对话框,如图2-10所示。

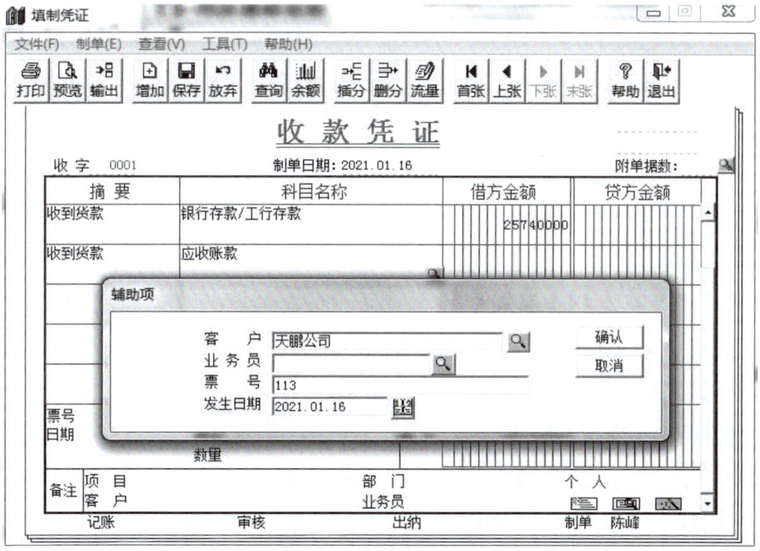

图2-10　凭证辅助项

(3)客户选择“天鹏公司”,票号输入“113”,制单日期为“2021.01.16”。

(4)单击“确认”按钮,完成收款凭证填制。

任务指导

(1)采用序时控制时,凭证日期应大于等于启用日期,不能超过业务日期。

(2)凭证一旦保存,其凭证编号不能修改。

(3)如果在填制凭证过程中出现新的会计科目,单击“参照”按钮,增加时应先增加其一级科目,再增加末级科目。

三 增加其他业务凭证

(1)2021年1月5日财务部开出现金支票从工行提取现金9 000元,作为备用金,票号111,填制付款凭证,摘要为提现。

借:库存现金(1001)	9 000	
贷:银行存款——工行存款(100201)		9 000

(2)2021年1月7日 采购部采购Intel系列电脑10台,每台不含税4 000元,货款以银行转账支付,票号114,填制付款凭证,摘要为购电脑。

借:库存商品——电脑(140501)	40 000	
应交税费—应交增值税(进项税额)(22210101)	5 200	
贷:银行存款——工行存款(100201)		45 200

(3)2021年1月13日,收到大洋集团投资资金20 000美元,款项以银行转账交付,汇率1:6.5,票号115。填制收款凭证,摘要为收到投资。

借:银行存款——中行存款(100202)	130 000	
贷:实收资本(4001)		130 000

(4)2021年1月18采购部向天源公司AMD系列电脑5台,不含税单价为4 000元,货税款暂欠,商品已验收入库。适用税率13%,填制转账凭证,摘要为购电脑。

借:库存商品——电脑(140501)	20 000	
应交税费——应交增值税(进项税额)(22210101)	2 600	
贷:应付账款(天源公司)(2202)		22 600

(5)2021年1月19日采购部周梦琪出差归来,报销差旅费2 000元。填制转账凭证,摘要为报销差旅费。

借:管理费用(差旅费)(660205)	2 000	
贷:其他应收款(1221)		2 000

(6)2021年1月23日销售给大亚公司Intel系列电脑4台,每台不含税价5 000元,货款尚未收,适用税率13%,填制转账凭证,摘要为售电脑,款未收。

借:应收账款(大亚公司)(1122)	22 600	

贷:主营业务收入(6001) 20 000

应交税费——应交增值税(销项税额)(22210102) 2 600

(7)2021 年 1 月 31 日结转 Intel 系列电脑销售成本。数量 2 台,单价:4 000 元,填制转账凭证,摘要为结转电脑成本。

借:主营业务成本 (6401) 8 000

贷:库存商品—电脑 (140501) 8 000

(8)2021 年 1 月 31 日结转收入,填制转账凭证,摘要为结转收入。

借:主营业务收入(Intel 系列)(6001) 20 000

贷:本年利润(4103) 20 000

(9)2021 年 1 月 31 日结转费用,填制转账凭证,摘要为结转费用。

借:本年利润(4103) 10 500

贷:主营业务成本(Intel 系列)(6401) 8 000

管理费用(差旅费)(采购部)(660205) 2 000

管理费用(办公费)(行政部)(660202) 500

(10)2021 年 1 月 31 日结转本年利润,填制转账凭证,摘要为结转本年利润。

借:本年利润 (4103) 9 500

贷:利润分配——未分配利润 (410401) 9 500

任务指导

(1)涉及外币核算的凭证,如果当前汇率与基础设置里设置的汇率不一致时,可直接在凭证里手动修改,按 F11 键更新即可。

(2)在填制凭证过程中,如果出现会计科目里没有的科目,可返回基础设置增加,也可直接单击科目参照里的"编辑"按钮增加。

四 修改凭证

2021 年 1 月 23 日,发现已填制的向"天源公司"采购的 5 台 AMD 系列电脑(不含税售价 4 000 元),其"转字 0001"转账凭证中的供应商应为"华实公司",会计分录如下所示:

借:库存商品——电脑 (140501) 20 000

应交税费——应交增值税(进项税额)(22210101) 2 600

贷:应付账款(华实公司)(2202) 22 600

任务流程

(1)进入"填制凭证"窗口,单击"上张"或"下张"按钮,找到要修改的"转字 0001"凭证。

(2)单击“应付账款”所在行后将光标移到凭证下方的“天源公司”，出现笔状的光标，如图 2-11 所示。

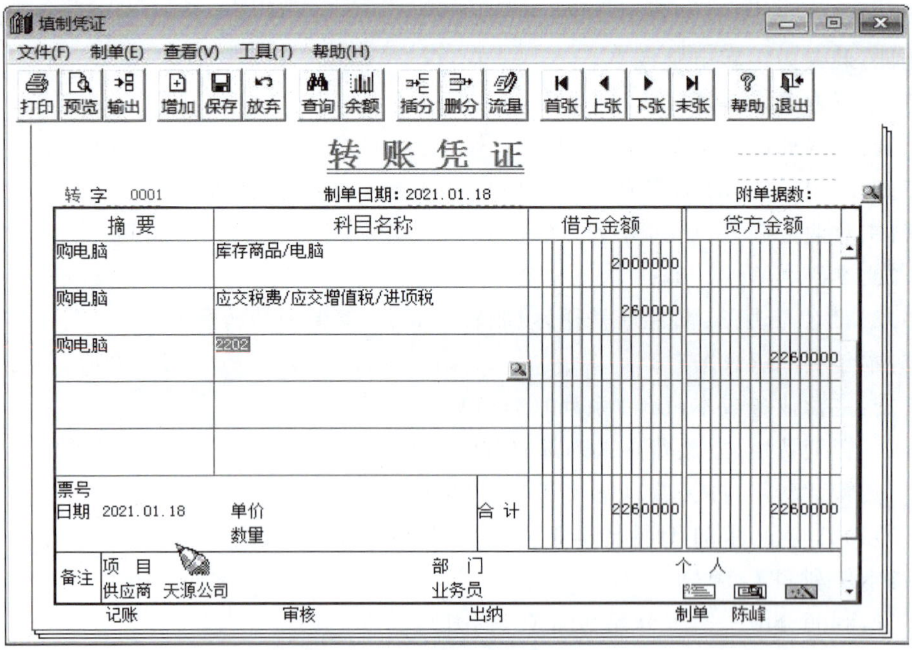

图 2-11　选中要修改的客户名称

(3)双击“天源公司”，打开“辅助项”对话框，删除“天源公司”，单击供应商栏参照按钮，选择“华实公司”，如图 2-12 所示。

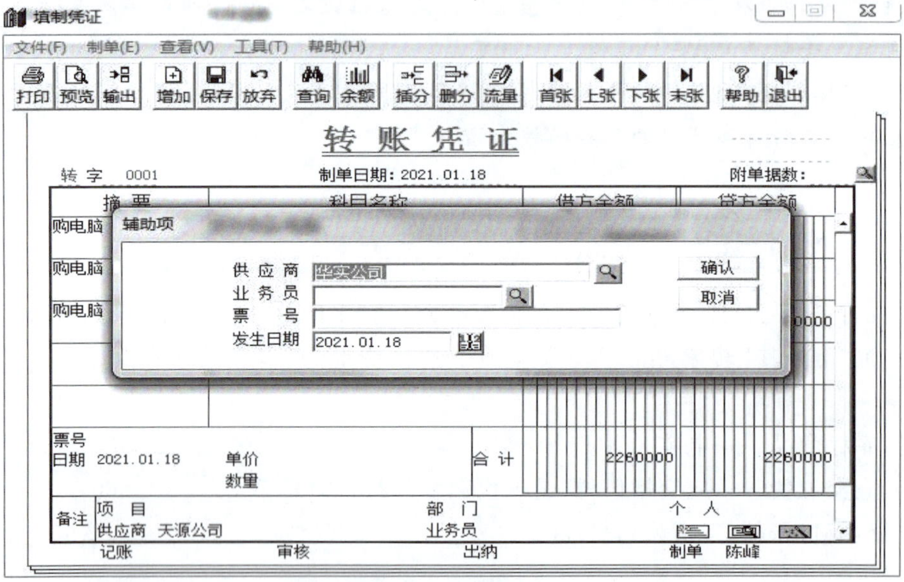

图 2-12　修改凭证

(4)单击“确认”按钮。

(5)单击“保存”按钮，如图 2-13 所示。

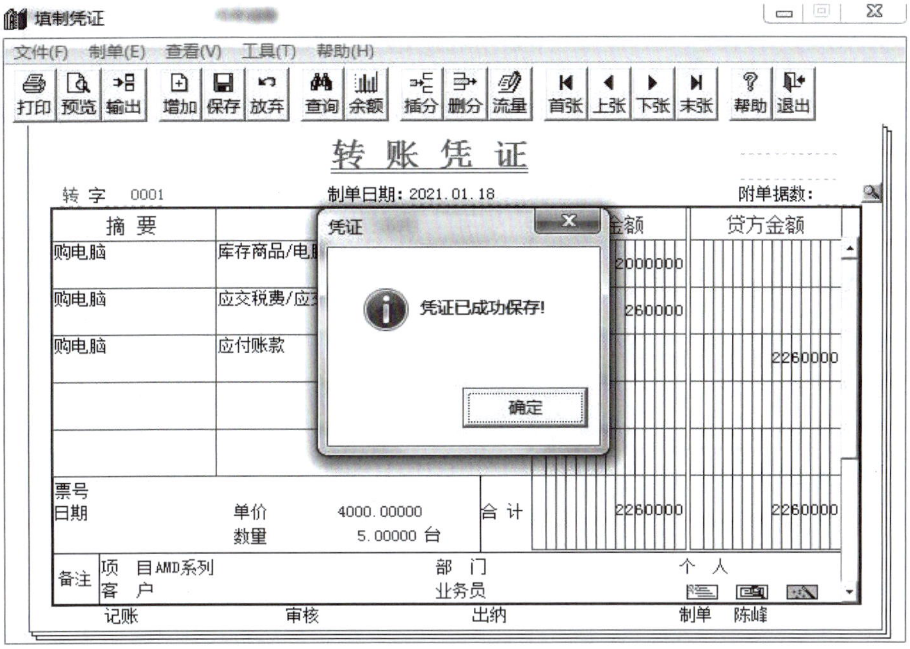

图 2-13 已保存的修改客户名称后的记账凭证

(6)单击“确定”按钮。

任务指导

(1)对错误凭证进行修改，可分为“无痕迹”修改和“有痕迹”修改两种。“无痕迹”修改，即不留下任何曾经修改的线索和痕迹；“有痕迹”修改则是采用红字冲销法生成红字冲销凭证。

(2)对已经输入但未审核的机内记账凭证可以直接进行修改。

(3)已通过审核但还未记账的凭证不能直接修改，可以先取消审核再修改。

(4)单击“插分”按钮，可在当前分录前增加一条分录。

(5)若已选择不允许修改或作废他人填制的凭证权限控制，则不能修改或作废他人填制的凭证。

(6)外部系统(如工资系统、固定资产系统等)传递来的凭证不能在总账系统中修改，只能在生成该凭证的系统中进行修改或删除。

(7)如果需要冲销某张已记账的凭证，执行“制单”→“冲销凭证”命令，制作红字冲销凭证。进行红字冲销的凭证，必须是已经记账的凭证。制作红字冲销凭证将错误凭证冲销后，需要再编制正确的蓝字凭证进行补充。通过红字冲销法增加的凭证，应视同正常凭证进行保存和管理。

五 删除凭证

删除“收字 0001”收款凭证。

任务流程

(1)进入"填制凭证"窗口,单击"上张"或"下张"按钮,找到要删除的"收字 0001"收款凭证。

(2)执行"制单"→"作废/恢复"命令,凭证左上角将会显示"作废"字样,如图 2-14 所示。

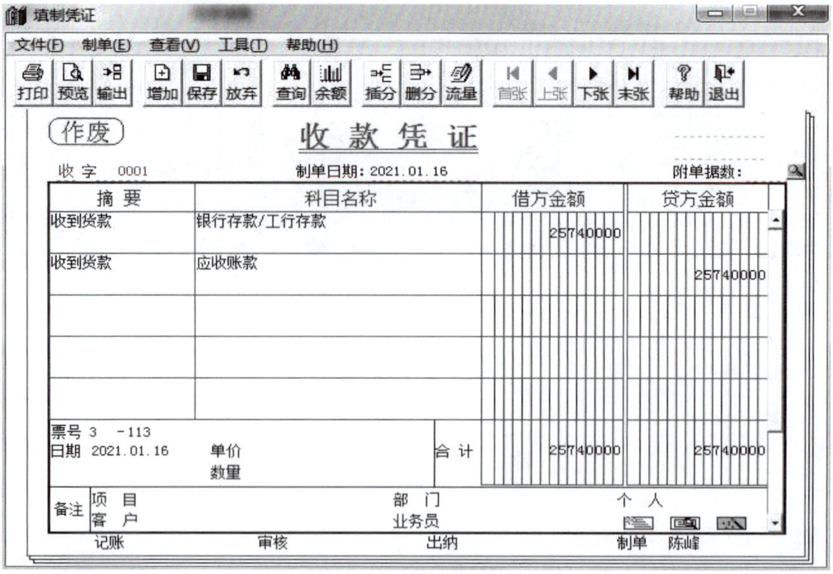

图 2-14　作废凭证

(3)执行"制单"→"整理凭证"命令,打开"请选择凭证期间"对话框,如图 2-15 所示。

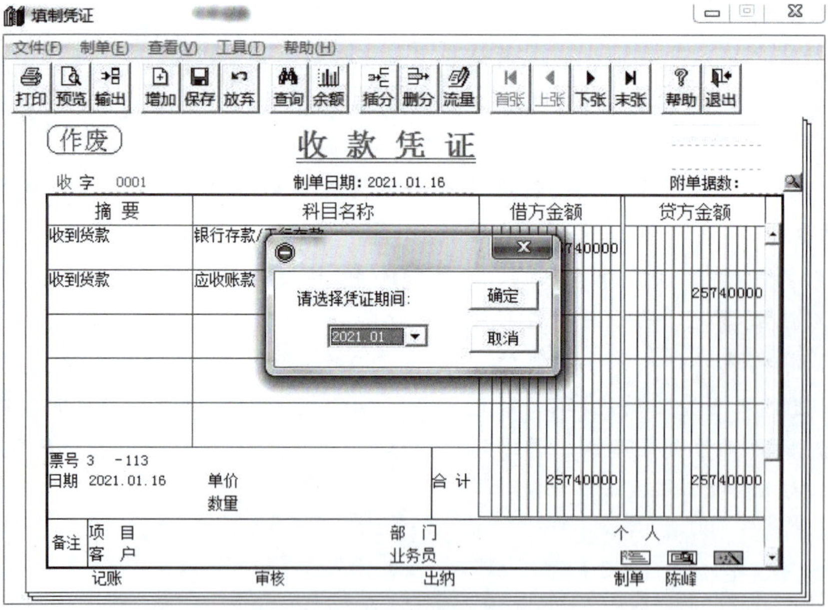

图 2-15　选择作废凭证期间

(4)单击“确定”按钮，打开“作废凭证表”对话框，双击“删除?”栏，系统自动输入字母“Y”，或单击“全选”按钮，如图 2-16 所示。

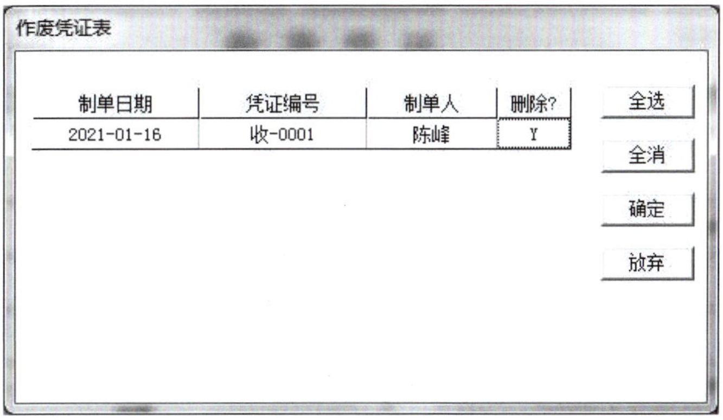

图 2-16 选择作废凭证

(5)单击“确定”按钮，系统弹出“是否还需整理凭证断号”信息提示对话框，如图 2-17 所示。

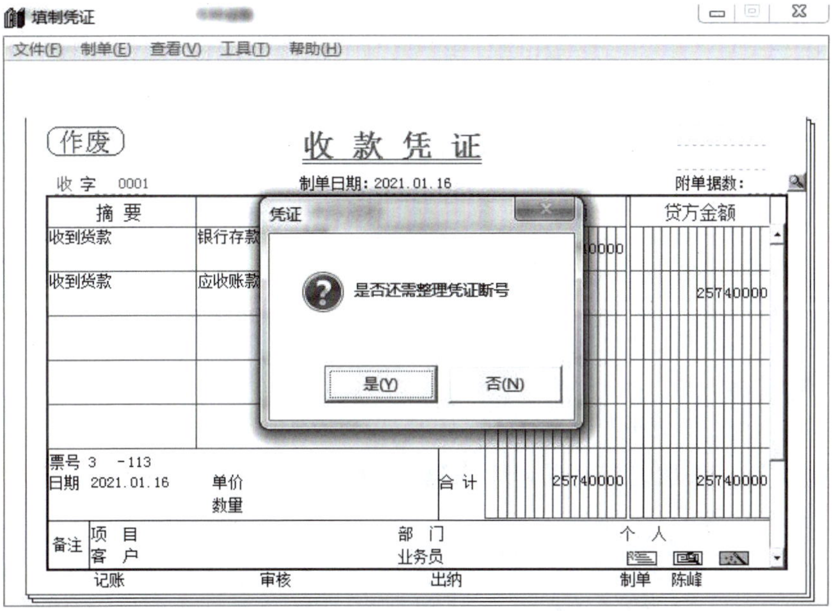

图 2-17 整理凭证断号提示

(6)单击“是”按钮，完成删除凭证的操作。

任务指导

(1)作废凭证仍保留凭证内容及编号，只显示“作废”字样。

(2)作废的凭证不能修改，不能审核。

(3)在记账时，已作废的凭证将参与记账，否则月末无法结账，但系统不对作废凭证进行数据处理，即相当于一张空凭证。

（4）账簿查询时，找不到作废凭证的数据。

（5）若当前凭证已作废，执行“制单”→“作废/恢复”命令，取消作废标志即可将当前凭证恢复为有效凭证。

六 查询凭证

查询2021年01月，尚未记账的第2号转账凭证。

任务流程

进入“填制凭证”窗口，单击“查询”按钮或者执行“查看”→“查询”命令，打开“凭证查询”对话框即可实现查询功能。

（1）进入“T3用友通标准版10.6Plus1”窗口，执行“总账”→“凭证”→“查询凭证”命令，打开“凭证查询”对话框，如图2-18所示。

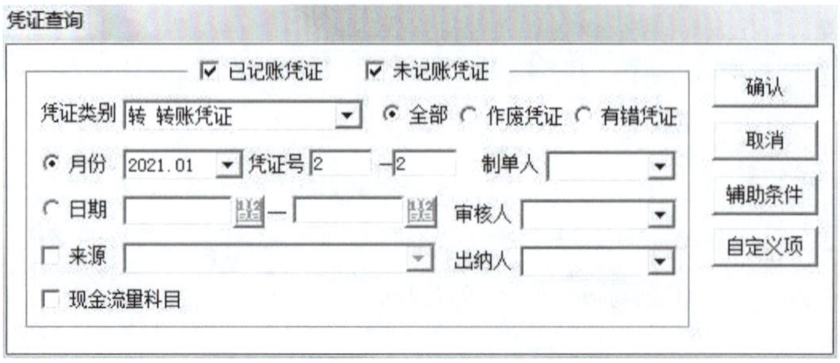

图2-18 “凭证查询”对话框

（2）单击“未记账凭证”复选框。

（3）选择“凭证类别”下拉列表“转 转账凭证”选项。

（4）输入凭证号“2”-“2”，其他栏目可以为空。

（5）单击“确认”按钮，打开“查询凭证”对话框，单击“确定”按钮，找到符合查询条件的凭证，如图2-19所示。

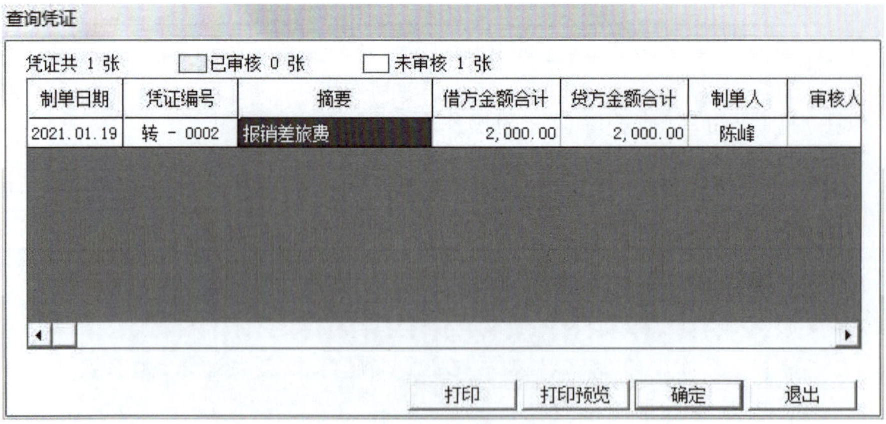

图2-19 查找到的凭证

(6)单击“确定”按钮，打开 0002 号转账凭证，如图 2-20 所示。

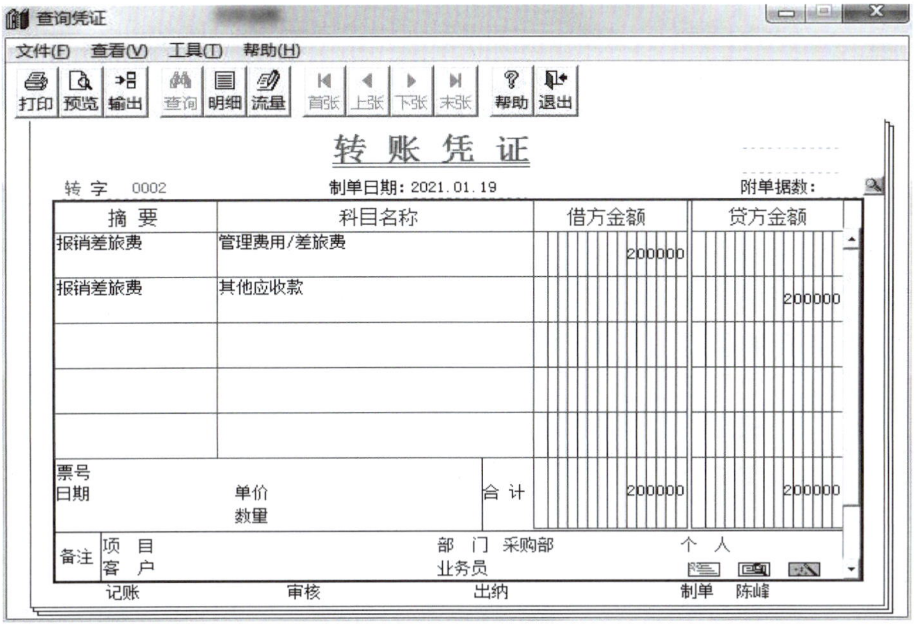

图 2-20 查找到的凭证

任务指导

(1)进入“填制凭证”窗口，单击“查看”按钮可以查看到当前科目最新余额，外部系统制单信息以及查明细账等内容。

(2)如果凭证尚未记账，可以直接在填制凭证功能中查看。

任务三 审核凭证并记账

审核凭证

审核凭证并记账是会计人员的重要工作，也是确保会计工作的正确性、及时性和合法性。在电算化方式下，按照会计基础工作规范的要求，软件中约定凭证填制后必须经由有权限的操作员对凭证进行审核签字，否则系统将不允许记账；在电算化方式下，记账是由有记账权限的操作员发出记账指令，由计算机按照预先设计的记账程序自动进行合法性检查、科目汇总及登记账簿等。

任务导入

旭日公司已经由会计人员在用友 T3 软件中完成了填制凭证的操作，现在需要了解在会计电算化方式下，已经填制的凭证，还应进行哪些操作才算是完成了总账的日常业务处理。

一 审核凭证

月末审核1月份填制的所有记账凭证。

任务流程

(1)以操作员“CJ 陈静”身份于2021年1月31日登录“[020]旭日公司”账套。

(2)进入“T3用友通标准版10.6Plus1”窗口,执行“总账”→“凭证”→“审核凭证”命令,或单击“审核凭证”按钮,打开“凭证审核”对话框,如图2-21所示。

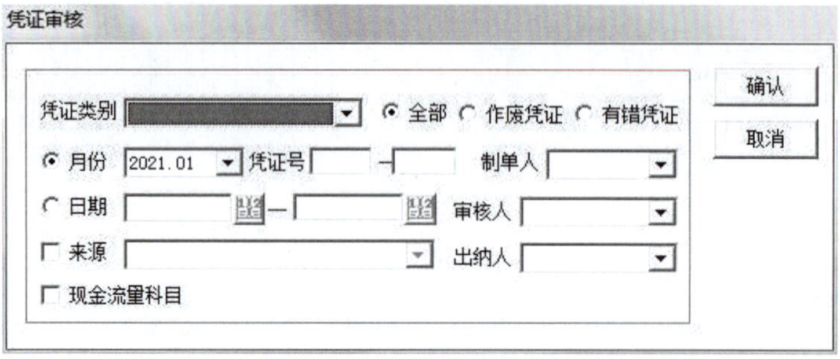

图2-21 “凭证审核”对话框

(3)单击“确认”按钮,系统显示全部记账凭证。

(4)单击“确定”按钮,打开待审核的记账凭证。

(5)对凭证进行检查并确定无误后,单击“审核”按钮,审核记账凭证;如发现有错误的,可单击“标错”按钮进行标识。已审核的“收字0001”凭证如图2-22所示,在凭证下方的审核处会标上审核人的名字。

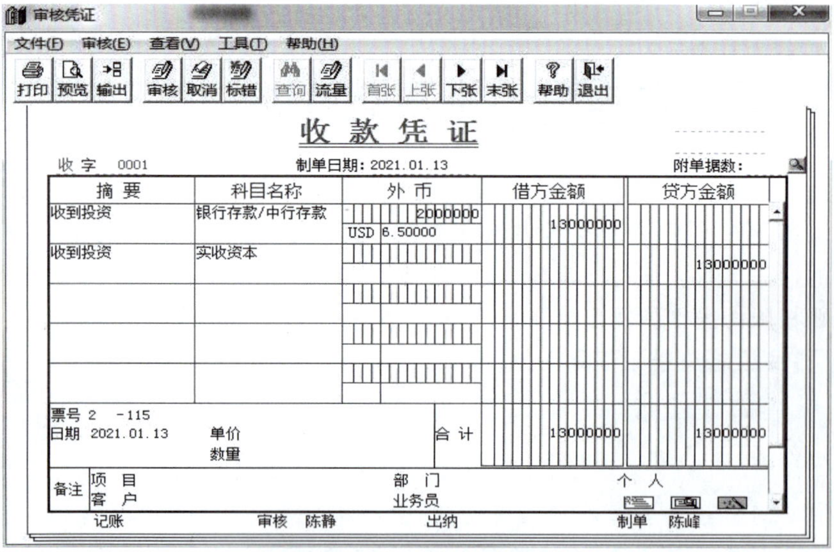

图2-22 已审核的凭证

(6)以此方法继续审核其他记账凭证。

任务指导

(1)在确认一批凭证无错误时可以执行“审核”→“成批审核凭证”命令，完成成批审核的操作。

(2)作废凭证不能被审核，也不能被标错。

(3)审核人和制单人不能是同一个人。

(4)凭证一经审核，不能被修改和删除，只有取消审核签字后才能修改或删除。

(5)已标错的凭证不能被审核，只有取消标错后才能审核。

二 记账

以账套主管“CF 陈峰”身份于 2021 年 1 月 31 日登录“[020]旭日公司”账套，将 2021 年 1 月份已审核过的记账凭证记账。

任务流程

(1)进入“T3 用友通标准版 10.6Plus1”窗口，执行“总账”→“凭证”→“记账”命令，或单击”记账“按钮，打开“记账(选择本次记账范围)”对话框，如图 2-23 所示。

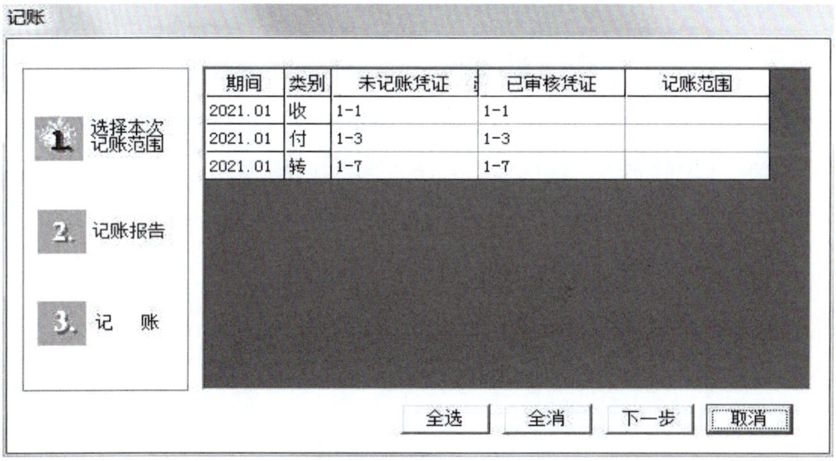

图 2-23 “选择本次记账范围”对话框

(2)选择需要记账的范围，单击“全选”按钮选择所有已审核的记账凭证。

(3)单击“下一步”按钮，打开“记账(记账报告)”对话框，如图 2-24 所示。

(4)如果需要打印记账报告，单击“打印”按钮。

(5)单击“下一步”按钮，打开“记账(记账)”对话框。

(6)单击“记账”按钮，打开“期初试算平衡表”对话框，如图 2-25 所示。

(7)单击“确认”按钮，系统开始登录有关的总账、明细账和辅助账，结束后系统弹出“记账完毕！”信息提示对话框，如图 2-26 所示。

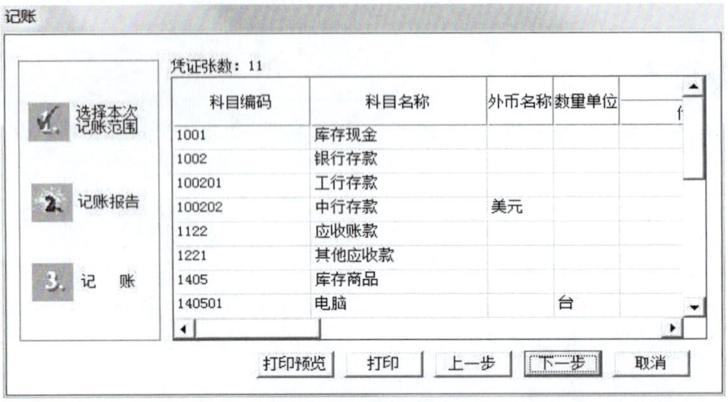

图 2-24　记账报告

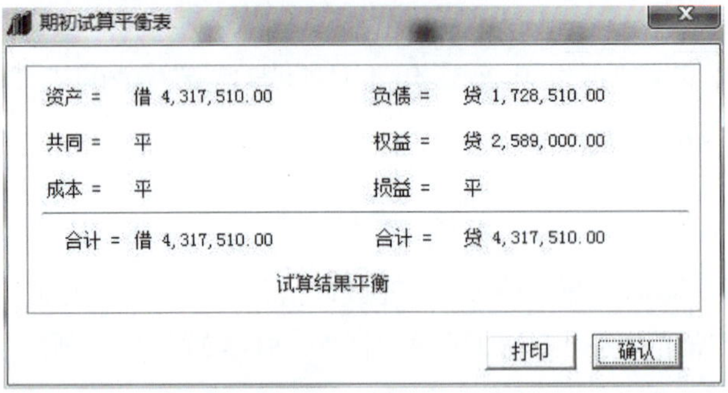

图 2-25　显示试算平衡表

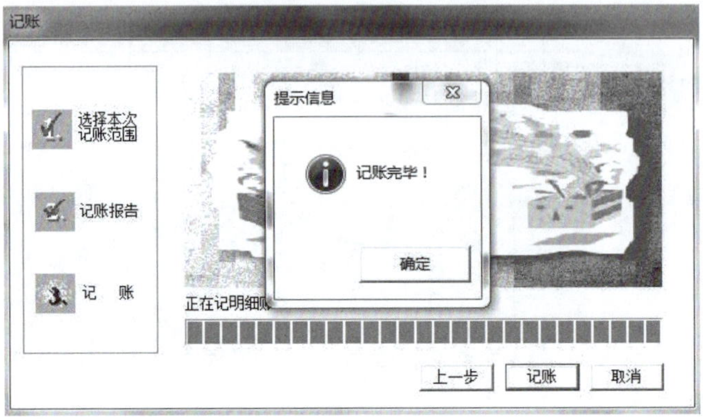

图 2-26　记账完毕的提示

（8）单击“确定”按钮。

任务指导

（1）在电算化方式下，记账由系统自动完成，极大地减轻了会计人员的工作负担，因此，记账工作既可以由会计负责也可以由会计主管负责。

（2）记账是以会计凭证为依据，将经济业务全面、系统、连续地记录到具有账户基本结构的账簿中去的一种方法。

（3）记账范围可输入数字、“-”和“，”。

(4)第一次记账时,若期初余额试算不平衡,不能记账。

(5)上月未结账,本月不能记账。

(6)作废凭证不需审核可直接记账。

(7)在记账过程中,如果发现某一个步骤设置错误,可以单击"上一步"按钮,返回后进行修改。如果不想继续记账,可单击"取消"按钮,取消本次记账工作。

(8)在记账过程中,不得中断退出。

三 取消记账

取消账套1月份所有记账操作。

任务流程

(1)进入"T3用友通标准版10.6Plus1"窗口,执行"总账"→"期末"→"对账"命令,打开"对账"对话框。

(2)单击月份"2021.01"所在行,按"Ctrl+H"键,系统弹出"恢复记账前状态功能已被激活。"信息提示对话框,如图2-27所示。

图2-27 激活恢复记账前状态

(3)单击"确定"按钮。

(4)单击"退出"按钮,返回"T3用友通标准版10.6Plus1"窗口。

(5)执行"总账"→"凭证"→"恢复记账前状态"命令,单击"最近一次记账前状态"单选按钮,如图2-28所示。

(6)单击"确定"按钮,打开"请输入主管口令"对话框。

(7)输入主管口令"123",单击"确认"按钮。

(8)系统提示"恢复记账完毕!"信息提示对话框,如图2-29所示。

(9)单击"确定"按钮返回。

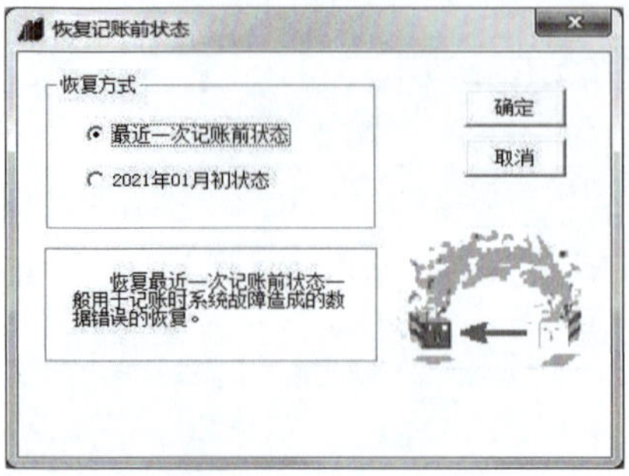

图 2-28 “恢复记账前状态”对话框

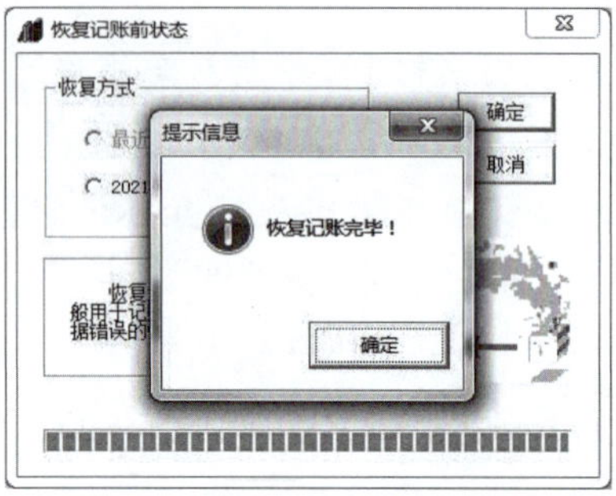

图 2-29 恢复记账完毕

任务指导

(1)只有账套主管才有权限进行恢复到记账前状态的操作。

(2)对于已结账的月份,不能恢复记账前状态。

(3)如果再按 Ctrl+H 键,将隐藏恢复记账前状态功能。

任务四 期末业务

在电算化方式下的期末会计业务主要包括期末对账以及结账等。

任务导入

旭日公司的财务人员需要了解在电算化方式下,财务人员应该在系统中完成哪些重要的期末业务处理,以及应该掌握的任务总结有哪些。与手工方式下的会计业务处理相比较,电算化处理方式具有哪些优势。

一 对账

将 2021 年 1 月份的业务进行对账(由于此前做了取消记账操作,因此应先重新记账)。

任务流程

(1)进入“T3 用友通标准版 10.6Plus1”窗口,执行“总账”→“期末”→“对账”命令,打开“对账”对话框,如图 2-30 所示。

(2)将光标定在要进行对账的月份,如“2021.01”,单击“选择”按钮或双击“是否对账“栏,出现“Y”标志。

(3)单击“对账”按钮,开始自动对账,并显示对账结果。

(4)单击“试算”按钮,可以对各科目类别余额进行试算平衡,如图 2-31 所示。

(5)单击“确认”按钮返回,单击“退出”按钮,完成对账工作。

图 2-30 “对账”对话框

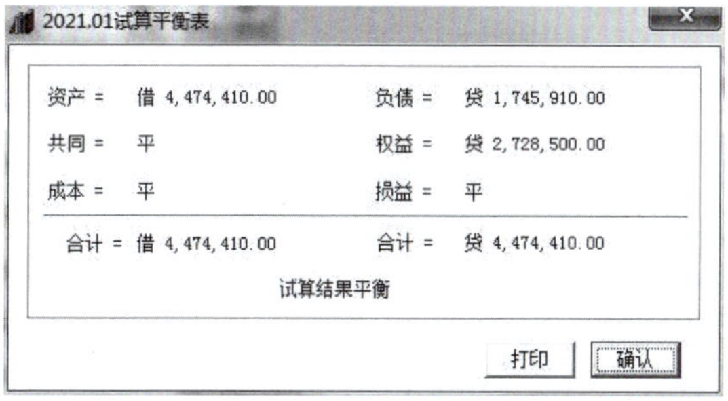

图 2-31 试算平衡表

二 了解结账功能

了解结账功能，暂不结账。

任务流程

(1)进入“T3 用友通标准版 10.6Plus1”窗口，执行“总账”→“期末”→“结账”命令，或单击“月末结账”按钮，打开“结账(开始结账)”对话框，如图 2-32 所示。

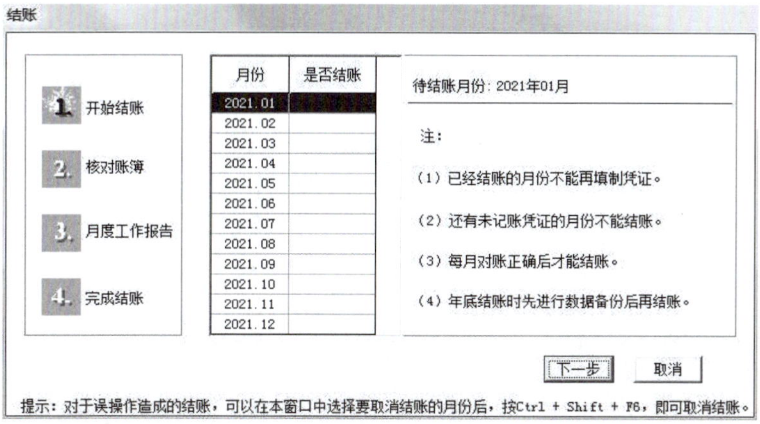

图 2-32 开始结账

(2)单击要结账的月份“2021.01”。

(3)单击“下一步”按钮，打开“结账(核对账薄)”对话框。

(4)单击“对账”按钮，系统对要结账的月份进行账账核对，如图 2-33 所示。

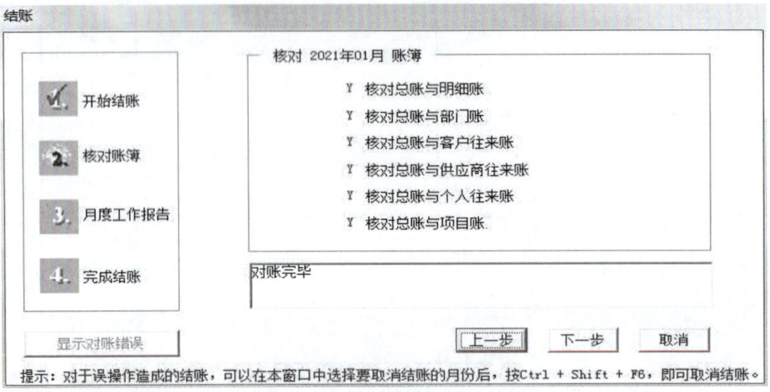

图 2-33　显示对账结果

(5)单击“下一步”按钮，打开“结账(月度工作报告)”对话框，如图 2-34 所示。

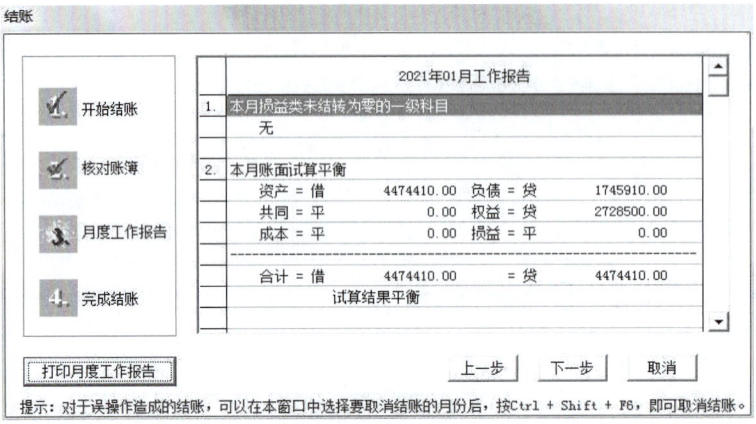

图 2-34　月度工作报告

(6)若需打印，单击“打印月度工作报告”按钮。

(7)查看工作报告，单击“下一步”按钮，打开“结账(完成结账)”对话框，如图 2-35 所示。

图 2-35　完成结账

(8)由于此时未通过工作检查,还不能进行结账,原因是账套启用的工资管理系统和固定资产管理系统尚未结账,总账不能进行结账。单击"取消"按钮暂时不进行结账操作。

任务指导

(1)结账只能由有结账权限的操作员进行操作。

(2)本月还有未记账凭证时,不能结账。

(3)结账必须按月连续进行,上月未结账,本月也不能结账,但可以填制和审核凭证,若总账与明细账对账不符,不能结账。

(4)如果与其他子系统联合使用,其他子系统未全部结账,本系统也不能结账。

(5)已结账月份不能再填制凭证。

(6)结账前要进行数据备份,在结账的过程中,可以单击"取消"按钮取消正在进行的结账操作。

(7)取消结账功能键为"Ctrl+Shift+F6"。

任务实训

总账系统

【实验准备】

已经完成了之前任务实训的操作。引入配套资料中的"T3-2"账套。以操作员"LN 刘宁"身份于 2021 年 1 月 1 日注册进入"[030]哈百丽公司"账套。

【实验要求】

(1)设置系统参数。

(2)设置会计科目。

(3)设置凭证类别。

(4)输入期初余额。

(5)设置结算方式。

(6)填制凭证。

(7)修改凭证。

(8)删除凭证。

(9)审核凭证。

(10)记账,记账日期为"2021 年 1 月 31 日"。

(11)查询已记账的第 1 号转账凭证。

【实验资料】

1. 030 账套总账系统参数

取消制单序时控制,不允许修改、作废他人填制的凭证。

2. 会计科目

(1)指定"1001 库存现金"为现金总账科目," 1002 银行存款"为银行总账科目。

(2)增加会计科目

表 2-9 会计科目信息

科目编码	科目名称	辅助账类型
100201	工行存款	日记账 银行账
122101	应收职工借款	个人往来
222101	应交增值税	
22210101	进项税额	
22210102	销项税额	
22210103	未交增值税	
500101	甲产品	
500102	乙产品	
660201	办公费	部门核算
660202	差旅费	部门核算
660203	工资	部门核算
660204	折旧费	部门核算
660205	维修费	部门核算

3.修改会计科目

“1122 应收账款”科目辅助账类型为“客户往来”,“2202 应付账款”科目辅助账类型为“供应商往来”。

4.凭证类别

表 2-10 凭证类别信息

类别名称	限制类型	限制科目
收款凭证	借方必有	1001,1002
付款凭证	贷方必有	1001,1002
转账凭证	凭证必无	1001,1002

5.期初余额

(1)库存现金:15 180(借)

工行存款:485 000(借)

应收账款:61 585(借)

注:销售部于 2020 年 12 月 16 日销售给佳尔公司 8 台电脑和 5 台打印机,货款未收,摘要为销售商品。

(2)其他应收款:10 000 (借)

注:采购部赵红于 2020 年 12 月 28 日,凭证号为付—101,个人借款。

(3)库存商品:60 000(借)

短期借款:55 265(贷)

应付账款:56 500(贷)

注:采购部于 2020 年 12 月 13 日从北京阳光公司采购 10 台电脑,凭证号为转-105,发票号为 C110,摘要为采购商品。

(4)实收资本:520 000(贷)

6.结算方式

包括:现金结算、现金支票结算、转账支票结算和银行汇票结算。

7. 2021 年 1 月发生如下经济业务

(1)1 月 8 日以现金支付行政部办公费 800 元,填制付款凭证。(摘要:支付办公费)

借:管理费用——办公费(660201)(行政部)　　800

　贷:库存现金(1001)　　800

(2)1 月 9 日以工行存款 1 300 元支付销售部修理费,填制付款凭证。(摘要:支付修理费)

借:销售费用(6601)　　1 300

　贷:银行存款——工行存款(100201)(转账支票 112)　　1 300

(3)1 月 12 日,销售给康慧公司库存商品一批,货税款 67 800 元(货款 60 000 元,税款 7 800 元)尚未收到。,填制转账凭证。(摘要:销售商品,款未收)

借:应收账款(1122)(康慧公司)　　67 800

　贷:主营业务收入(6001)　　60 000

　　应交税费——应交增值税(销项税额)(22210102)　　7 800

(4)1 月 18 日,收到采购部赵红还的借款 10 000 元,填制收款凭证。(摘要:偿还借款)

借:库存现金(1001)　　10 000

　贷:其他应收款-应收职工借款-赵红(122101)　　10 000

(5)1 月 22 日,销售给捷升公司库存商品一批,价税合计 19 191.92 元(货款 16 984 元,税款 2207.92 元),收到面值为 19191.92 元的转账支票一张(票号:456),填制收款凭证。(摘要:销售商品)

借:银行存款——工行存款(100201)　　19 191.92

　贷:主营业务收入(6001)　　16 984

　　应交税费——应交增值税(销项税额)(22210102)　　2 207.92

(6)1 月 25 日,以现金支票(票号:113)5 320 元支付生产车间设备修理费,填制付款凭证。(摘要:支付维修费)

借:管理费用(660205)　　5 320

　贷:银行存款——工行存款(100201)　　5 320

8.将第 2 号付款凭证的转账支票号修改为 108。

9.删除第 1 号收款凭证并整理断号。

10.审核凭证,审核日期为“2021 年 1 月 31 日”。

以“LF 李芳”的身份审核凭证。

11.记账,记账日期为“2021 年 1 月 31 日”。

以“WQ 王强”的身份审核凭证。

12.查询已记账的第 1 号转账凭证。

项目三 报表管理

“学习目标”

知识目标

了解会计报表系统的种类、特点和功能；了解电算化环境下报表系统的基本概念；掌握报表格式设置和公式设置的方法。

只有会计报表所提供的各项指标数据真实可信，才能为报表使用者的决策和管理提供可靠的依据。为了保证会计报表数据的真实性，企业必须做到账证相符、账账相符、账表相符，坚决杜绝在编制和计算时弄虚作假、隐瞒虚报，或者提前结账、估计数据的错误行为。

能力目标

能够进行自定义报表；能使用常用报表模板生成报表；能够进行报表格式界面与数据界面的切换和功能应用；能够进行数据生成。

任务一　报表管理系统初始化

报表管理系统初始化主要是设计会计报表的格式。设计报表格式主要包括设计报表表样、设计单元类型、设计单元风格及设置单元计算公式等内容。

任务导入

旭日公司已经使用用友 T3 财务管理软件系统进行电算化做账了。但无论是手工操作还是计算机操作，企业到会计期末都要编制会计报表，现在需要了解在电算化方式下，应如何完成会计报表的编制？应该掌握的知识点有哪些？

一　增加报表并设置表的尺寸

报表管理系统

引入配套资料“报表管理”账套数据，以账套主管“CF 陈峰”身份于 2021 年 1 月 31 日登录“[020]旭日公司”账套，设置报表尺寸为 11 行 4 列。

任务流程

(1)进入“T3 用友通标准版 10.6Plus1”窗口，单击“财务报表”按钮，进入“财务报表(考试版)”窗口，系统弹出“日积月累”信息提示对话框，如图 3-1 所示，单击“关闭”按钮。

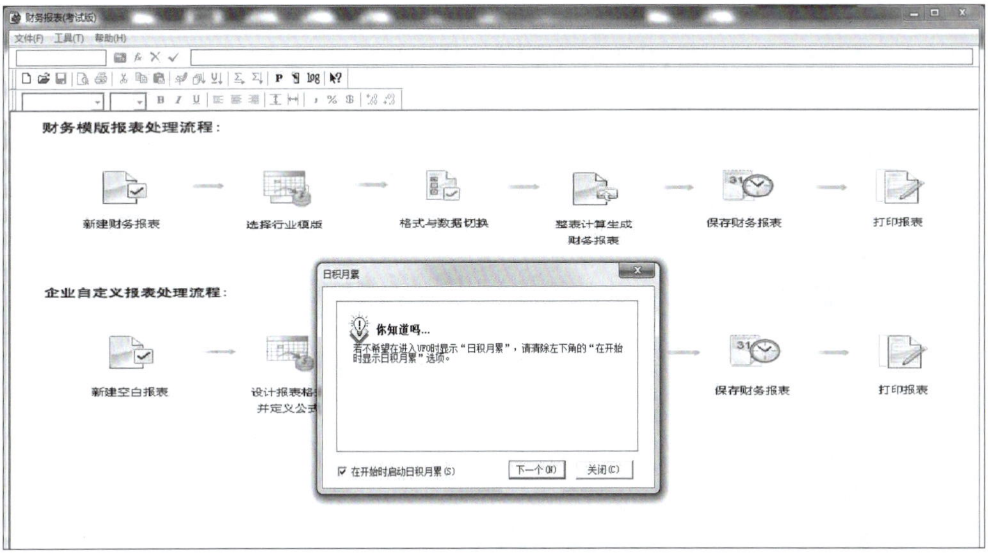

图 3-1　“财务报表”窗口

(2)执行“文件”→“新建”命令，或单击新建按钮“ ”，建立 1 张新的报表，如图 3-2 所示。

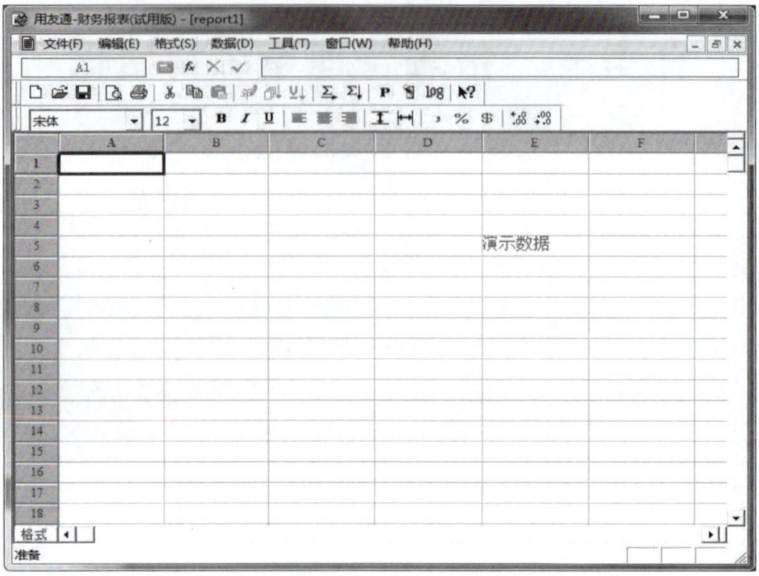

图 3-2　新增 1 张报表

任务指导

(1)建立新表后,将得到 1 张系统默认格式的空表,报表名默认为 report 1. rep。

(2)空白报表建好后,里面没有任何内容,所有单元的类型均默认为数值单元。

(3)新报表建立后,默认的状态栏为格式状态。

(3)执行“格式”→“表尺寸”命令,打开“表尺寸”对话框,如图 3-3 所示。

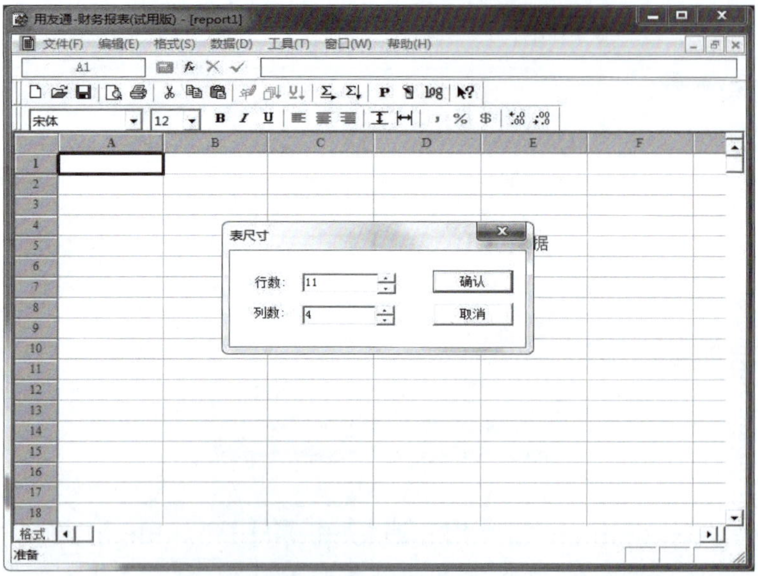

图 3-3　“表尺寸”对话框

(4)直接输入或单击“行数”文本框的微调按钮选择”11”,“列数”文本框的微调按钮选择“4”。

(5)单击“确认”按钮。

任务指导

(1)系统默认新增报表的表尺寸为 12 行,6 列。

(2)报表的尺寸设置完成后,还可以执行“编辑”→“插入”或“删除”命令,增加或减少行和列,对报表大小进行调整。

二 设置组合单元

将单元 A1:D1 组合成一个单元。

任务流程

(1)单击 A1 单元格,拖动鼠标至 D1 单元,选择需要合并的区域 A1:D1。

(2)执行“格式”→“组合单元”命令,打开“组合单元”对话框,如图 3-4 所示。

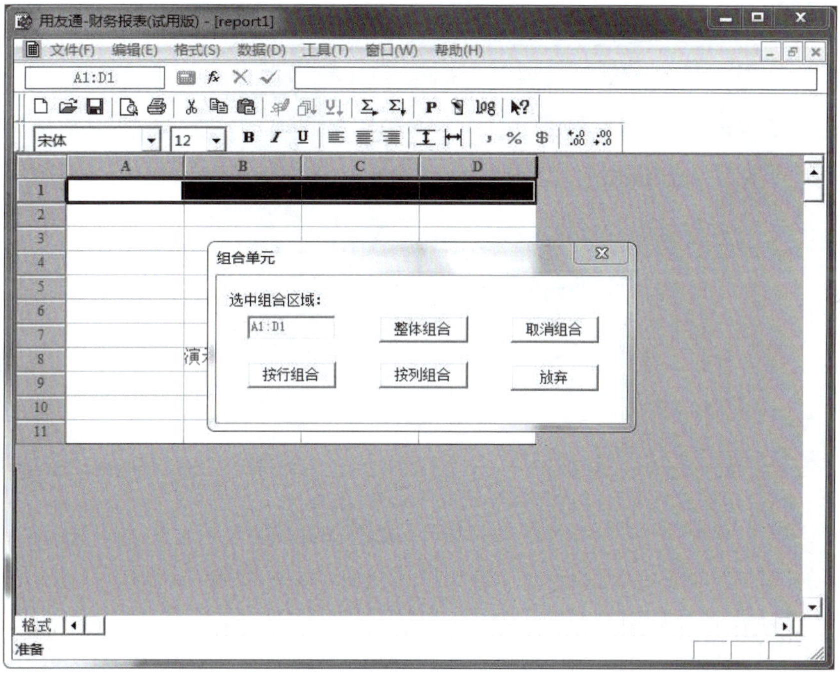

图 3-4 “组合单元”对话框

(3)单击“按行组合”或单击“整体组合”按钮。

任务指导

(1)组合单元可以用该区域名或者区域中的任一单元名来加以表示。

(2)组合单元实际上就是一个大的单元,所有针对单元的操作对组合单元均有效。

(3)若要取消所定义的组合单元,打开“组合单元”对话框,单击“取消组合”按钮。

三 设置报表行高、列宽和表格线

定义报表行高为 7mm，列宽为 30mm；将 A3:D11 加上网线。

任务流程

(1)选中所有行和列，执行“格式”→“行高”命令，打开“行高”对话框。

(2)直接输入或单击“行高”文本框的微调按钮选择”7”，单击“确认”按钮。

(3)同理，选中所有行和列，执行“格式”→“列宽”命令，打开“列宽”对话框，如图 3-5 所示。

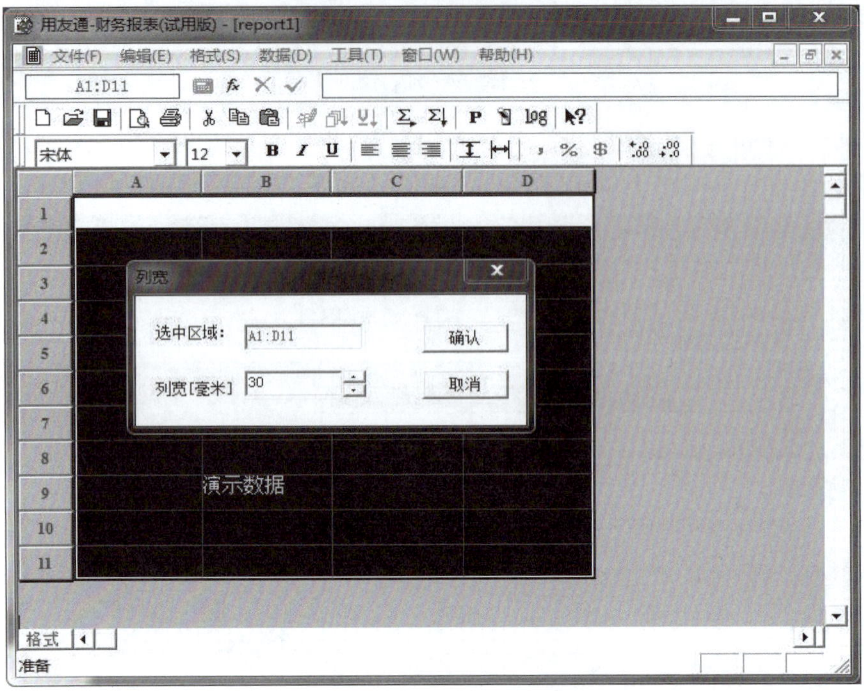

图 3-5 “列宽”对话框

(4)直接输入或单击“行高”文本框的微调按钮选择”30”，单击“确认”按钮。

(5)单击 A3 单元格，拖动鼠标至 D11 单元，选择需要画线的区域 A3:D11。

(6)执行“格式”→“区域画线”命令，打开“区域画线”对话框，如图 3-6 所示。

(7)单击“网线”单选按钮，确定画线的类型和样式。

(8)单击“确认”按钮。

任务指导

(1)行高和列宽的定义，可以通过菜单操作，也可以直接利用鼠标拖动某行或某列来调整行高和列宽。

(2)划好的表格线在格式状态下变化并不明显。操作完以后可以在数据状态下查看效果。

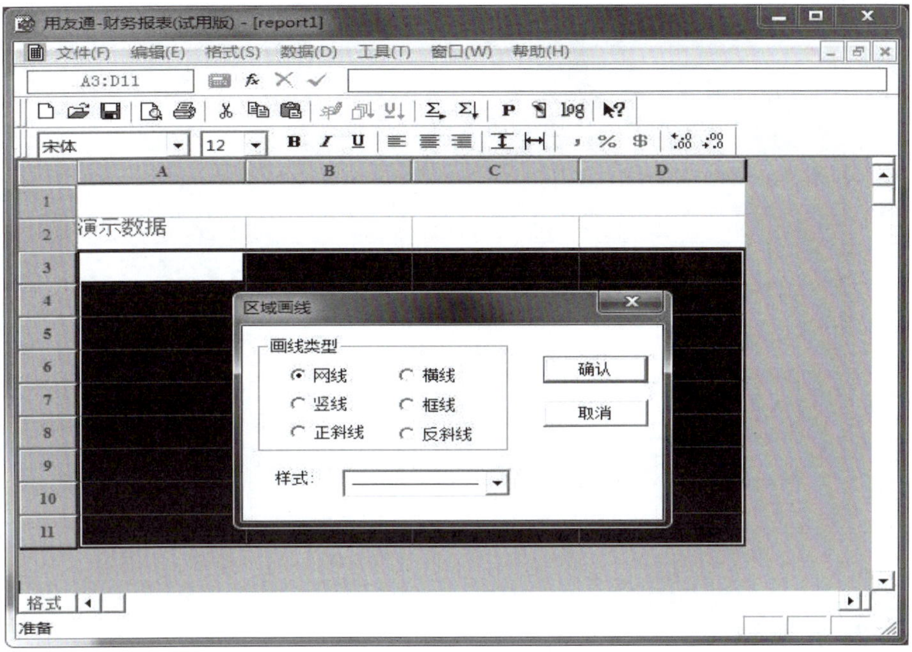

图 3-6 “区域画线”对话框

四 输入表间项目

根据表样输入表样文字，具体表样见表 3-1。

表 3-1 资产负债表(简易)表样

	A	B	C	D
1	资产负债表(简易)			
2	编制单位:旭日公司			单位:元
3	资产	期末数	负债及所有者权益	期末数
4	货币资金		借款金额	
5	应收账款		应付账款	
6	其他应收款		应交税金	
7	库存商品		负债合计	
8	固定资产		实收资本	
9	减:累计折旧		未分配利润	
10	固定资产净值		所有者权益合计	
11	合计		合计	

任务流程

(1)将光标移到 A1 单元格，输入“资产负债表(简易)”。

(2)将光标移到 A2 单元格，输入“编制单位:旭日公司”。

(3)输入完成所有表样文字，如图 3-7 所示。

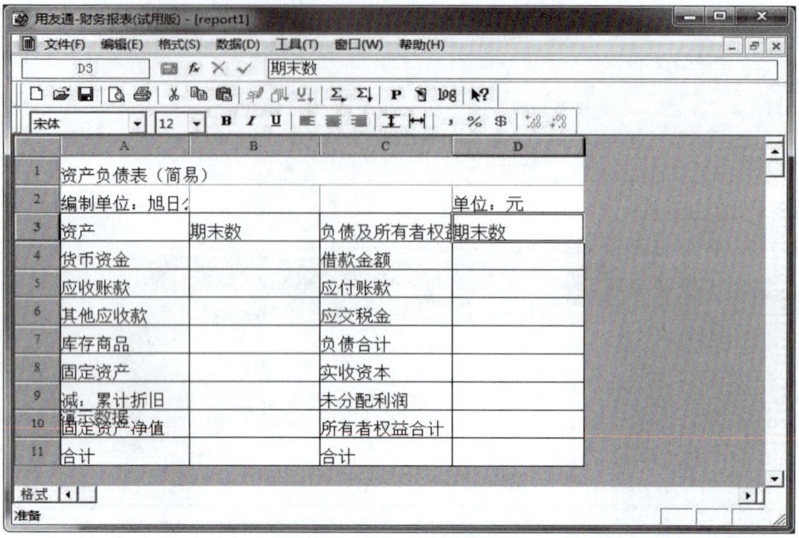

图 3-7　输入报表表样

任务指导

(1)在输入报表项目时，编制单位和日期一般不需要输入，财务报表系统将为其单独设置关键字。

(2)项目输入完成后，默认的格式均为宋体 12 号，居左。

(3)一个表样单元最多能输入 63 个字符或 31 个汉字，允许换行显示。

五　定义单元属性和单元风格

设置标题文字：黑体、14 号、水平垂直居中，设置其他内容：宋体、10 号，水平垂直居中。

任务流程

(1)单击标题所在 A1 单元格，执行“格式”→“单元属性”命令，单击“字体图案“按钮，如图 3-8 所示。

(2)打开“单元格属性“对话框，设置字体“黑体”，字号“14”。单击“对齐”选项卡，设置对齐方式，水平方向和垂直方向都选“居中”，如图 3-9 所示。

(3)单击“确定”按钮。

(4)同理，设置其他单元内容，结果如图 3-10 所示。

任务指导

(1)报表新建时，所有单元的单元属性均默认为数值型。

(2)格式状态下，输入的内容均默认为“表样”单元。

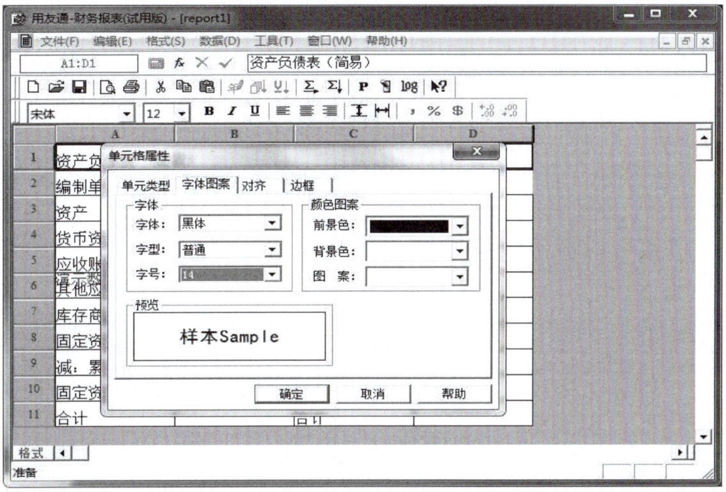

图 3-8 设置单元风格

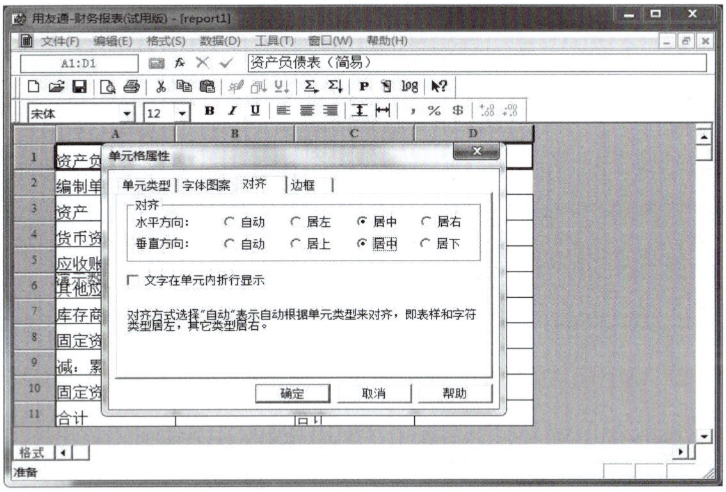

图 3-9 设置对齐方式

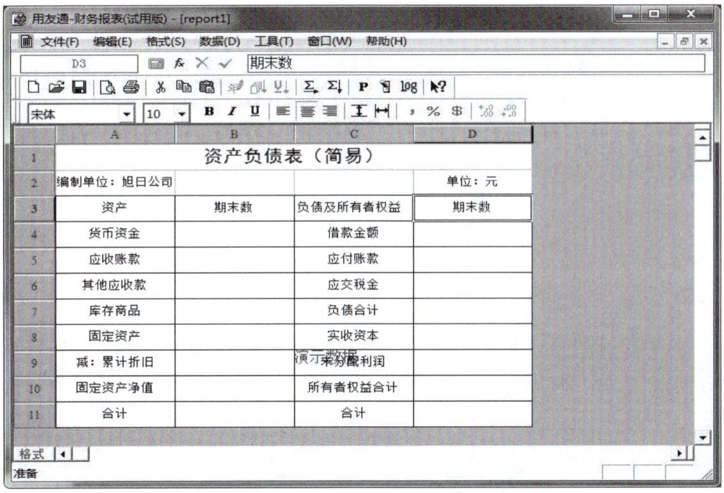

图 3-10 完成单元风格设置

六 设置关键字

在 B2 单元格位置增加关键字：年、月、日。

任务流程

(1)单击 B2 单元格，执行"数据"→"关键字"→"设置"命令，打开"设置关键字"对话框，如图 3-11 所示。

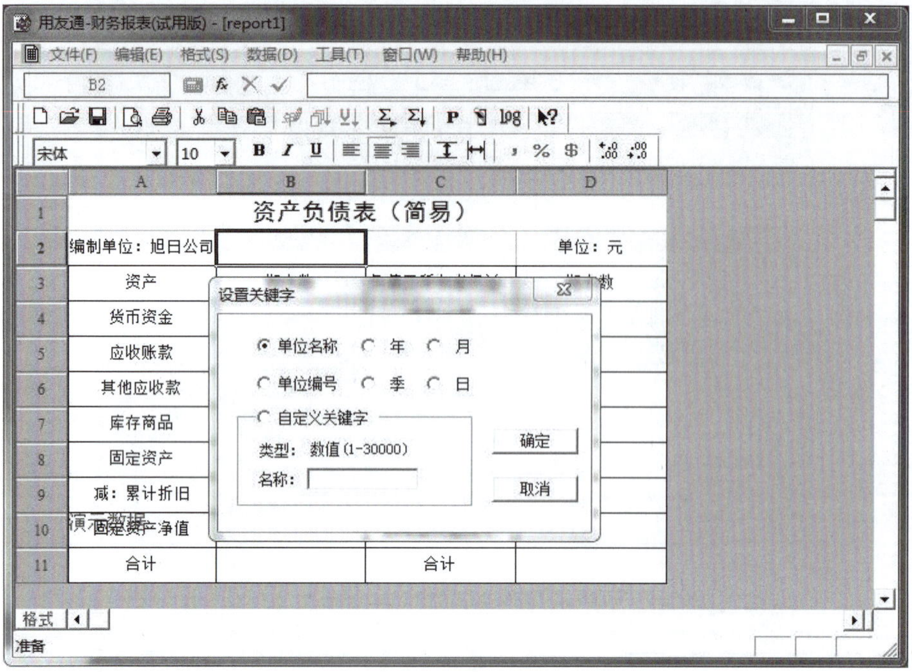

图 3-11 "设置关键字"对话框

(2)单击"年"单选按钮。

(3)单击"确定"按钮。

(4)重复(1)～(3)步骤，设置"月""日"关键字，结果如图 3-12 所示。

任务指导

(1)关键字在格式状态下定义，关键字的值则在数据状态下输入。

(2)每张报表可以同时定义多个关键字。

(3)关键字在一张报表中只能定义一次，即同一张报表中不能有重复的关键字。

(4)关键字如年和月等会随同报表数据一起显示，在定义关键字时即要考虑编制报表的需要，又要考虑打印的需要。

(5)如果关键字的位置设置错误，可以执行"数据"→"关键字"→"取消"命令，取消后再重新设置。

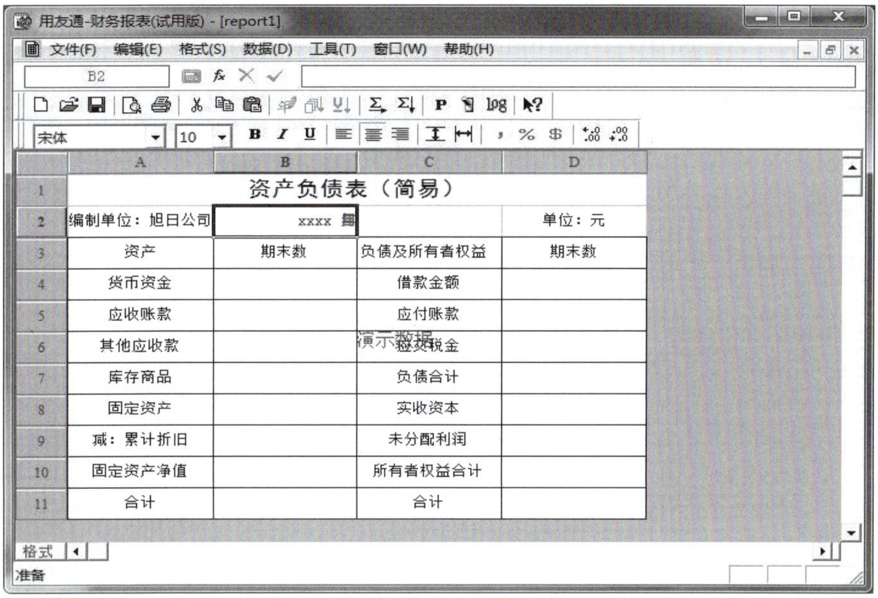

图 3-12　完成关键字设置

七　调整关键字位置

偏移关键字“年”“月”“日”的位置分别为“－10”“15”“40”像素。

任务流程

(1)执行“数据”→“关键字”→“偏移”命令,打开“定义关键字偏移”对话框,如图 3-13 所示。

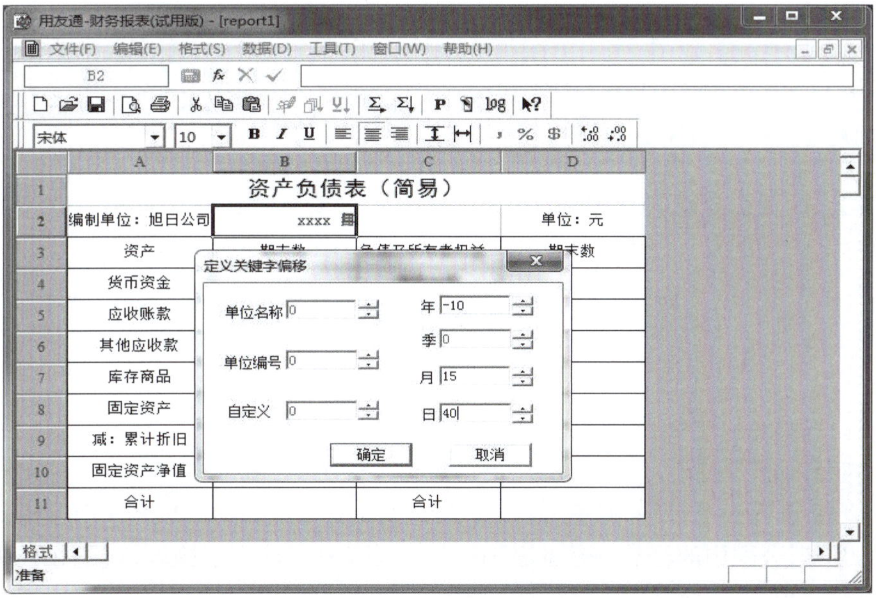

图 3-13　设置关键字偏移量

（2）在需要调整位置的关键字后面输入偏移量，年“-10”，月“15”，日“40”。

（3）单击“确定”按钮，结果如图 3-14 所示。

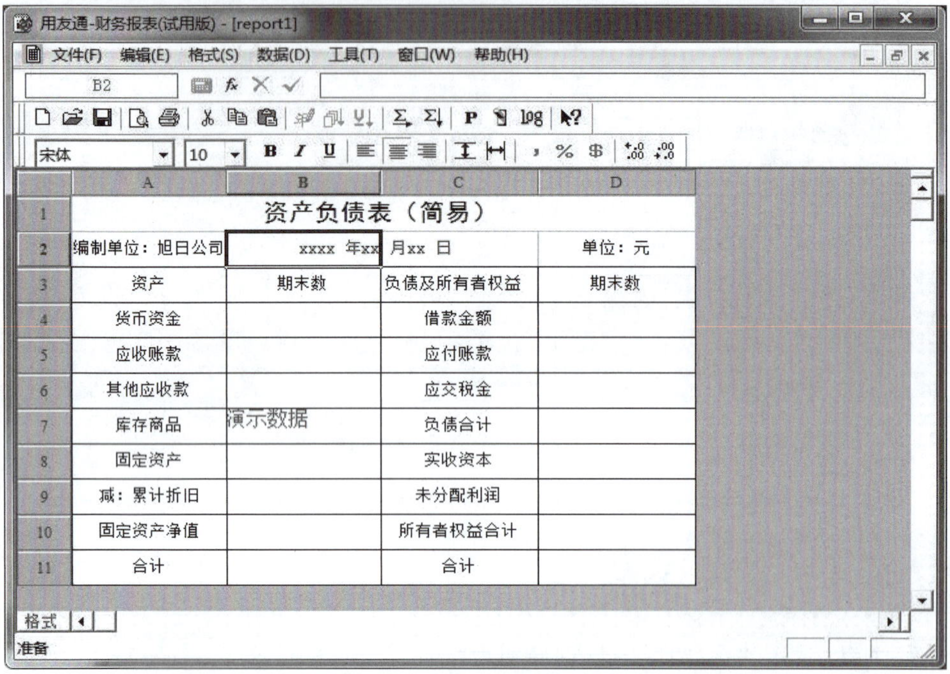

图 3-14　完成关键字偏移量

任务指导

（1）关键字的位置可以用偏移量来表示，负数值表示向左移，正数值表示向右移。

（2）在调整时，可以通过输入正或负的数值来调整。

定义单元公式

八、定义单元公式

设置公式：货币资金期末数 QM(“1001”，月)＋QM(“1002”，月)＋ QM(“1012”，月)。

任务流程

（1）单击 B4 单元格。

（2）执行“数据”→“编辑公式”→“单元公式”命令，或直接按键盘上的“＝”键，打开“定义公式”对话框。

（3）直接输入总账期末函数公式“ QM(“1001”，月)＋QM(“1002”，月)＋ QM(“1012”，月)”，公式中的标点符号都必须在英文半角称号状态下输入，如图 3-15 所示。

（4）单击“确认”按钮。

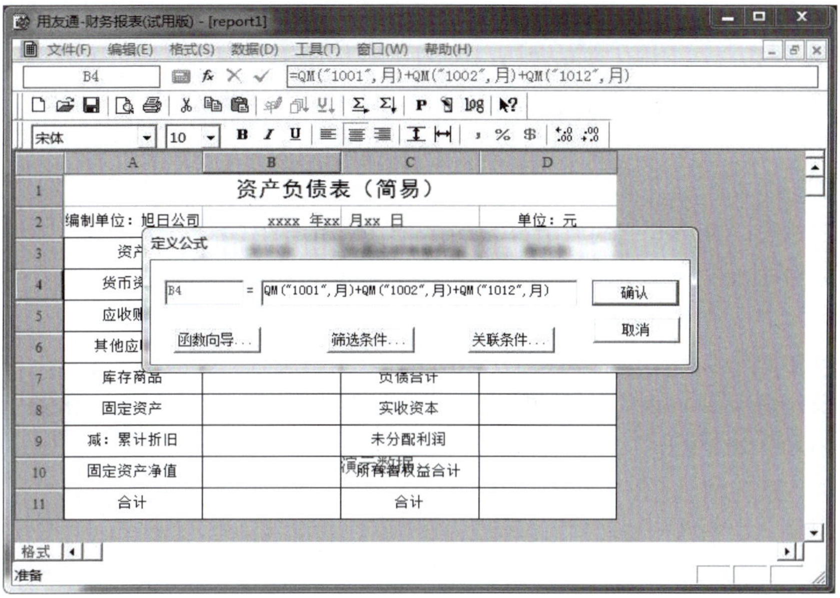

图 3-15 “定义公式”对话框

任务指导

(1)单元公式在输入时，凡是涉及数学符号和标点符号的均须输入英文半角字符。否则，系统将认为公式输入错误而不能被保存。

(2)单元公式可以直接输入也可以参照输入。

(3)总账的取数类型或函数名一般用缩写字母表示，例如：

QC——期初余额；SQC——期初数量余额；WQC——期初外币余额；

QM——期末余额；SQM——期末数量余额；WQM——期末外币余额；

FS——发生额；SFS——数量发生额；WSFS——外币发生额；

LFS——累计发生额；SLFS——累计数量发生额；WLFS——累计外币发生额；

DFS——对方科目发生额；……

例如，QC(“1122”，月，“借”，，年)表示取应收账款本月期初借方余额。

QM(“1002”，月，“贷”，，年)表示取银行存款本月期末贷方余额。

(4)公式在格式状态下输入，在数据状态下显示结果。

(5)大多数的报表系统规定，单元公式以“=”符号打头，换言之没有“=”符号的是固定单元，而以“=”符号开头的是计算公式。

(6)单击“fx”按钮或双击某公式单元或按“=”键，都可打开“定义公式”对话框。

九 设置报表计算公式

应收账款期末数=QM(“1122”，月)

其他应收款期末数=QM(“1221”，月)

库存商品期末数＝QM(“1405”,月)

固定资产期末数＝QM(“1601”,月)

累计折旧期末数＝QM(“1602”,月)

固定资产净值期末数＝固定资产期末数－累计折旧期末数(B8－B9)

资产合计期末数＝货币资金期末数＋应收账款期末数＋其他应收款期末数＋库存商品期末数＋固定资产净值期末数(B4＋B5＋B6＋B7＋B10)

借款金额期末数＝QM(“2001”,月)＋QM(“2501”,月)

应付账款期末数＝QM(“2202”,月)

应交税金期末数＝QM(“2221”,月)

负债合计期末数＝借款金额期末数＋应付账款期末数＋应交税金期末数

(D4＋D5＋D6)

实收资本期末数＝QM(“4001”,月)

未分配利润期末数＝QM(“410401”,月)

所有者权益合计期末数＝实收资本期末数＋未分利润期末数(D8＋D9)

负债及所有者权益合计期末数＝负债合计期末数＋所有者权益合计期末数

(D7＋D10)

十 保存报表

将报表文件保存为“资产负债表”。

任务流程

(1)在格式设计状态下,执行“文件”→“保存”命令(或者按“Ctrl＋S”键),打开“保存为”对话框。

(2)“文件名”输入“资产负债表”。

(3)单击“保存”按钮。

任务指导

(1)“.REP”为用友报表文件专用扩展名。

(2)如果没有保存就退出,系统将弹出“是否保存报表?”信息提示对话框。

(3)会计报表的管理主要应用于每个月末使用报表模板生成会计报表时。

十一 输入关键字

输入关键字并生成报表(2021 年 1 月 31 日)。

任务流程

(1)执行“数据”→“账套初始”命令,输入对应的账套号和会计年度,如图 3-16 所示。

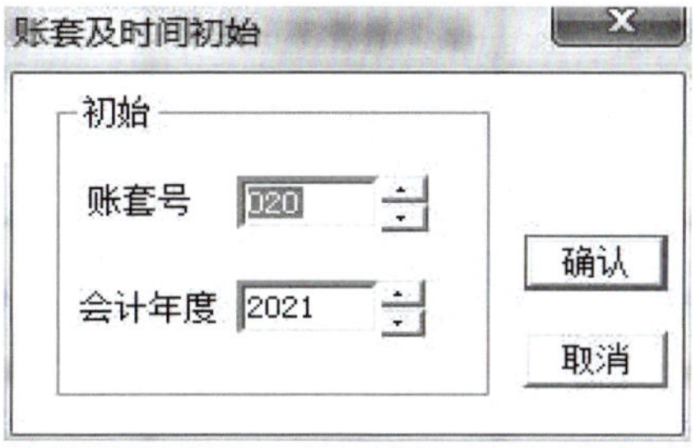

图 3-16　账套初始

(2)单击“确认”按钮,单击左下角红色的“格式“,把报表切换到“数据”状态,系统弹出“是否确定全表重算?”信息提示对话框,如图 3-17 所示。

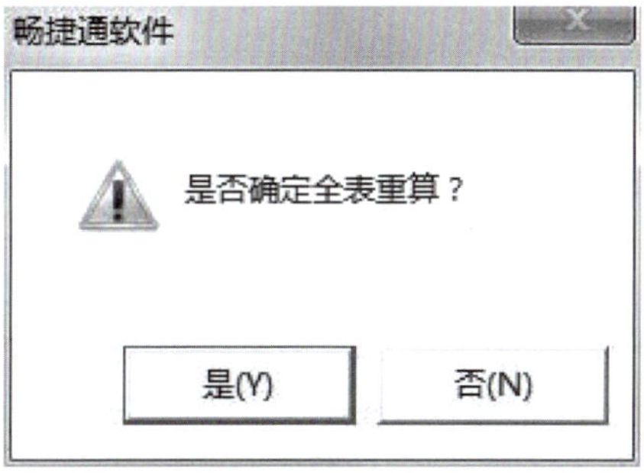

图 3-17　全表重算对话框

(3)单击“否”按钮,执行“数据”→“关键字”→“录入”命令,打开“录入关键字”对话框,输入计算日期为 2021 年 1 月 31 日,如图 3-18 所示。

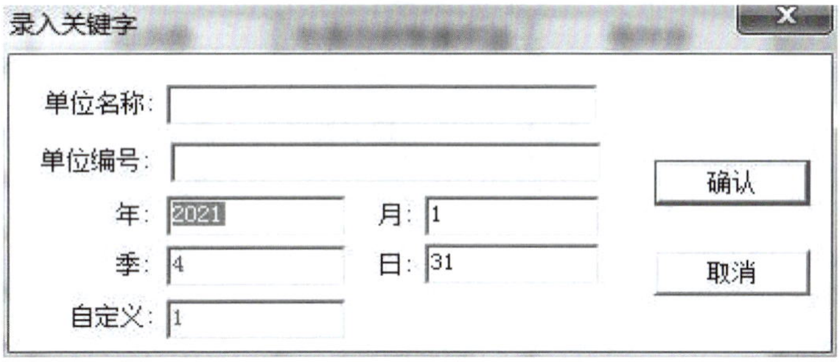

图 3-18　录入关键字对话框

(4)单击“确认”按钮,系统弹出“是否重算第 1 页?”信息提示对话框,如图 3-19 所示。

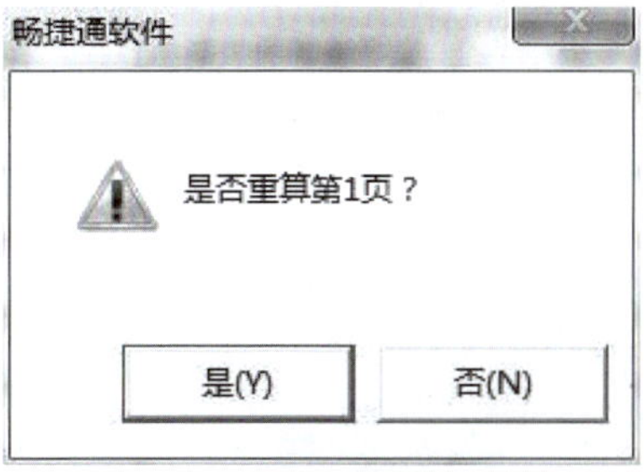

图 3-19　重算第 1 页对话框

(5)单击“是”按钮,系统自动计算出结果,如图 3-20 所示。

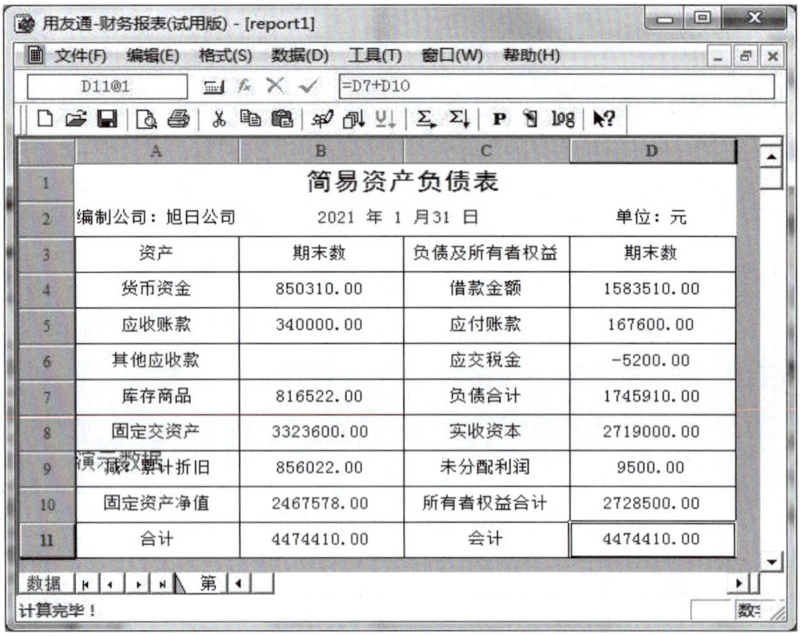

简易资产负债表			
编制公司：旭日公司	2021 年 1 月31 日		单位：元
资产	期末数	负债及所有者权益	期末数
货币资金	850310.00	借款金额	1583510.00
应收账款	340000.00	应付账款	167600.00
其他应收款		应交税金	-5200.00
库存商品	816522.00	负债合计	1745910.00
固定交资产	3323600.00	实收资本	2719000.00
减：累计折旧	856022.00	未分配利润	9500.00
固定资产净值	2467578.00	所有者权益合计	2728500.00
合计	4474410.00	合计	4474410.00

图 3-20 报表计算结果

任务指导

(1)在格式状态下设置完成关键字以后，只有在数据状态下才能对其赋值。

(2)只有指定账套和相应的年、月、日之后，报表才能计算出相应的结果。

任务二 报表模板

任务导入

旭日公司是一般纳税人，应该执行新的企业会计准则，按照国家规定企业要按时报送相应的会计报表。因为这些报表具有相同的格式、项目内容及数据来源，所以在系统中预置了报表模板，会计人员只需要调用报表模板即可生成相应的会计报表。那么应该如何使用报表模板生成会计报表呢？以及应该掌握哪些知识点呢？

调用“一般企业((2007 年新会计准则)模版”，生成“[020]旭日公司”账套 2021 年 1 月份的“资产负债表”和“利润表”。

任务流程

(1)进入财务报表窗口，执行“文件”→“新建”命令，打开“新建”对话框。

（2）在左侧的“模板分类”栏中，单击“一般企业((2007 年新会计准则)”，在右侧的“一般企业(2007 年新会计准则)模板”栏中单击“资产负债表”，如图 3-21 所示。

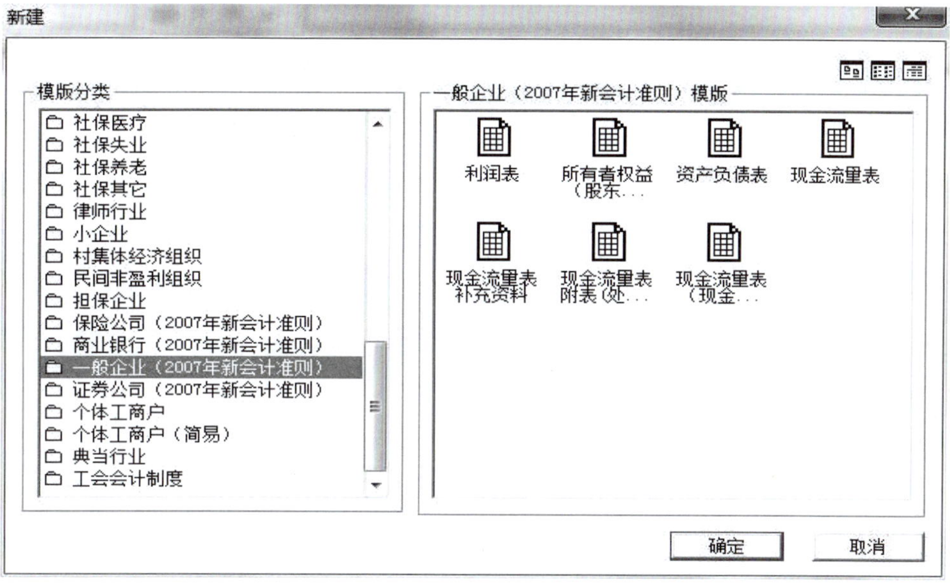

图 3-21 在“新建”对话框中显示的模板内容

（3）单击“确定”按钮，进入“资产负债表”(格式状态)窗口。

（4）系统将打开相应的资产负债表，如图 3-22 所示。

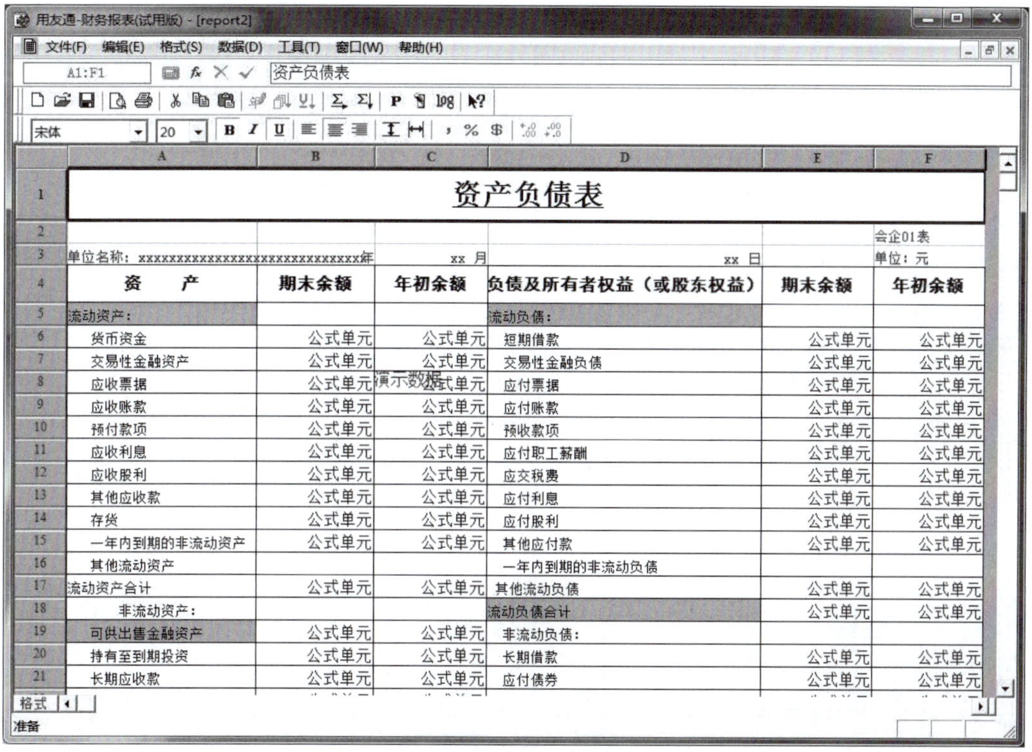

图 3-22 调用的“资产负债表”模板

(5)双击 E34 单元格,将计算公式修改为 QM(“4104”,月,,,年,,)+ QM(“4103”,月,,,年,,),如图 3-23 所示。

图 3-23 “定义公式”对话框

(6)单击左下角的“格式”按钮,进入资产负债表的“数据“状态,系统弹出“是否重算全表?”信息提示对话框,单击“否”按钮。

(7)执行“数据”→“关键字”→“录入”命令,打开“录入关键字”对话框,输入单位名称:旭日公司,时间为 2021 年 1 月 31 日,如图 3-24 所示。

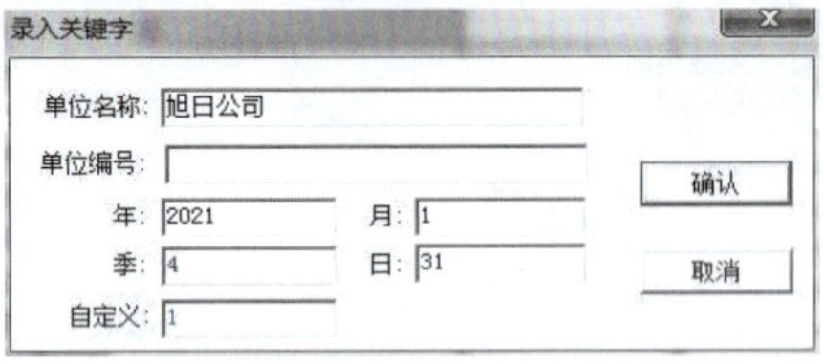

图 3-24 “录入关键字”对话框

(8)单击“确认”按钮,系统弹出“是否重算第 1 页?”信息提示对话框。

(9)单击“是”按钮,生成资产负债表的数据,如图 3-25 所示。

	A	B	C	D	E	F
1	资产负债表					
2						会企01表
3	单位名称：旭日公司			2021 年 1 月 31 日		单位：元
4	资　　产	期末余额	年初余额	负债及所有者权益（或股东权益）	期末余额	年初余额
5	流动资产：			流动负债：		
6	货币资金	850,310.00	766,010.00	短期借款	800,000.00	800,000.00
7	交易性金融资产			交易性金融负债		
8	应收票据			应付票据		
9	应收账款	340,000.00	317,400.00	应付账款	167,600.00	145,000.00
10	预付款项			预收款项		
11	应收利息			应付职工薪酬		
12	应收股利			应交税费	-5,200.00	
13	其他应收款		2,000.00	应付利息		
14	存货	816,522.00	764,522.00	应付股利		
15	一年内到期的非流动资产			其他应付款		
16	其他流动资产			一年内到期的非流动负债		
17	流动资产合计	2,006,832.00	1,849,932.00	其他流动负债		
18	非流动资产：			流动负债合计	962,400.00	945,000.00
19	可供出售金融资产			非流动负债：		
20	持有至到期投资			长期借款	783,510.00	783,510.00
21	演示数据 长期应收款			应付债券		
22	长期股权投资			长期应付款		
23	投资性房地产			专项应付款		
24	固定资产	2,467,578.00	2,467,578.00	预计负债		
25	在建工程			递延所得税负债		
26	工程物资			其他非流动负债		
27	固定资产清理			非流动负债合计	783510.00	783510.00
28	生产性生物资产			负债合计	1745910.00	1728510.00
29	油气资产			所有者权益（或股东权益）：		
30	无形资产			实收资本（或股本）	2,719,000.00	2,589,000.00
31	开发支出			资本公积		
32	商誉			减：库存股		
33	长期待摊费用			盈余公积		
34	递延所得税资产			未分配利润	9500.00	
35	其他非流动资产			所有者权益（或股东权益）合计	演示数据 2,728,500.00	2,589,000.00
36	非流动资产合计	2467578.00	2467578.00			
37	资产总计	4474410.00	4317510.00	负债和所有者权益（或股东权益）总计	4474410.00	4317510.00

图 3-25 生成数据后的资产负债表

任务指导

(1)利用模板文件生成财务数据之前，要保证所有的凭证都已经记账。

(2)生成资产负债表之前，要保证对工资和固定资产模块传递到总账模块的凭证上相关科目的数据进行对应结转和期间损益结转，否则，资产负债表不平衡。

(10)以此方法继续生成“利润表”，如图 3-26 所示。

	A	B	C
1	利润表		
2			会企02表
3	单位名称：旭日公司	2021年 1 月	单位：元
4	项　　目	本期金额	上期金额
5	一、营业收入	公式单元	
6	演示数据 减：营业成本	公式单元	
7	税金及附加	公式单元	
8	销售费用	公式单元	
9	管理费用	公式单元	
10	财务费用	公式单元	
11	资产减值损失	公式单元	
12	加：公允价值变动收益（损失以”-”填列）	公式单元	
13	投资收益（损失以”-”填列）	公式单元	
14	其中：对联营企业和合营企业的投资收益		
15	二、营业利润（亏损以”-”号填列）	公式单元	
16	加：营业外收入	公式单元	
17	减：营业外支出	公式单元	
18	其中：非流动资产处置损失		
19	三、利润总额（亏损总额以”-”号填列）	公式单元	
20	减：所得税费用	公式单元	
21	四、净利润（净亏损以”-”号填列）	公式单元	
22	五、每股收益：		
23	（一）基本每股收益		
24	（二）稀释每股收益		

图 3-26　旭日公司 2021 年 1 月的利润表

任务实训

报表格式设置

【实验准备】

已经完成了之前任务实训的操作。引入配套资料中的“T3-3”账套。以操作员“LN 刘宁”身份于 2021 年 1 月 31 日注册进入“[030]哈百丽公司”账套。

【实验要求】

(1)按实验资料中的表样，自定义设计简易的“利润表”格式。

(2)按实验资料中的计算公式，定义利润表的计算公式。

(3)保存报表格式至 D 盘中的“030 账套\2021 年 1 月份利润表”。

【实验资料】

1. 表样内容(采用自定义报表设计)

表 3-2　表样内容

	A	B
1	利润表	
2	单位名称：　　　年　　　月	

（续表）

3	项　　目	本期金额
4	一、营业收入	
5	减：营业成本	
6	税金及附加	
7	销售费用	
8	管理费用	
9	财务费用	
10	加：投资收益（损失以“—”填列）	
11	二、营业利润（亏损以“—”填列）	
12	加：营业外收入	
13	减：营业外支出	
14	三、利润总额（亏损以“—”填列）	
15	减：所得税费用	
16	四、净利润（净亏损以“—”填列）	

注：单位名称、年、月为关键字，字体格式默认。

2. 报表中的计算公式

表 3-3　　计算公式

位置	单元公式
B4	FS（“6001”，月，”贷”）＋FS（“6051”，月，”贷”）
B5	FS（“6401”，月，”借”）＋FS（“6402”，月，”借”）
B6	FS（“6403”，月，”借”）
B7	FS（“6601”，月，”借”）
B8	FS（“6602”，月，”借”）
B9	FS（“6603”，月，”借”）
B10	FS（“6111”，月，”借”）
B11	B4－B5－B6－B7－B8－B9＋B10
B12	FS（“6301”，月，”贷”）
B13	FS（“6711”，月，”借”）
B14	B11＋B12－B13
B15	FS（“6801”，月，”借”）
B16	B14－B15

3. 生成“030 账套\2021 年 1 月份利润表”数据。

（1）编制单位为“哈百丽食品有限公司”。

（2）编制时间为“2021 年 1 月”。

4. 保存“030 账套\2021 年 1 月份利润表。

综合实训

一、初始资料设置

（一）系统管理

1. 新建操作员及其权限

表 3-4　　操作员设置

编号	姓名	口令	权限
C01	陈铭	111	账套主管的全部权限
C02	慕容月	112	总账系统的全部权限
C03	唐正	113	总账和现金管理系统的全部权限
C04	王倩	114	工资管理系统全部权限
C05	张敏	115	固定资产系统全部权限

2. 账套信息

账套号：333

账套名称：海利科技

账套路径：默认

启用会计期：2021 年 1 月

单位名称：海利高新科技有限公司

单位简称：海利科技

单位地址：厦门市思明区华强路 166 号

法人代表：江泽湘

邮政编码：361000

税号：10001101099999

会计期间设置：2021 年 1 月 1 日至 2021 年 12 月 31 日

记账本位币：人民币（RMB）

企业类型：工业

行业性质：2007 年新会计准则

账套主管：陈铭

预置会计科目：是

基础信息：对客户、供应商进行分类，有外币核算

分类编码方案。

科目编码级次：4222

客户分类编码级次：123

供应商分类编码级次：123

部门编码级次：122

结算方式编码级次：12

小数位数：均为2位

3. 系统启用

建账完成后，立即启用总账、工资和固定资产模块，启用日期为2021年1月1日。

（二）基础设置

以“C01陈铭”身份于2021年1月1日登录以上所建账套，进行基础信息设置。

1. 部门档案

表3-5 部门档案资料

部门编码	部门名称
1	行政部
2	财务部
3	人事部
4	业务部
401	采购部
402	销售部
5	生产部

2. 职员档案

表3-6 职员档案资料

职员编码	职员姓名	所属部门
01	慕容月	行政部
02	唐正	行政部
03	陈铭	财务部
O4	赵婷	财务部
05	冷锋	财务部
06	颜萍	财务部
07	王倩	人事部
08	张敏	采购部
09	王媛	销售部
10	朱璇	生产部
11	李双	生产部

3. 客户分类

表3-7 客户分类资料

类别编码	类别名称
1	省内
2	省外

4. 客户档案

表 3-8 客户档案资料

客户编码	客户名称	客户简称	所属分类	发展日期
01	新洲公司	新洲公司	1 省内	2019-11-10
02	华强公司	华强公司	1 省内	2019-01-08
O3	利得公司	利得公司	2 省外	2019-09-01
04	华宝公司	华宝公司	2 省外	2019-09-08
05	飞跃公司	飞跃公司	2 省外	2019-06-01

5. 供应商分类

表 3-9 供应商分类资料

类别编码	类别名称
1	工业
2	商业
3	其他

6. 供应商档案

表 3-10 供应商档案资料

供应商编码	供应商名称	供应商简称	所属分类	发展时间
01	远凌公司	远凌公司	1	2019-07-02
O2	红兴公司	红兴公司	2	2019-08-01
03	顺驰公司	顺驰公司	3	2019-07-06

7. 结算方式

表 3-11 结算方式资料

结算方式编码	结算方式名称
1	现金结算
2	支票结算
201	现金支票
202	转账支票
3	其他

（三）总账系统初始化

1. 总账系统的参数

不允许修改、作废他人填制的凭证。

2. 会计科目

(1) 增加会计科目。

表 3-12　　会计科目

科目编码	科目名称	辅助账类型
100201	建行存款	日记账银行账
100202	工行存款	日记账银行账
122101	应收职工借款	个人往来
140201	A 材料	数量核算（千克）、数量金额式账页
140202	B 材料	数量核算（千克）、数量金额式账页
140301	A 材料	数量核算（千克）、数量金额式账页
140302	B 材料	数量核算（千克）、数量金额式账页
140501	KH 产品	数量核算（件）、数量金额式账页
140502	WQ 产品	数量核算（件）、数量金额式账页
221101	工资	
221102	职工教育经费	
221103	工会经费	
222101	应交增值税	
22210101	进项税	
22210102	已交税金	
22210103	销项税	
222102	应交消费税	
222103	应交所得税	
222104	应交城市维护建设税	
222105	应交教育费附加	
500101	直接材料	
500102	直接人工	
500103	制造费用	
600101	KH 产品	数量核算（件）、数量金额式账页
600102	WQ 产品	数量核算（件）、数量金额式账页
640101	KH 产品	
640102	WQ 产品	
660201	办公费	部门核算
660202	差旅费	部门核算
660203	工资	部门核算
660204	折旧费	部门核算
660205	其他	部门核算

（2）“1001 库存现金”为现金总账科目，“1002 银行存款”为银行总账科目。

（3）修改会计科目。

“1122 应收账款”科目辅助账类型为“客户往来”（不受控应收系统）；“2202 应付账款”科目辅助账类型为“供应商往来”（不受控应付系统）。

3. 凭证类别

表 3-13　凭证类别

类别名称	限制类型	限制科目
收款凭证	借方必有	1001，1002
付款凭证	贷方必有	1001，1002
转账凭证	凭证必无	1001，1002

4. 期初余额

表 3-14　期初余额

会计科目	方向	余额
库存现金	借	15 000.00
银行存款—建行存款	借	8 034 000.00
应收账款	借	1 100 000.00
应收职工借款	借	10 000.00
原材料—A 材料	借	1 000 000.00
千克	借	10 000.00
—B 材料	借	1 200 000.00
千克	借	40 000.00
库存商品—KH 产品	借	3 000 000.00
件	借	5 000.00
固定资产	借	8 520 000.00
累计折旧	贷	623 259.00
在建工程	借	2 503 149.00
短期借款	贷	500 000.00
应付账款	贷	234 000.00
应交税费—应交增值税（销项税）	贷	9 200.00
应交税费—应交所得税	贷	12 390.00
应交税费—应交城市维护建设税	贷	2 500.00
应交税费—应交教育费附加	贷	800.00
长期借款	贷	2 000 000.00
实收资本	贷	22 000 000.00

注：采购部张敏 2020 年 12 月 12 日个人借款余额 10 000 元。

2020 年 12 月 12 号，业务员王媛销售给华强公司库存商况。KH 产品为 1 100 件，价税合计款为 1 100 000 元，货款未收，发票号为 223310，凭证号为付-213。

2020 年 12 月 12 号，采购员张敏向红兴公司采购 A 材料 8 000 千克，单价为 25 元/千克，价税合计款为 226 000 元，货款未付，发票号为 123319。

5. 常用摘要

表 3-15 摘要

摘要编码	摘要内容
BGF	报销办公费
GZ	发工资
JK	出差借款

二、日常业务

总账系统 1 月份业务

2021 年 1 月发生如下经济业务：

(1) 1 月 8 日，以现金支付财务部办公费 800 元。(摘要：支付办公费)

借：管理费用——办公费（财务部）(660201) 800

贷：库存现金 (1001) 800

(2) 1 月 10 日，根据税收缴款书，以建行存款交纳上月应交企业所得税 12 390 元，应交增值税 9 200 元，应交城市维护建设税 2 500 元和应交教育费附加 800 元（转账支票，银行凭证票号 223)。(摘要：交纳税费)

借：应交税费——应交增值税——已交税费 (22210102) 9 200

应交税费——应交所得税 (222103) 12 390

应交税费——应交城市维护建设税 (222104) 2 500

应交税费——应交教育费附加 (222105) 800

贷：银行存款——建行存款 (100201) 24 890

(3) 1 月 11 日，签发建设银行转账支票 1 300 元支付销售部业务招待费（票号 1121)。(摘要：支付招待费)

借：销售费用（ (6601) 1 300

贷：银行存款——建行存款 (100201) 1 300

(4) 1 月 11 日，采购员张敏向顺驰公司购入 A 材料 9 000 千克，单价 25. 2 元。增值税专用发票货款 226 800 元，增值税额 29 484 元，材料尚未入库，采购专用发票号为 112233，货款未付。(摘要：采购原财料，款未付)

借：在途物资——A 材料 (140201) 226 800

应交税费——应交增值税（进项税额）(22210101) 29 484

贷：应付账款（顺驰公司）(2202) 256 284

(5) 1 月 12 日，收到采购部张敏偿还借款 8 000 元。(摘要：收到欠款)

借：库存现金 (1001) 8 000

贷：其他应收款——应收职工借款 (122101) 8 000

(6) 1 月 12 日，签发建设银行现金支票，从银行提取现金 10 000 元备用（票号 1100)。(摘要：提现)

借：库存现金（1001）　　10 000

　贷：银行存款——建行存款（100201）　　10 000

（7）1月12日，签发建设银行转账支票支付市广告公司本月广告费8 500元。（票号1122）。（摘要：支付广告费用）

借：销售费用（6601）　　8 500

　贷：银行存款——建行存款（100201）　　8 500

（8）1月14日，销售部王媛销售给飞跃公司KH产品200件，单价1000元，增值税专用发票上价款200 000元，增值税26 000元，货款未收，销售专用发票号为223311。（摘要：销售货品，款未收）

借：应收账款（飞跃公司）（1122）　　226 000

　贷：主营业务收入——KH产品（600101）　　200 000

　　应交税费——应交增值税（销项税额）（22210103）　　26 000

（9）1月18日，以建设银行转账支票方式支付1月11日向顺驰公司购入的A材料购料款256 284元，票据号为1120，同时已办理材料入库。（摘要1：偿还欠款）（摘要2：原材料入库）

借：应付账款（顺驰公司）（2202）　　256 284

　贷：银行存款——建行存款（100201）　　256 284

借：原材料——A材料（140301）　　226 800

　贷：在途物资——A材料（140201）　　226 800

（10）1月20日，收到外商投资资金200 000美元（按当日牌价折合人民币1 266 000元），已在建设银行办妥转账支票进账手续。（票号1220）（摘要：收到投资）

借：银行存款——工行存款（100202）　　1 266 000

　贷：实收资本（4001）　　1 266 000

（11）1月20日，行政部唐正出差回公司报销差旅费8 000元，经审核无误同意报销。（摘要：报销差旅费）

借：管理费用——差旅费（660202）　　8 000

　贷：库存现金（1001）　　8 000

（12）1月22日，财务部赵婷收到飞跃公司转账支票一张，办妥226 000元货款的建设银行收款手续，票据号为12000。（摘要：收到货款）

借：银行存款——建行存款（100201）　　226 000

　贷：应收账款（飞跃公司）（1122）　　226 000

（13）1月25日，生产部报销办公费900元，现金直接支付。（摘要：报销办公费）

借：制造费用（5101）　　900

　贷：库存现金（1001）　　900

(14) 1月31日，汇总本月各部门领用A材料共2000千克，单价25元，价值50 000元，其中生产部领用45 000元，行政部门领用5 000元，生产部当月仅开工生产KH产品。(摘要：结转材料成本)

借：生产成本——直接材料（500101） 45 000

管理费用——其他（660205） 5 000

贷：原材料——A材料（140301） 50 000

(15) 1月31日，结转本月KH产品销售成本，共计120件，每件单价1 000元，共计120 000元。(摘要：结转销售成本)

借：主营业务成本——KH产品（640101） 120 000

贷：库存商品——KH产品（140501） 120 000

(16) 1月31日从建设银行提取现金1200元备用。(摘要：提现)

借：库存现金（1001） 1 200

贷：银行存款——建行存款（100201） 1 200

三、期末业务

(1) 以“C02 慕容月”于2021年1月31日登录账套进行审核凭证。

(2) 以“CO3 唐正”于2021年1月31日登录账套进行记账。

项目四

工资管理

“学习目标”

知识目标

熟悉工资管理系统初始设置的主要内容和方法；熟练掌握工资管理系统各项日常业务及期末业务处理的操作程序。

会计人员应严格审核工资计算的有关凭证，对人事部门报来的当月工资变动情况表和各部门上报的各种代扣款项的通知单，都要严格审核，确认无误后，正确地编制出当月人员工资发放表。同时备份好工资数据、办理好工资转存手续，按时发放工资。

能力目标

能进行工资管理系统的初始化设置；能进行工资管理系统人员档案和工资计算方法的设置；能进行工资分摊设置和生成转账凭证。

工资管理系统

任务一　工资管理系统初始化

任务导入

旭日公司自2021年1月开始使用T3用友通标准版，对企业的工资进行管理。现在需要尽快了解应如何将现有的工资处理方法和工资信息录入到计算机中，以便对工资的日常业务进行处理。

一　建立工资账套

引入配套资料中“工资管理”的账套，建立工资账套，工资账套的参数为“有多个工资类别”；扣税设置为“从工资中代扣个人所得税”；不进行扣零设置；工资账套的启用日期为“2021年1月1日”；人员编码长度为“3”位。

任务流程

(1)以账套主管“CF 陈峰”身份于2021年1月31日登录“[020]旭日公司”账套。进入“T3用友通标准版10.6Plus1”窗口，单击“工资”按钮，打开“建立工资套(参数设置)”对话框，如图4-1所示。

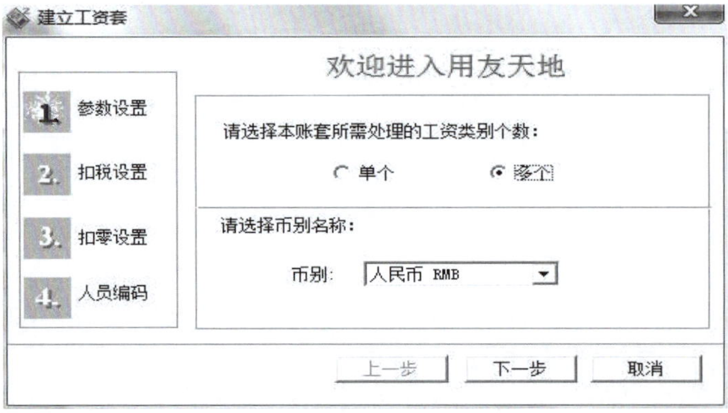

图4-1　设置工资类别个数

(2)单击“多个”单选按钮，单击“下一步”按钮，打开“建立工资套(扣税设置)”对话框，如图4-2所示。

(3)勾选“是否从工资中代扣个人所得税”复选框，单击“下一步”按钮，打开“建立工资套(扣零设置)”对话框，如图4-3所示。

(4)单击“下一步”按钮，打开“建立工资套(人员编码)”对话框，将“人员编码长度”修改为“3”，此处的编码长度只能利用微调按钮进行调整，不能手动输入；并将“本账套的启用日期”修改为“2021-01-01”，如图4-4所示。

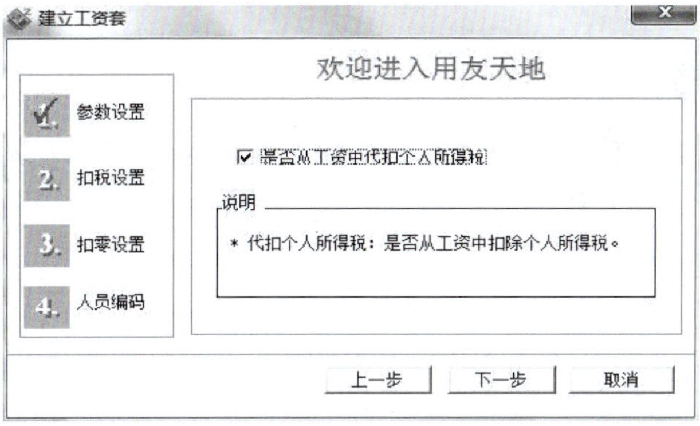

图 4-2　设置是否从工资中代扣个人所得税

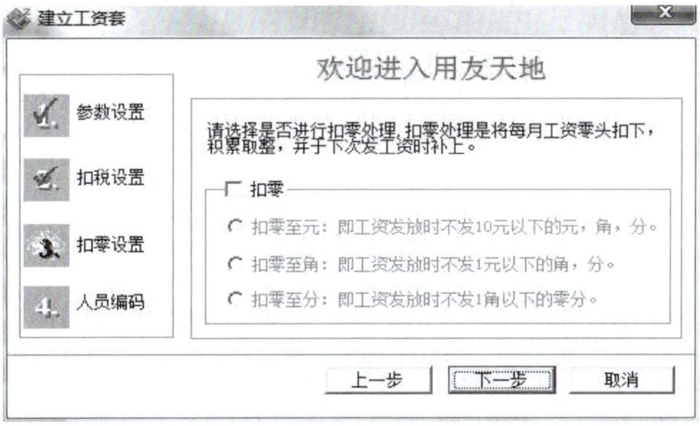

图 4-3　设置扣零

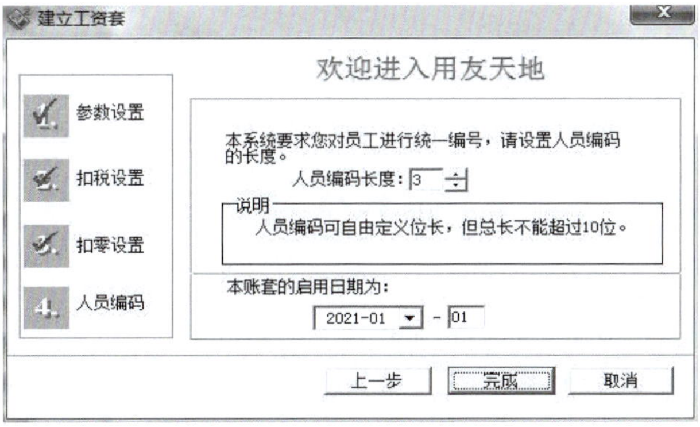

图 4-4　设置人员编码长度及日期

(5)单击“完成”按钮，系统弹出“未建立工资类别！”信息提示对话框，如图 4-5 所示。

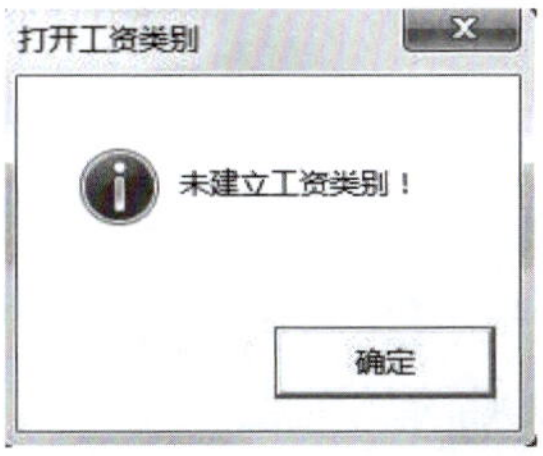

图 4-5　打开工资类别对话框

(6)此处暂不建立工资类别，单击右上角的关闭按钮。

任务指导

(1)如果企业中所有员工的工资发放项目相同,工资计算方法也相同,那么可以对全部员工使用统一的工资核算方案,对应地选择系统提供的单个工资类别应用方案。

(2)如果企业存在下列情况之一,则需要选择系统提供的多个工资类别应用方案。第一,企业存在不同类别的人员,不同类别的人员工资发放项目不同,计算公式也不相同,但需要进行统一的工资核算管理。如企业需要分别对在职人员、退休人员等进行工资核算。第二,企业每月进行多次工资发放,月末需要进行统一核算。第三,企业在不同地区设有分支机构,而工资核算由总部统一管理或工资发放使用多种货币。

(3)扣税设置即选择在工资计算中是否由单位代扣个人所得税。扣零设置通常在发放现金工资时使用,如果单位采用银行代发工资则很少进行此设置。

(4)人员编码即单位人员编码长度。可以根据需要自由定义人员编码长度,但总长度不能超过10位字符。

(5)在单个工资类别情况下,工资账套建立后不需要建立工资类别;在多工资类别情况下,工资账套建立后需要在“工资类别”功能中建立工资类别。

(6)此处在建立工资账套时先不建立工资类别,如若在此步建立了工资类别,则系统默认自动打开已建立的工资类别,那么要再建立其他工资类别或是进行下一步的基础信息设置,则应该先关闭工资类别,才能进行相应的设置。

二 设置银行名称

设置银行名称为“工商银行”,账号长度为11位,输入时自动带出的账号长度为8位。

任务流程

(1)进入“T3用友通标准版10.6Plus1”窗口,执行“工资”→“设置”→“银行名称设置”命令,打开“银行名称设置”对话框,如图4-6所示。

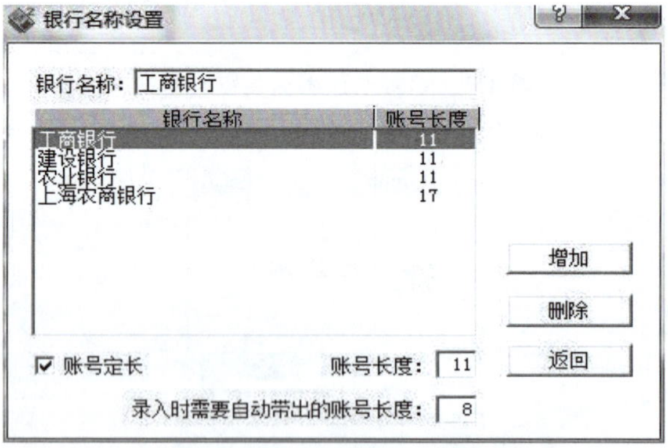

图4-6 设置银行名称

(2)单击“银行名称”栏中的“工商银行”，在“录入时需要自动带出的账号长度”栏中输入“8”，按回车键确认。

(3)单击“返回”按钮。

任务指导

(1)银行账号长度不得为空，且不能超过 30 位。

(2)输入时需要自动带出的账号长度是指在输入“人员档案”的银行账号时，从第 2 个人开始，系统根据用户在此定义的长度自动带出银行账号的相应长度，可以有效地提高输入的速度。

(3)如果删除银行名称则同银行名称有关的所有设置将一同被删除，包括银行的代发文件格式设置以及磁盘输出格式设置等。

(4)修改账号长度或是自动带出账号长度，必须按回车键确认，系统才会保存。

三 设置人员类别

设置本企业的人员类别为“管理人员”和“市场营销人员”。

任务流程

(1)进入“T3 用友通标准版 10.6Plus1”窗口，执行“工资”→“设置”→“人员类别设置”命令，打开“类别设置”对话框。

(2)单击“增加”按钮，在类别栏输入“管理人员”，单击“增加”按钮，输入“市场营销人员”，单击“增加”按钮，如图 4-7 所示。

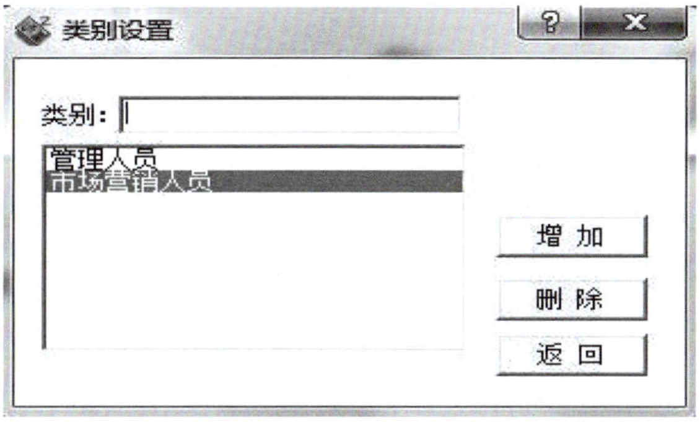

图 4-7 设置人员类别

(3)单击“返回”按钮。

任务指导

(1)人员类别名称可以随时修改，已经使用的人员类别不允许删除。

(2)人员类别只剩下 1 个时不允许删除。

四 设置工资项目

工资项目的设置内容见表 4-1。

表 4-1　　工资项目表

工资项目名称	类型	长度	小数	增减项
基本工资	数字	8	2	增项
岗位工资	数字	8	2	增项
通讯补贴	数字	8	2	增项
交通补贴	数字	8	2	增项
奖金	数字	8	2	增项
缺勤扣款	数字	8	2	减项
缺勤天数	数字	8	1	其他

任务流程

(1)执行“工资”→“设置”→“工资项目设置”命令，打开“工资项目设置”对话框。

(2)单击“增加”按钮，输入工资项目名称“基本工资”，单击“基本工资”所在行类型栏下拉按钮，选择“数字”，长度选择“8”，小数选择“2”，增减项选择“增项”。依此方法继续增加其他工资项目，如图 4-8 所示。

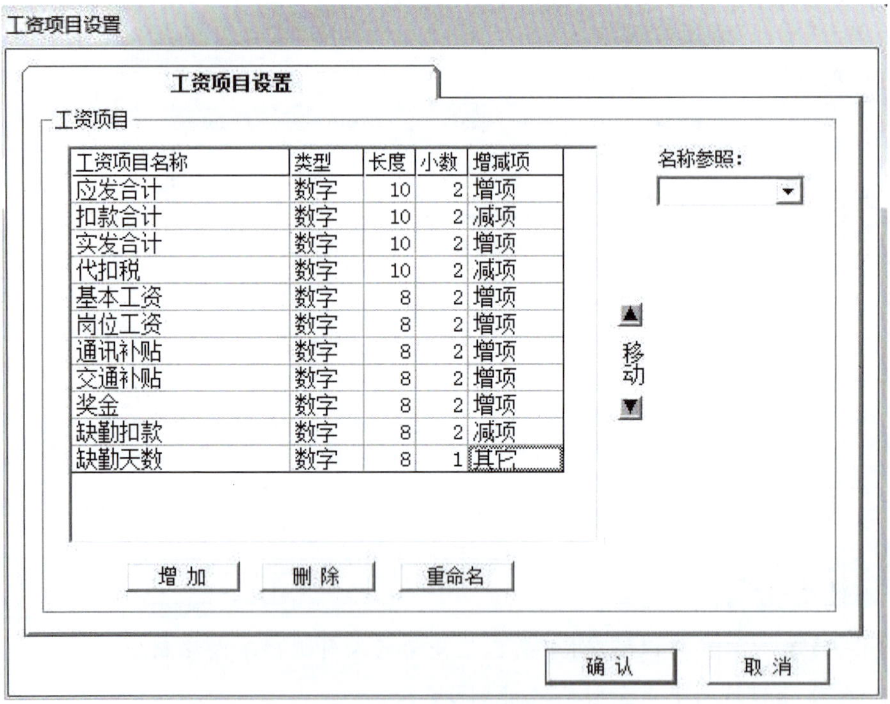

图 4-8　设置工资项目

(3)单击“移动”微调按钮，将每个工资项目移动到合适的位置，如图 4-9 所示。

图 4-9　调整工资项目的位置

(4)单击“确认”按钮，系统弹出“工资项目已经改变，请确认各工资类别的公式是否正确，否则计算结果可能不正确。”信息提示对话框，如图 4-10 所示。

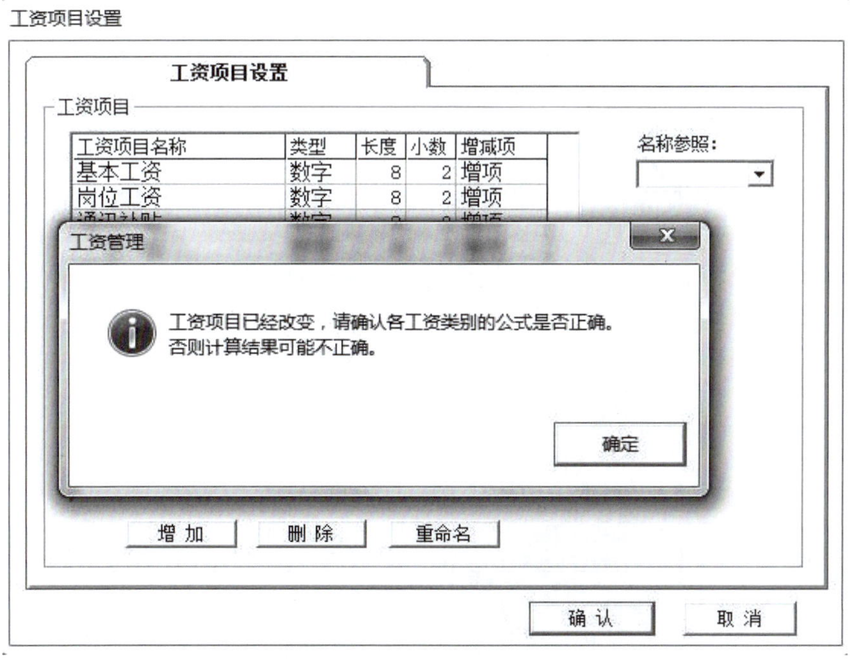

图 4-10　工资管理对话框

(5)单击“确定”按钮退出。

任务指导

(1)系统默认提供应发合计、扣款合计及实发合计3项固定的工资项目，这些项目不能删除和重命名。

(2)如果建账时选择了“代扣个人所得税”，则系统提供代扣税项目。

(3)如果建账时选择了“扣零”处理，则系统提供“本月扣零”和“上月扣零”两个工资项目。

(4)工资项目名称必须唯一，已使用的工资项目不可删除，不能修改数据类型。

(5)如果是多工资类别情况，则需要分别对每一个工资类别都进行一次工资项目设置。

五 建立工资类别

建立两个工资类别：在职人员、退休人员。

任务流程

(1)执行“工资”→“工资类别”→“新建工资类别”命令，打开“新建工资类别”对话框，如图4-11所示。

图4-11 新建工资类别对话框

(2)工资类别输入“在职人员”，单击“下一步”按钮，选择所有部门，如图4-12所示。

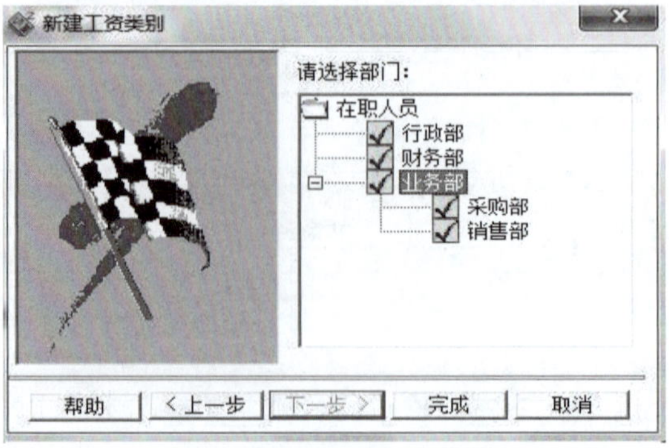

图4-12 选择部门对话框

（3）单击“完成”按钮，系统弹出“是否以 2021-01-01 为当前工资类别的启用日期?”信息提示对话框，如图 4-13 所示。

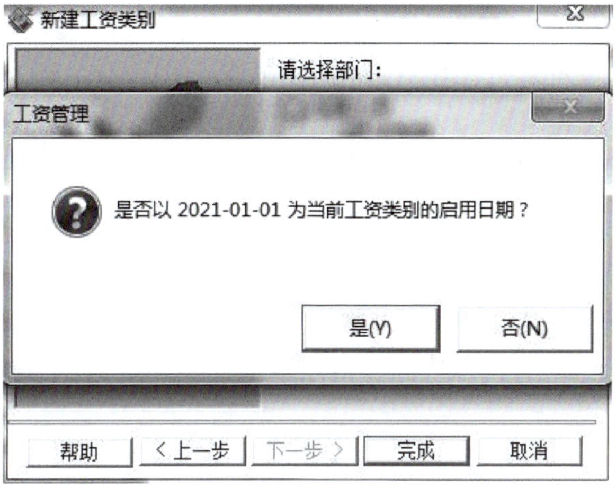

图 4-13　启用日期提示

（4）单击“是”按钮。

（5）执行“工资”→“工资类别”→“关闭工资类别”命令，关闭“在职人员”工资类别，继续重复步骤（1）～（4）建立“退休人员”工资类别。

任务指导

工资类别建立完成后默认自动打开。若要再建立其他工资类别，应先关掉当前工资类别，返回基础设置，然后再建立其它工资类别。

六　增加人员档案

在“在职人员”工资类别下增加人员档案，见表 4-2。

表 4-2　职员档案表

职员编号	人员姓名	所属部门	人员类别	银行代发账号	中方人员	是否计税
001	江泽湘	行政部	管理人员	01009999001	是	是
002	陈静	财务部	管理人员	01009999002	是	是
003	陈峰	财务部	管理人员	01009999003	是	是
004	吴东妹	财务部	管理人员	01009999004	是	是
005	许晓雪	采购部	管理人员	01009999005	是	是
006	周梦琪	采购部	管理人员	01009999006	是	是
007	张杰	销售部	市场营销人员	01009999007	是	是
008	王倩	销售部	市场营销人员	01009999008	是	是

注：以上所有人员的代发银行均为工商银行

任务流程

(1)打开“在职人员”工资类别,执行“工资”→“设置”→“人员档案”命令,进入“人员档案-(工资类别:001 在职人员)”窗口,如图 4-14 所示。

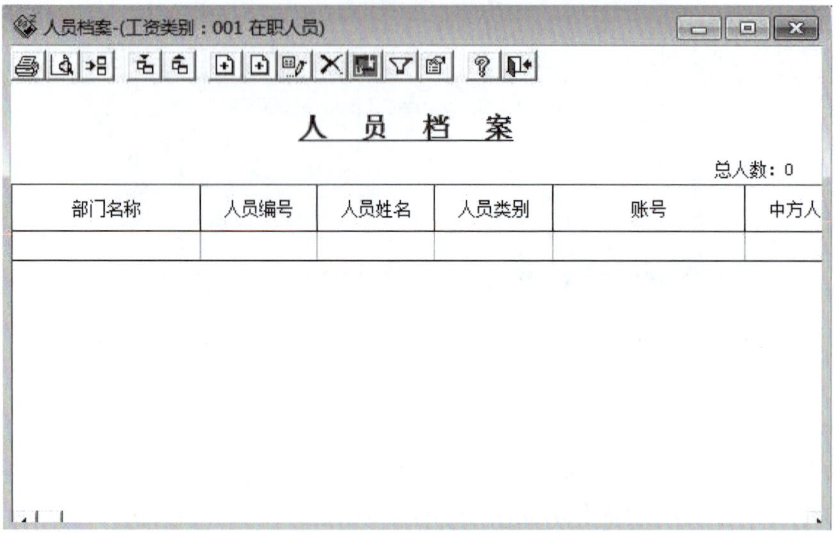

图 4-14 人员档案窗口

(2)单击第一个图标,打开“人员档案”对话框中的“基本信息”选项卡,如图 4-15 所示。

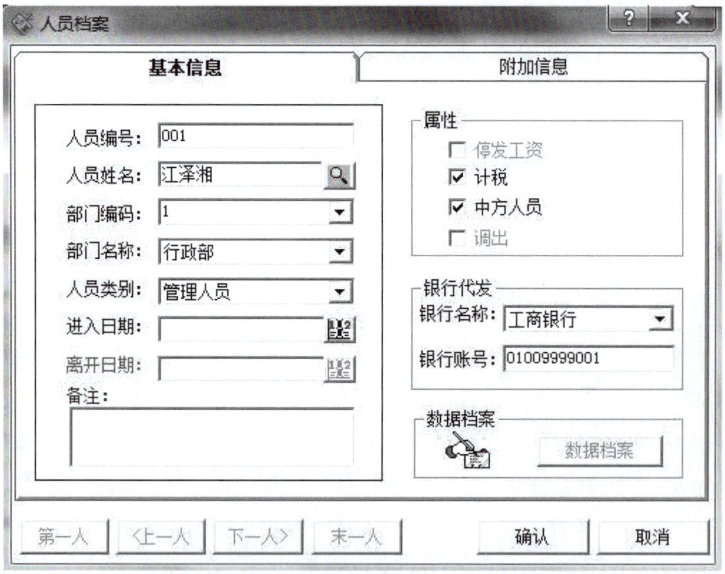

图 4-15 设置人员档案中的基本信息

(3)输入人员编号“001”,人员姓名“江泽湘”(或单击人员姓名栏参照按钮);单击部门编码栏下拉按钮,选择“1”;单击部门名称栏下拉按钮,选择“行政部”;单击人员类别栏下拉按钮,选择“管理人员”;单击银行名称栏下拉按钮,选择“工商银行”;在银行账号栏输入“01009999001”。

(4)单击“确认”按钮，依此方法完成其他人员档案的设置，如图 4-16 所示。

部门名称	人员编号	人员姓名	人员类别	账号	中方人员	是否计税	工资停发	进入日期
行政部	001	江泽湘	管理人员	01009999001	是	是	否	
财务部	002	陈静	管理人员	01009999002	是	是	否	
财务部	003	陈峰	管理人员	01009999003	是	是	否	
财务部	004	吴东妹	管理人员	01009999004	是	是	否	
采购部	005	许晓雪	管理人员	01009999005	是	是	否	
采购部	006	周梦琪	管理人员	01009999006	是	是	否	
销售部	007	张杰	市场营销人员	01009999007	是	是	否	
销售部	008	王倩	市场营销人员	01009999008	是	是	否	

图 4-16　全部人员档案

任务指导

(1)由于在进行银行名称设置时已经设置了“录入时需要自动带出的账号长度”，因此，在输入第 1 位人员档案后，其他的人员档案中的银行账号则会自动带出相应的账号位数。

(2)因为人员档案是针对于某个工资类别的，所以要先打开相应的工资类别，才能建立人员类别，如果没有打开工资类别将找不到“人员档案”按钮。

(3)如果在人员姓名查找里查不到相应的人员姓名，则可以手动输入，或是返回系统基础设置里添加。

七 设置工资项目和计算公式

设置“在职人员”工资项目和计算公式：旭日公司在职人员的工资项目由基本工资、岗位工资、通讯补贴、交通补贴、奖金、缺勤扣款和缺勤天数构成。

设置“缺勤扣款”的计算公式，“缺勤扣款＝基本工资/22＊缺勤天数”。

设置“交通补贴”的计算公式，“iff(人员类别＝‘市场营销人员’,200,30)”。该公式中人员类别是市场营销人员的交通补贴是 200 元，其他类别人员的交通补贴是 30 元。

任务流程

(1)打开“在职人员”类别，执行“工资”→“设置”→“工资项目设置”命令，打开“工资项目设置”对话框，如图 4-17 所示。

(2)单击“增加”按钮，工资项目列表中增加一空行。

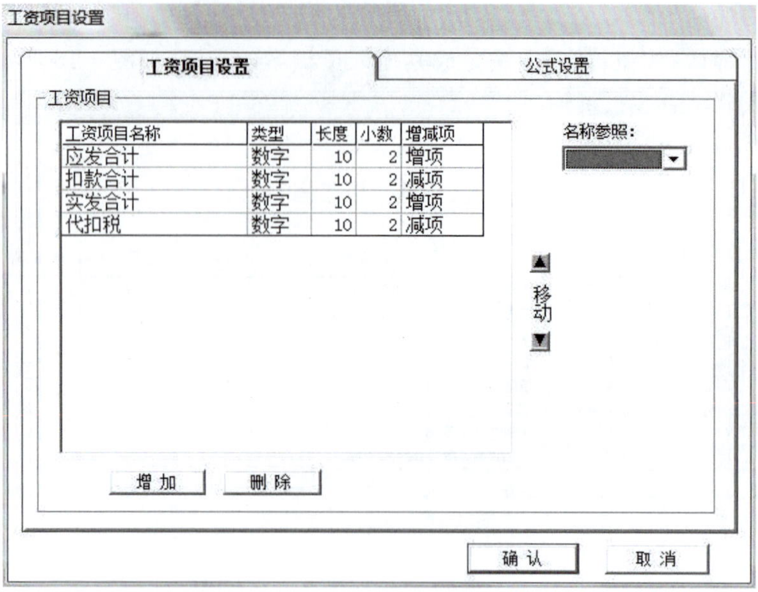

图 4-17　设置在职人员的工资项目

(3)单击“名称参照”下拉按钮,选择“基本工资”选项。单击“增加”按钮,选择其他工资项目并排序,如图 4-18 所示。

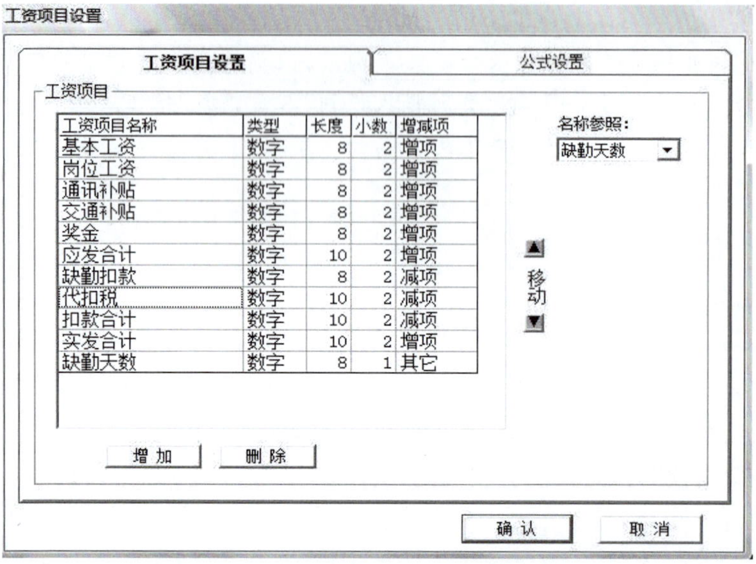

图 4-18　已设置的“在职人员”工资项目

(4)单击“公式设置”选项卡,切换到公式设置,如图 4-19 所示。

(5)单击左上方“工资项目”栏的“增加”按钮,单击工资项目栏下拉按钮,选择“缺勤扣款”;在“缺勤扣款公式定义”栏输入“基本工资/22＊缺勤天数”。

(6)单击“公式确认”按钮,如图 4-20 所示。

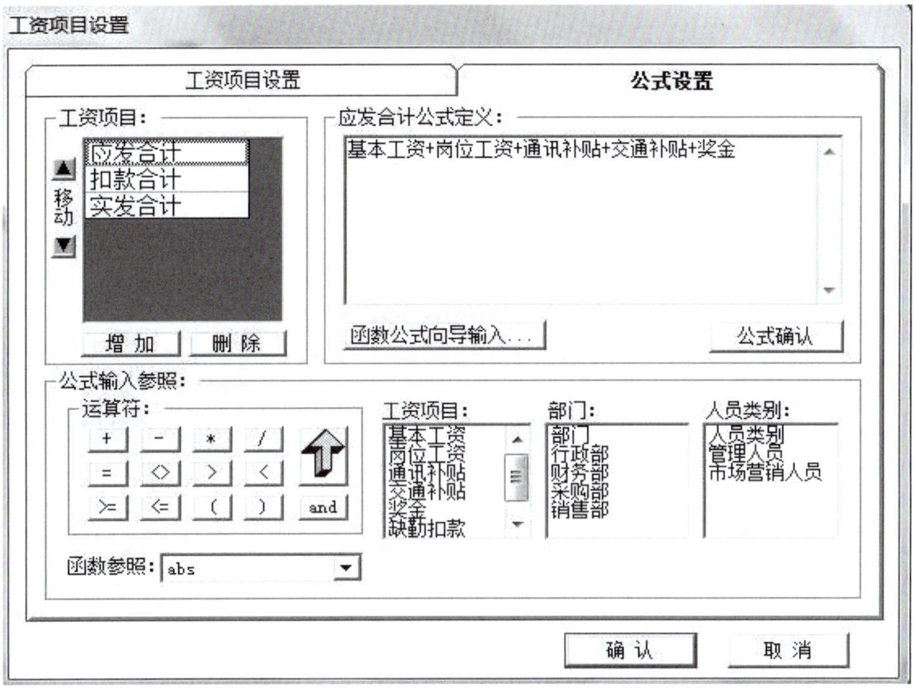

图 4-19 设置应发工资计算公式

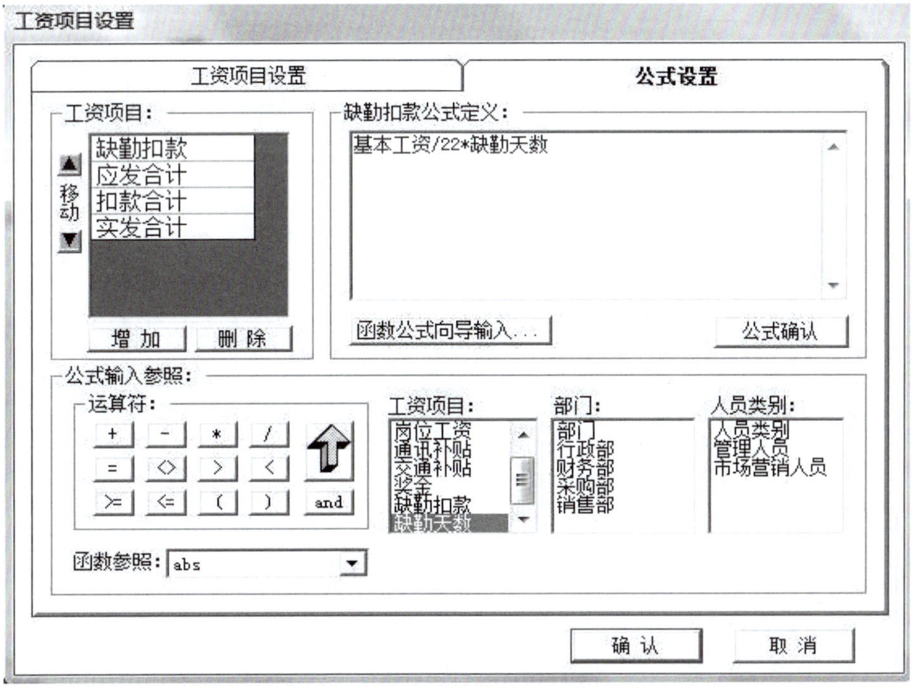

图 4-20 设置缺勤扣款的计算公式

(7)单击“增加”按钮,单击工资项目栏下拉按钮,选择“交通补贴”。

(8)单击“函数公式向导输入…”按钮,打开“函数向导—步骤之 1”对话框,如图 4-21 所示。

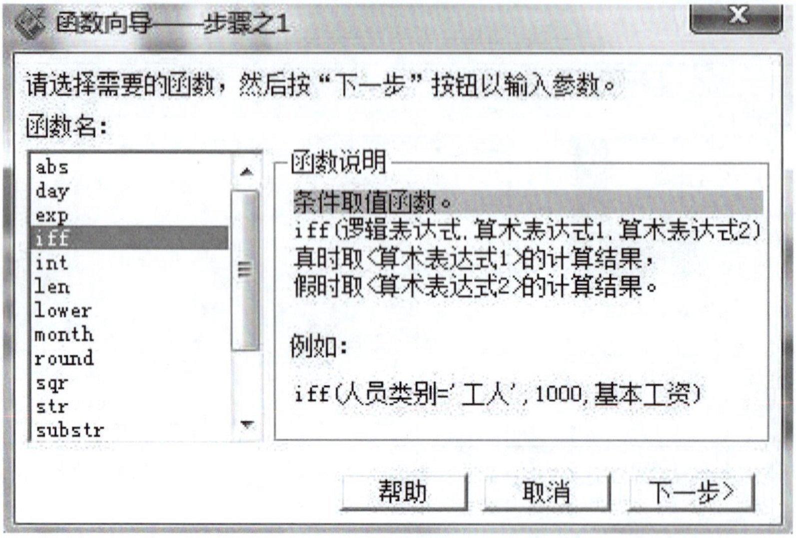

图 4-21　设置交通补贴的计算公式的函数

(9)选择“iff”函数，单击“下一步”按钮，打开“函数向导——步骤之 2”对话框。

(10)在“逻辑表达式。”中输入“人员类别＝“市场营销人员””，在“算术表达式 1”中输入“200”，在“算术表达式 2”中输入“30”，如图 4-22 所示。

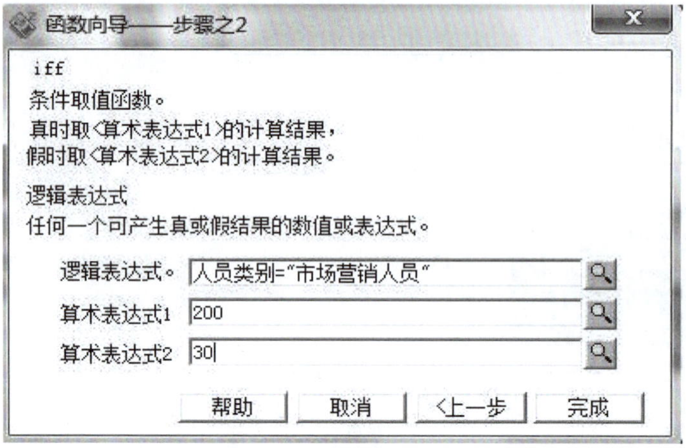

图 4-22　设置交通补贴的计算公式的表达式

(11)单击“完成”按钮，如图 4-23 所示。

(12)单击“公式确认”按钮，单击“确认”按钮。

任务指导

(1)函数公式向导只支持系统提供的函数。

(2)设置公式后必须单击“公式确认”按钮，否则不能保存已设置的计算公式。

(3)公式“iff(人员类别＝‘市场营销人员’,200,30)”的含义：如果是市场营销人员交通补贴为 200 元，否则为 30 元。

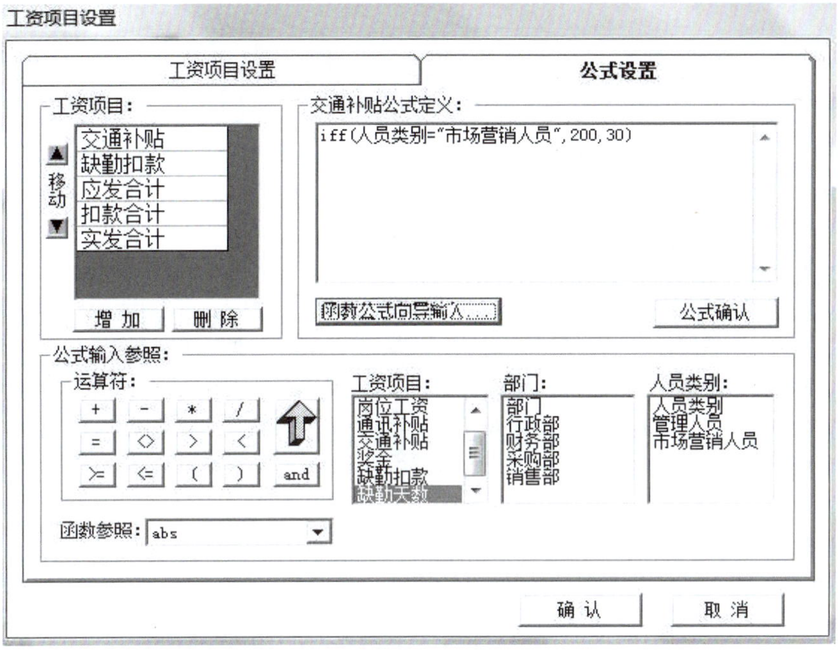

图 4-23　设置完成的交通补贴的计算公式

任务二　日常业务处理

工资管理日常业务处理

工资管理的日常业务处理工作主要包括工资管理、个人收入所得税计算与申报和查看工资发放签名表等。

任务导入

旭日公司在完成了工资系统的初始设置后，准备使用财务管理软件对日常工资业务进行处理。现在需要了解在手工方式下所进行的工资业务的处理应该如何在计算机中进行？在进行工资业务的处理时应掌握的知识点有哪些？

一　输入工资数据

输入工资数据，2021 年 1 月有关的工资数据见表 4-3。

表 4-3　　工资数据表

职员编号	人员姓名	所属部门	人员类别	基本工资	岗位工资	通讯补贴	交通补贴	奖金	缺勤天数
001	江泽湘	行政部	管理人员	5 500.00	2 000.00	200.00	—	200.00	—
002	陈静	财务部	管理人员	5 000.00	500.00	100.00	—	100.00	—

（续表）

职员编号	人员姓名	所属部门	人员类别	基本工资	岗位工资	通讯补贴	交通补贴	奖金	缺勤天数
003	陈峰	财务部	管理人员	4 000.00	1 500.00	200.00	—	200.00	—
004	吴东妹	财务部	管理人员	4 000.00	500.00	100.00	—	100.00	—
005	许晓雪	采购部	管理人员	3 000.00	1 100.00	220.00	—	220.00	—
006	周梦琪	采购部	管理人员	3 000.00	600.00	220.00	—	220.00	2
007	张杰	销售部	市场营销人员	2 800.00	300.00	400.00	—	400.00	—
008	王倩	销售部	市场营销人员	2 600.00	300.00	400.00	—	400.00	—

任务流程

（1）进入“T3 用友通标准版 10.6Plus1”窗口，执行“工资”→“业务处理”→“工资变动”命令，或直接单击“工资变动”按钮，进入“工资变动-(工资类别:在职人员)”窗口。

（2）输入各项工资数据，如图 4-24 所示。

工资变动-(工资类别：在职人员)

工 资 变 动

过滤器：所有项目

人员编号	姓名	部门	人员类别	基本工资	岗位工资	通讯补贴	交通补贴	奖金	应发合计	缺勤扣款	代扣税	扣款合计	实发合计	缺勤天数
001	江泽湘	行政部	管理人员	5,500.00	2,000.00	200.00		200.00						
002	陈静	财务部	管理人员	5,000.00	500.00	100.00		100.00						
003	陈峰	财务部	管理人员	4,000.00	1,500.00	200.00		200.00						
004	吴东妹	财务部	管理人员	4,000.00	500.00	100.00		100.00						
005	许晓雪	采购部	管理人员	3,000.00	1,100.00	220.00		220.00						
006	周梦琪	采购部	管理人员	3,000.00	600.00	220.00		220.00						2.0
007	张杰	销售部	市场营销人	2,800.00	300.00	400.00		400.00						
008	王倩	销售部	市场营销人	2,600.00	300.00	400.00		400.00						

图 4-24 输入工资项目内容

（3）单击“ ”重新计算按钮，计算全部工资项目内容，如图 4-25 所示。

工资变动-(工资类别：在职人员)

工 资 变 动

过滤器：所有项目

人员编号	姓名	部门	人员类别	基本工资	岗位工资	通讯补贴	交通补贴	奖金	应发合计	缺勤扣款	代扣税	扣款合计	实发合计	缺勤天数
001	江泽湘	行政部	管理人员	5,500.00	2,000.00	200.00	30.00	200.00	7,930.00		811.00	811.00	7,119.00	
002	陈静	财务部	管理人员	5,000.00	500.00	100.00	30.00	100.00	5,730.00		434.50	434.50	5,295.50	
003	陈峰	财务部	管理人员	4,000.00	1,500.00	200.00	30.00	200.00	5,930.00		464.50	464.50	5,465.50	
004	吴东妹	财务部	管理人员	4,000.00	500.00	100.00	30.00	100.00	4,730.00		284.50	284.50	4,445.50	
005	许晓雪	采购部	管理人员	3,000.00	1,100.00	220.00	30.00	220.00	4,570.00		260.50	260.50	4,309.50	
006	周梦琪	采购部	管理人员	3,000.00	600.00	220.00	30.00	220.00	4,070.00	272.73	154.73	427.46	3,642.54	2.0
007	张杰	销售部	市场营销人	2,800.00	300.00	400.00	200.00	400.00	4,100.00		190.00	190.00	3,910.00	
008	王倩	销售部	市场营销人	2,600.00	300.00	400.00	200.00	400.00	3,900.00		165.00	165.00	3,735.00	

图 4-25 计算后的工资项目内容

（4）单击“ ”退出按钮，系统弹出“数据发生变动后尚未进行汇总，是否进行汇总？”信息提示对话框，如图 4-26 所示。

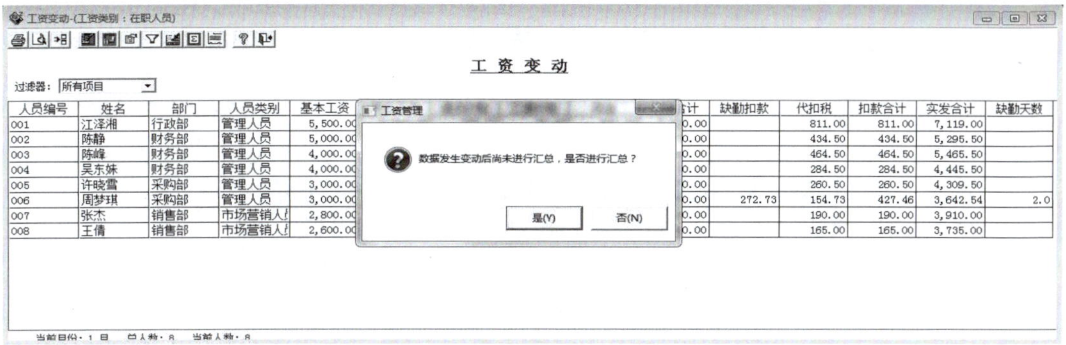

图 4-26　退出“工资变动”窗口时的信息提示对话框

(5)单击“是”按钮退出。

任务指导

(1)第一次使用工资系统必须将所有人员的基本工资数据输入到系统中。工资数据可以在输入人员档案时直接输入，需要计算的内容在此功能中进行计算；也可以在工资变动功能中输入，但当工资数据发生变动时应在此功能下输入。

(2)如果工资数据变化较大可以使用替换功能进行替换。

(3)当修改某些数据、重新设置计算公式、进行数据替换或在个人所得税中执行自动扣税等操作，必须调用“计算”和“汇总”功能对个人工资数据重新进行计算，以保证数据正确。

(4)如果对工资数据只进行了“计算”操作，而未进行“汇总”操作，在退出时系统提示“数据发生变动后尚未进行汇总，是否进行汇总?”，如果需要汇总则单击“是”按钮，否则，单击“否”按钮。

二　计算个人收入所得税

2021 年 1 月，按 5 000 的基数计算个人收入所得税，个人所得税税率表见表 4-4。

表 4-4　　个人所得税税率表

级数	应纳税所得额下限(元)	应纳税所得额上限(元)	税率(%)	速算扣除数
1	0.00	3 000.00	3	0
2	3 000.00	12 000.00	10	210.00
3	12 000.00	25 000.00	20	1 410.00
4	25 000.00	35 000.00	25	2 660.00
5	35 000.00	55 000.00	30	4 410.00
6	55 000.00	80 000.00	35	7 160.00
7	80 000.00	—	45	15 160.00

任务流程

(1)执行“工资”→“业务处理”→“扣缴所得税”命令，或直接单击“扣缴个人所得税”按钮。打开“栏目选择”对话框，如图 4-27 所示。

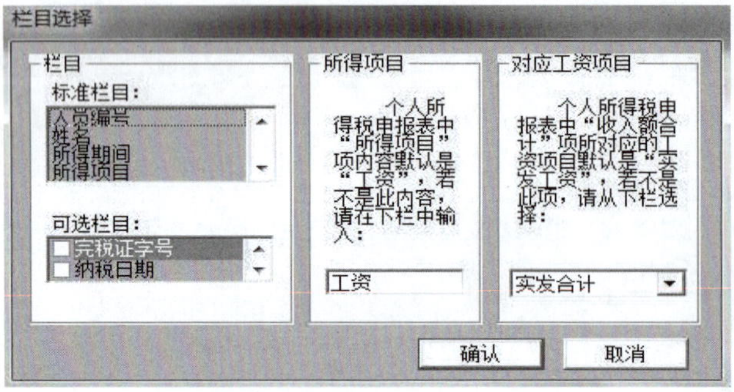

图 4-27 “栏目选择”对话框

(2)单击“确认”按钮，进入“个人所得税扣缴申报表”窗口，如图 4-28 所示。

个人所得税扣缴申报表

2021年1月

总人数：8

人员编号	姓名	所得期间	所得项目	收入额合计	减费用额	应纳税所得额	税率(%)	速算扣除数	扣缴所得税额
001	江泽湘	1	工资	7,930.00	2,000.00	5,930.00	20.00	375.00	811.00
002	陈静	1	工资	5,730.00	2,000.00	3,730.00	15.00	125.00	434.50
003	陈峰	1	工资	5,930.00	2,000.00	3,930.00	15.00	125.00	464.50
004	吴东妹	1	工资	4,730.00	2,000.00	2,730.00	15.00	125.00	284.50
005	许晓雪	1	工资	4,570.00	2,000.00	2,570.00	15.00	125.00	260.50
006	周梦琪	1	工资	3,797.27	2,000.00	1,797.27	10.00	25.00	154.73
007	张杰	1	工资	4,100.00	2,000.00	2,100.00	15.00	125.00	190.00
008	王倩	1	工资	3,900.00	2,000.00	1,900.00	10.00	25.00	165.00
	合计	1	工资	40,687.27	16,000.00	24,687.27			2,764.73

图 4-28 个人所得税扣缴申报表

(3)单击“ ”税率表按钮，打开“个人所得税申报表——税率表”对话框，调整基数为“5 000.00”，附加费用为“0.00”，按个人所得税税率表设置税率，如图 4-29 所示。

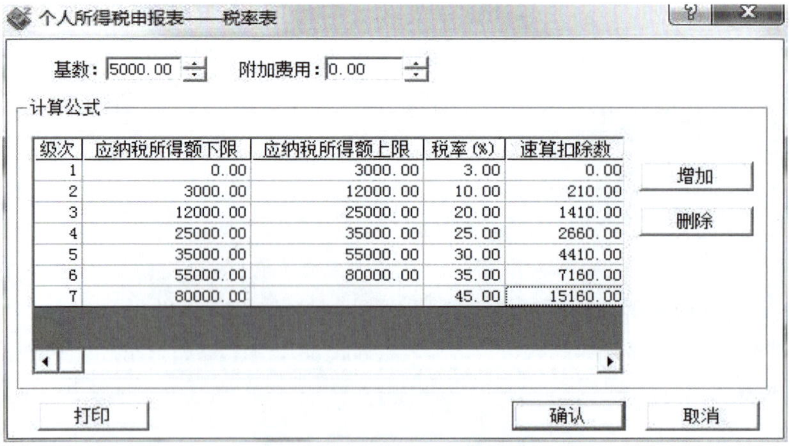

级次	应纳税所得额下限	应纳税所得额上限	税率(%)	速算扣除数
1	0.00	3000.00	3.00	0.00
2	3000.00	12000.00	10.00	210.00
3	12000.00	25000.00	20.00	1410.00
4	25000.00	35000.00	25.00	2660.00
5	35000.00	55000.00	30.00	4410.00
6	55000.00	80000.00	35.00	7160.00
7	80000.00		45.00	15160.00

图 4-29 个人所得税税率表

(4)单击“确认”按钮，系统弹出“调整税率表后，个人所得税需重新计算。是否重新计算个人所得税？”信息提示对话框，如图 4-30 所示。

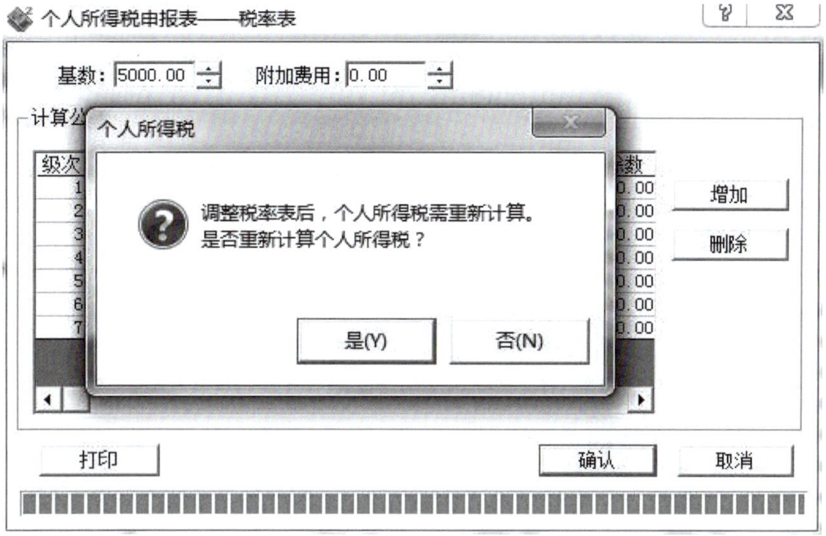

图 4-30　调整税率时的提示

(5)单击“是”按钮，返回“个人所得税扣缴申报表”窗口，单击退出按钮退出，系统弹出“制单人名与当前操作员名不一致，是否使用当前操作员”信息提示对话框，单击“确定”按钮。

(6)进入“T3 用友通标准版 10.6Plus1”窗口，执行“工资”→“业务处理”→“工资变动”命令，打开“工资变动”对话框。

(7)单击重新计算按钮，重新计算并汇总全部工资项目内容。

任务指导

(1)“个人所得税申报表”是个人纳税情况的记录，系统提供对表中栏目的设置功能。

(2)个人所得税申报表栏目只能选择系统提供的项目，不提供由用户自定义的项目。

(3)系统默认以“实发合计”作为扣税基数。如果想以其他工资项目作为扣税标准，则需要在定义工资项目时单独为应税所得设置一个工资项目。

(4)如果单位的扣除费用及税率与国家规定的不一致，可以在个人所得税扣缴申报表中单击“税率”按钮，进行修改。

(5)在“工资变动”中，系统默认以“实发合计”作为扣税基数，所以在执行完个人所得税计算后，需要到“工资变动”中，执行“计算”和“汇总”命令，以保证“代扣税”这个工资项目正确地反映出单位实际代扣个人所得税的金额。

三 查看工资发放签名表

查看2021年1月的工资发放签名表。

任务流程

(1)执行“工资”→“统计分析”→“账表”→“工资表”命令,打开“工资表-(工资类别:在职人员)”对话框,如图4-31所示。

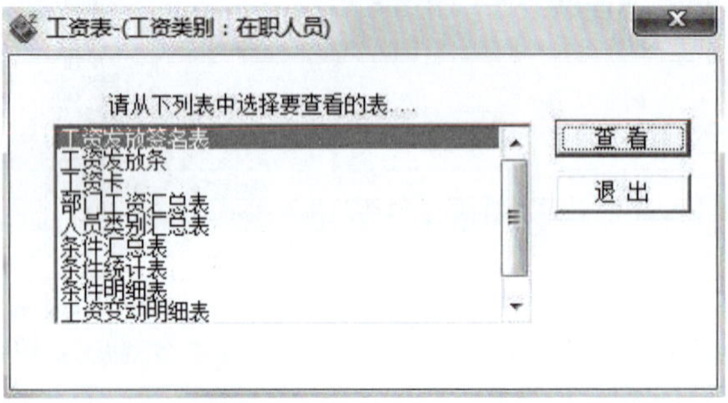

图4-31 “工资表—(工资类别:在职人员)”对话框

(2)单击“查看”按钮,打开“工资发放签名表”对话框,选择所有部门,如图4-32所示。

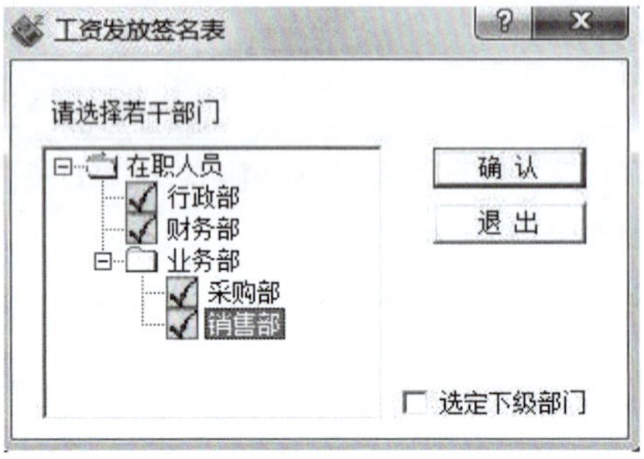

图4-32 “工资发放签名表”对话框

(3)单击“确认”按钮,进入“工资发放签名表”窗口,如图4-33所示。

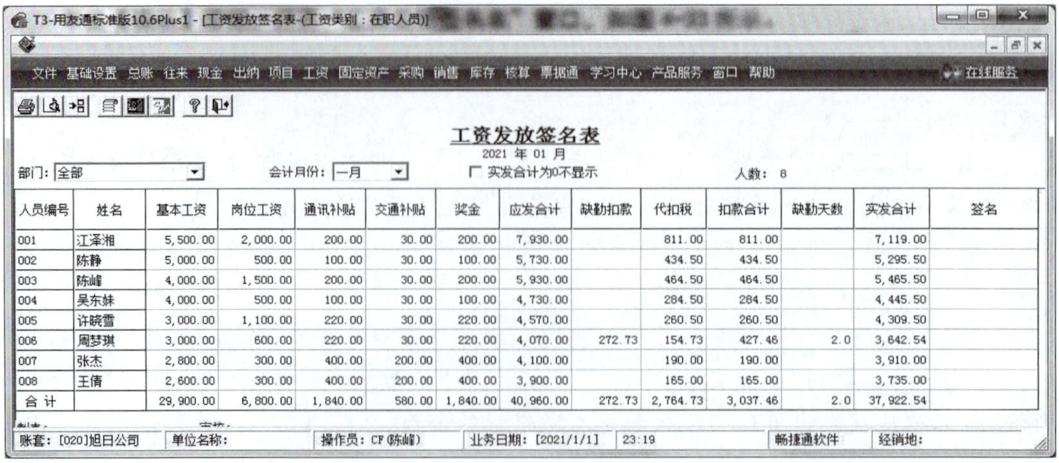

人员编号	姓名	基本工资	岗位工资	通讯补贴	交通补贴	奖金	应发合计	缺勤扣款	代扣税	扣款合计	缺勤天数	实发合计	签名
001	江泽湘	5,500.00	2,000.00	200.00	30.00	200.00	7,930.00		811.00	811.00		7,119.00	
002	陈静	5,000.00	500.00	100.00	30.00	100.00	5,730.00		434.50	434.50		5,295.50	
003	陈峰	4,000.00	1,500.00	200.00	30.00	200.00	5,930.00		464.50	464.50		5,465.50	
004	吴东妹	4,000.00	500.00	100.00	30.00	100.00	4,730.00		284.50	284.50		4,445.50	
005	许晓雪	3,000.00	1,100.00	220.00	30.00	220.00	4,570.00		260.50	260.50		4,309.50	
006	周梦琪	3,000.00	600.00	220.00	30.00	220.00	4,070.00	272.73	154.73	427.46	2.0	3,642.54	
007	张杰	2,800.00	300.00	400.00	200.00	400.00	4,100.00		190.00	190.00		3,910.00	
008	王倩	2,600.00	300.00	400.00	200.00	400.00	3,900.00		165.00	165.00		3,735.00	
合 计		29,900.00	6,800.00	1,840.00	580.00	1,840.00	40,960.00	272.73	2,764.73	3,037.46	2.0	37,922.54	

图4-33 “工资发放签名表”窗口

任务指导

（1）可以打印工资发放签名表，在确认领取工资时于签名处签字。

（2）如果有多个月份的工资数据，单击“会计月份”下拉按钮，选择要查询月份的工资发放签名表。

（3）单击“部门”参照按钮，可以查询不同部门的工资状况。

任务三　月末业务处理

工资管理的月末处理工作主要包括工资分摊处理、月末结转处理、凭证查询和审核记账等。

任务导入

旭日公司在完成了工资的数据计算后，还未进行账务处理，还没有形成会计核算的数据资料。现在需要了解电算化方式下应如何进行账务处理？月末时除了要进行账务处理外还应完成哪些工作？

一　设置工资分摊参数

工资分摊的类型分为“应付工资”和“工会经费”。“应付工资”的分摊比例为100%，按工资总额的2%计提工会经费。工资分摊的设置内容见表4-5和表4-6。

表4-5　应付工资分摊设置内容

部门名称	人员类别	项目	借方科目	贷方科目
行政部	管理人员	应发合计	660201	2211
财务部	管理人员	应发合计	660201	2211
采购部	管理人员	应发合计	660201	2211
销售部	市场营销人员	应发合计	660101	2211

表4-6　工会经费分摊设置内容

部门名称	人员类别	项目	借方科目	贷方科目
行政部	管理人员	应发合计	660203	2211
财务部	管理人员	应发合计	660203	2211
采购部	管理人员	应发合计	660203	2211
销售部	市场营销人员	应发合计	660103	2211

任务流程

(1)执行“工资”→“业务处理”→“工资分摊”命令,或直接单击“工资分摊”按钮,打开“工资分摊”对话框,如图 4-34 所示。

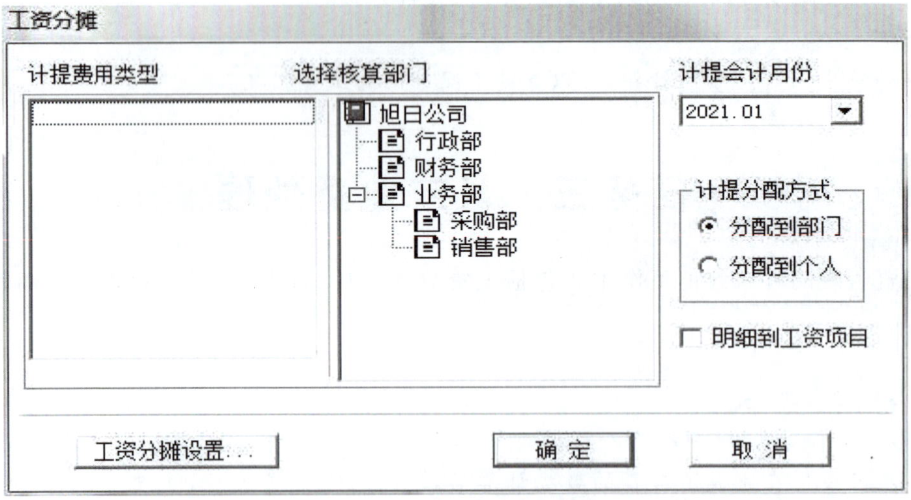

图 4-34 “工资分摊”对话框

(2)单击“工资分摊设置...”按钮,打开“分摊类型设置”对话框,如图 4-35 所示。

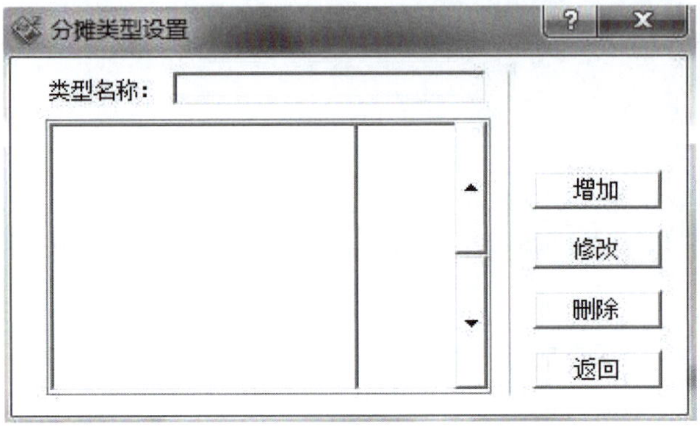

图 4-35 “分摊类型设置”对话框

(3)单击“增加”按钮,打开“分摊计提比例设置”对话框。

(4)在计提类型名称栏输入“应付工资”,如图 4-36 所示。

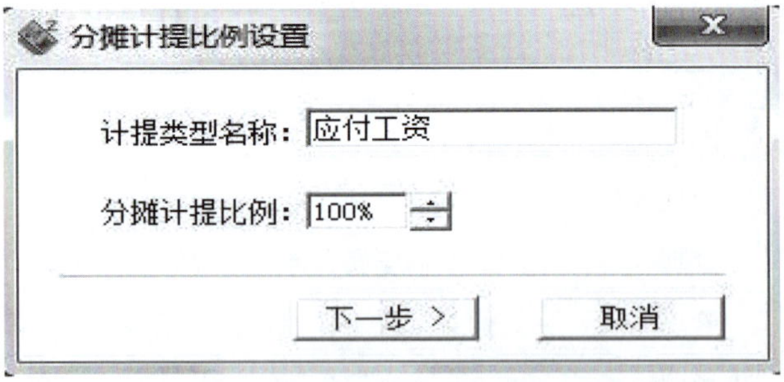

图 4-36 “分摊计提比例设置”对话框

（5）单击“下一步”按钮，打开“分摊构成设置”对话框。

（6）在“分摊构成设置”对话框中，分别选择分摊构成的各个项目内容，如图 4-37 所示。

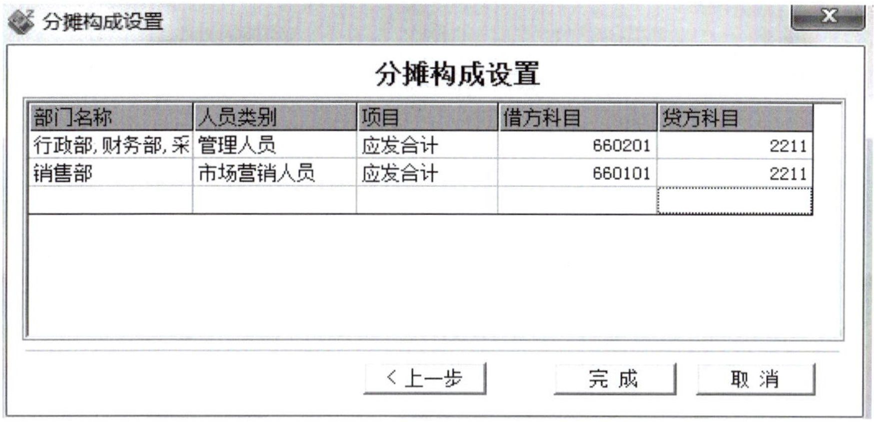

图 4-37 “分摊构成设置”对话框

（7）单击“完成”按钮。返回“分摊类型设置”对话框，如图 4-38 所示。

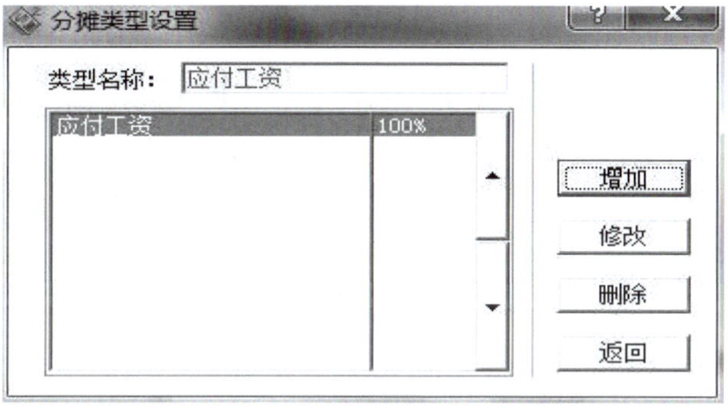

图 4-38 “分摊类型设置”对话框

（8）单击“增加”按钮，在计提类型名称栏输入“工会经费”，在分摊计提比例栏输入“2%”，如图 4-39 所示。

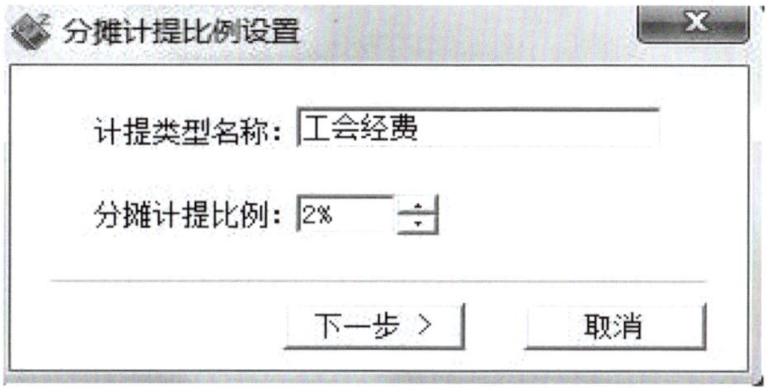

图 4-39 工会经费分摊计提比例设置

（9）单击“下一步”按钮，打开“分摊构成设置”对话框，分别选择分摊构成的各个项目内容，如图 4-40 所示。

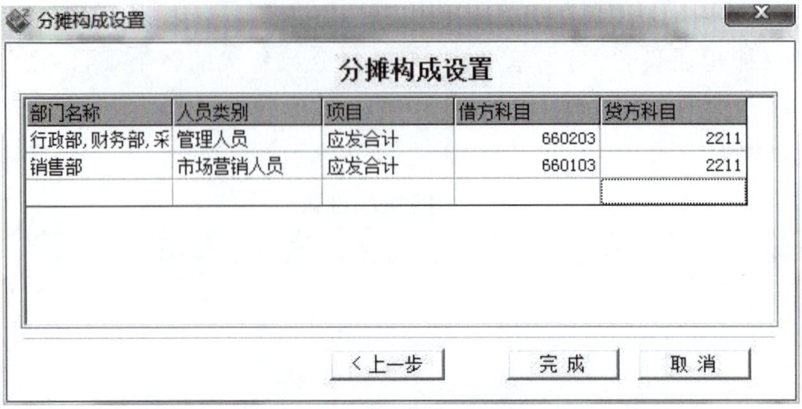

图 4-40　工会经费分摊构成设置

(10)单击“完成”按钮。返回“分摊类型设置”对话框,如图 4-41 所示。

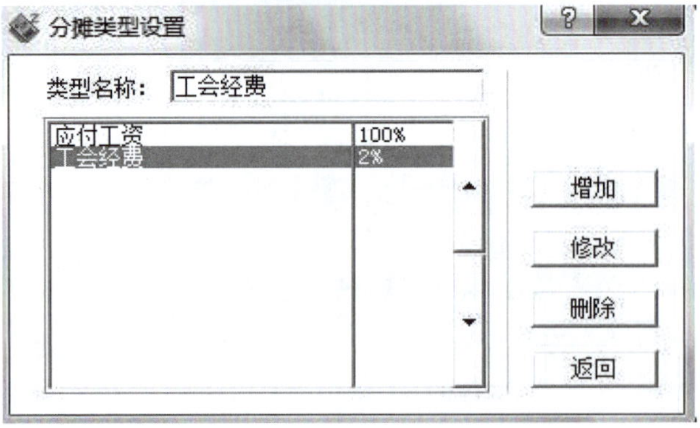

图 4-41　“分摊类型设置”对话框

(11)单击“返回”按钮,返回“工资分摊”对话框。

任务指导

(1)所有与工资相关的费用及基金均需建立相应的分摊类型名称及分摊计提比例。

(2)不同部门和相同人员类别可以设置不同的分摊科目。

(3)不同部门和相同人员类别在设置时,可以一次选择多个部门。

二　工资分摊业务处理

2021 年 1 月 31 日分摊 2021 年 1 月的工资并生成记账凭证。

任务流程

(1)执行“工资”→“业务处理”→“工资分摊”命令,打开“工资分摊”对话框。

(2)分别勾选“应付工资”和“工会经费”复选框,选择所有部门,勾选“明细到工资项目”复选框,如图 4-42 所示。

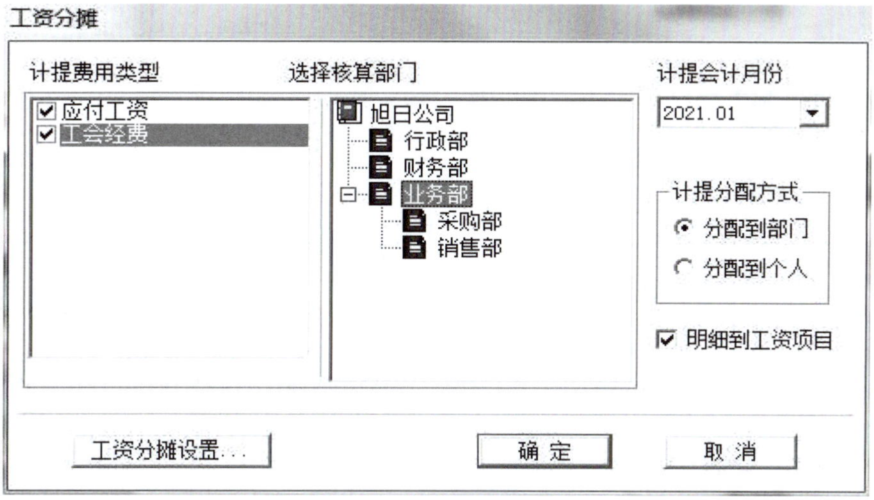

图 4-42 工资分摊设置

(3)单击“确定”按钮，进入“应付工资一览表”窗口，如图 4-43 所示。

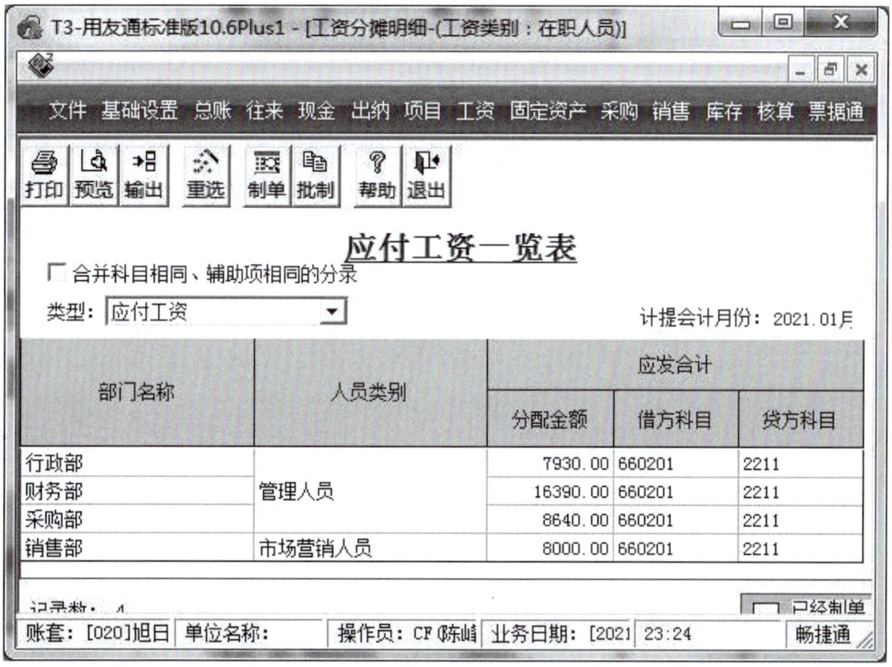

图 4-43 应付工资一览表

(4)单击“制单”按钮，生成应付工资分摊的转账凭证，选择凭证类别为“转账凭证”，制单日期修改为“2021.01.31”，单击“保存”按钮，如图 4-44 所示。

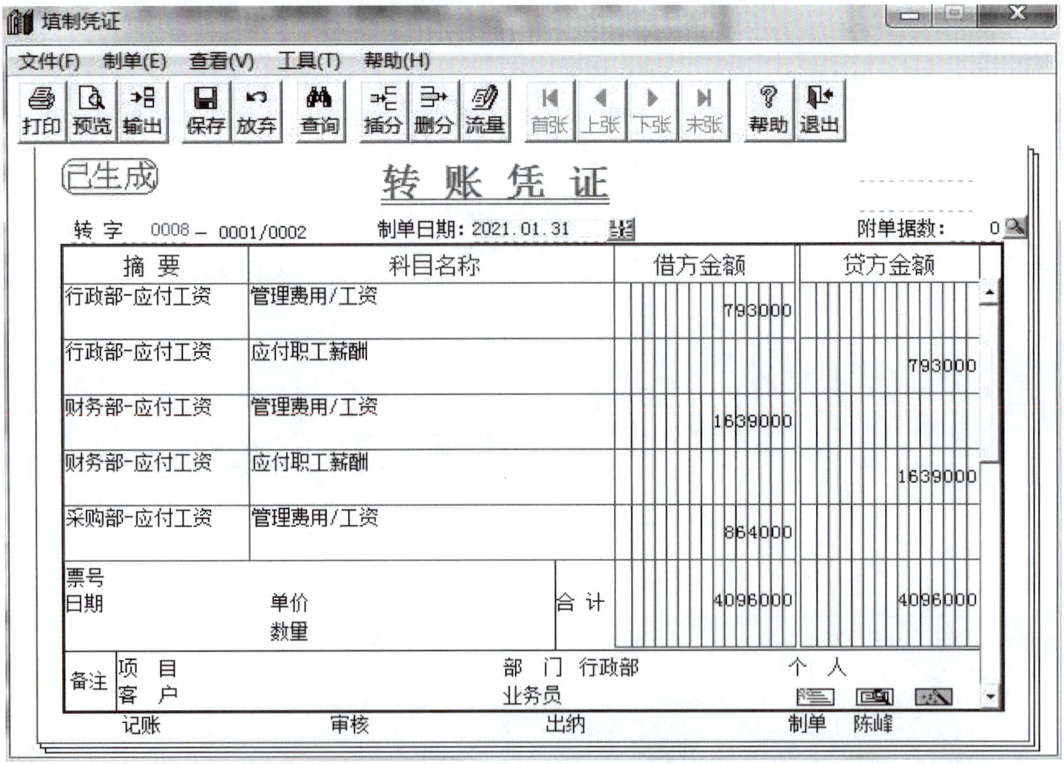

图 4-44 工资分摊的转账凭证

(5)单击“退出”按钮，返回“应付工资一览表”窗口。

(6)进入“应付工资一览表”窗口，单击“类型”栏下拉按钮，选择“工会经费”，勾选“合并科目相同、辅助项相同的分录”复选框，如图 4-45 所示。

部门名称	人员类别	应发合计				
		计提基数	计提比例	计提金额	借方科目	贷方科目
行政部	管理人员	7930.00	14.00%	1110.20	660203	2211
财务部		16390.00	14.00%	2294.60	660203	2211
采购部		8640.00	14.00%	1209.60	660203	2211
销售部	市场营销人员	8000.00	14.00%	1120.00	660103	2211

图 4-45 工会经费一览表

(7)单击“制单”按钮，生成工会经费分摊的转账凭证，选择凭证类别为“转账凭证”，制单日期修改为“2021.01.31”，单击“保存”按钮，如图 4-46 所示。

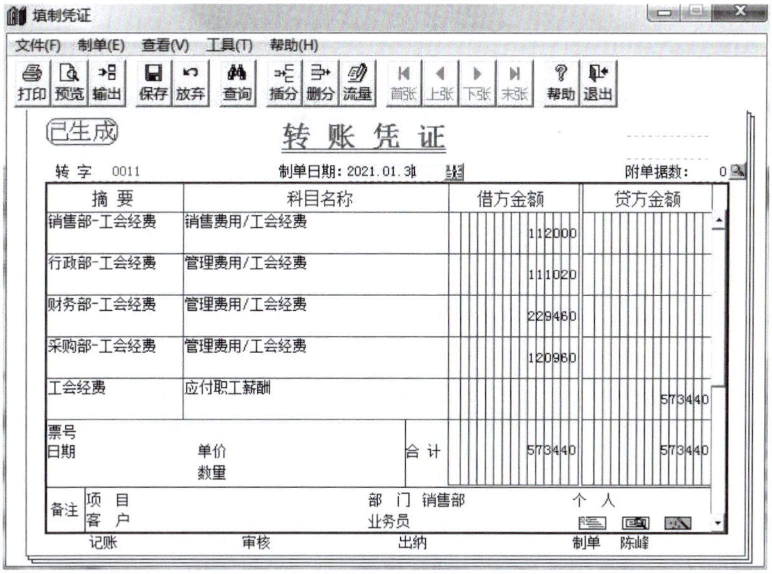

图 4-46　工会经费分摊的转账凭证

任务指导

(1)工资分摊应按分摊类型依次进行，生成的凭证在自动传递到总账后，需要进行审核和记账。

(2)在进行工资分摊时，如果不勾选“合并科目相同、辅助项相同的分录”，则在生成凭证时将每一条分录都对应一个贷方科目；如果单击“批制”按钮，可以一次将所有本次参与分摊的“分摊类型”所对应的凭证全部生成。

三 月末处理

进行 2021 年度 1 月月末处理，月末处理时不进行清零处理。

任务流程

(1)执行“工资”→“业务处理”→“月末处理”命令，或直接单击“月末处理”按钮，打开“月末处理”对话框，如图 4-47 所示。

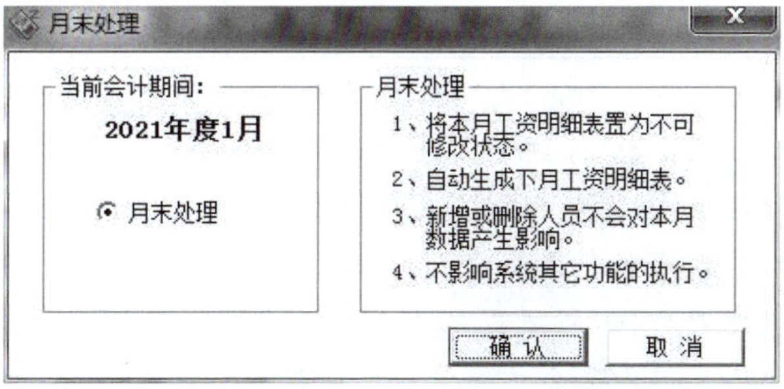

图 4-47　月末处理

(2)单击“确认”按钮,系统弹出“月末处理之后,本月工资将不许变动!继续月末处理吗?”信息提示对话框,如图 4-48 所示。

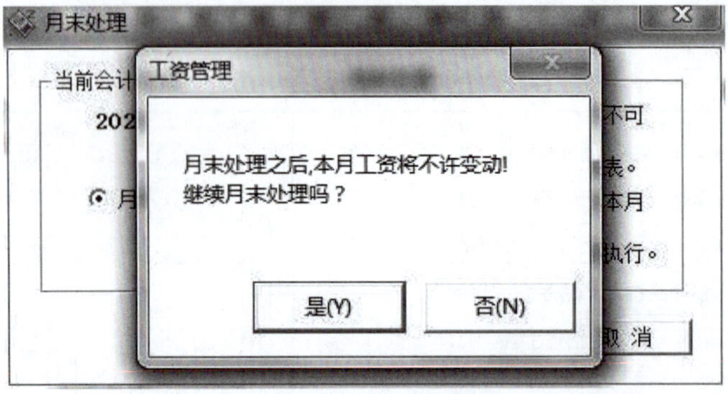

图 4-48 月末处理提示

(3)单击“是”按钮,系统弹出“是否选择清零项?”信息提示对话框,如图 4-49 所示。

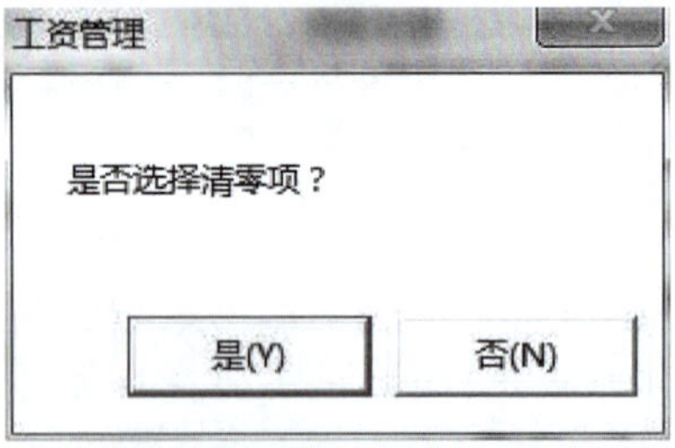

图 4-49 是否清零提示

(4)单击“否”按钮,系统弹出“月末处理完毕!”信息提示对话框,如图 4-50 所示。

图 4-50 月末处理完成提示

(5)单击“确定”按钮。

任务指导

(1)月末处理只有在会计年度的 1 月至 11 月进行。

(2)如果处理多个工资类别,应打开工资类别,分别进行月末处理。

(3)如果本月工资未汇总,系统将不允许进行月末处理。

(4)进行月末处理后,当月数据将不再允许变动。

(5)月末处理功能只有账套主管才能执行。

(6)在进行月末处理后,如果发现还有一些业务或其他事项要在已进行月末处理的月份进行账务处理,可以由账套主管使用反结账功能,取消已结账标记。

四 凭证查询

查询 2021 年 1 月所填制的工资分摊的记账凭证。

任务流程

(1)执行“工资”→“统计分析”→“凭证查询”命令，打开“凭证查询”对话框。

(2)选择所要查询的起始月份和终止月份，显示查询期间的凭证列表，如图 4-51 所示。

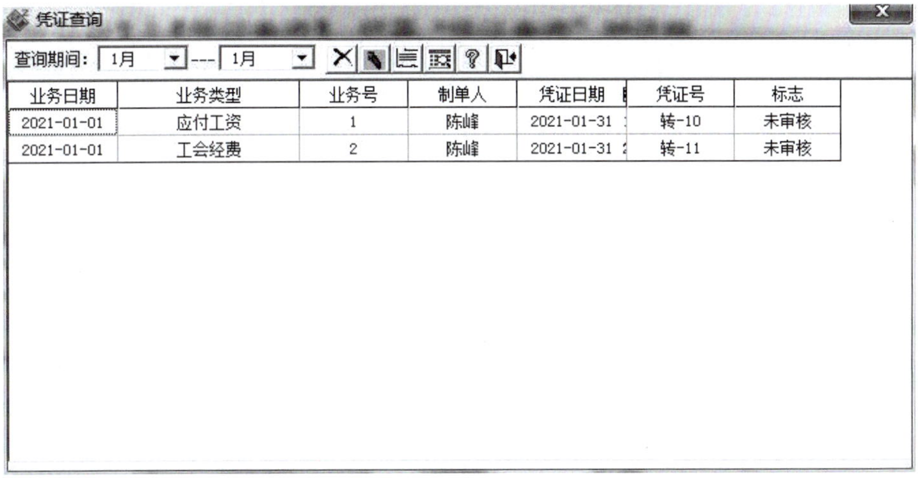

业务日期	业务类型	业务号	制单人	凭证日期	凭证号	标志
2021-01-01	应付工资	1	陈峰	2021-01-31	转-10	未审核
2021-01-01	工会经费	2	陈峰	2021-01-31	转-11	未审核

图 4-51 “凭证查询”对话框

任务指导

(1)选中 1 张凭证，单击删除按钮，为“未审核”的凭证。

(2)单击冲销按钮，则可对当前标志为“记账”的凭证，进行红字冲销操作，自动生成与原凭证相同的红字凭证。

(3)单击单据按钮，显示生成凭证的原始凭证。

(4)单击凭证按钮，显示单张凭证。

五 凭证审核记账

月末以操作员“WDM 吴东妹”身份对工资系统生成的凭证进行审核并记账。

任务流程

参照总账系统中的凭证审核记账方法。

任务实训

工资系统初始化

【实验准备】

已经完成了之前任务实训的操作。引入配套资料中的“T3-3”账套。以操作员“LN 刘宁”身份于2021年1月31日注册进入“[030]哈百丽公司”账套。

【实验要求】

(1)建立工资账套。

(2)基础设置。

(3)设置工资项目。

(4)设置人员档案。

(5)设置计算公式。

【实验资料】

1. 030账套工资系统参数

以操作员“LN 刘宁”身份于2021年1月31日注册进入“[030]哈百丽公司”账套建立工资账套。工资类别为“单个”,工资核算本位币为“人民币”,从工资中代扣所得税,进行扣零设置且扣零到元,人员编码长度为5位,工资系统的启用日期为“2021年1月1日”。

2. 人员附加信息

人员的附加信息为“学历”和“技术职称”。

3. 工资项目

表4-7　　工资项目表

工资项目名称	类型	长度	小数	增减项
基本工资	数字	8	2	增项
职务补贴	数字	8	2	增项
福利补贴	数字	8	2	增项
交通补贴	数字	8	2	增项
奖金	数字	8	2	增项
缺勤扣款	数字	8	2	减项
住房公积金	数字	8	2	减项
缺勤天数	数字	4	1	其他

4. 银行名称

银行名称为“建设银行”,账号长度为11位,输入时自动带出的账号长度为8位。

5. 人员类别

人员类别为管理人员、采购人员、销售人员和车间管理人员。

6. 人员档案

表 4-8　人员档案表

职员编号	人员姓名	所属部门	人员类别	银行代发帐号	学历	技术职称
00001	张同	行政部	管理人员	11022033001	研究生	经济师
00002	刘宁	财务部	管理人员	11022033002	研究生	会计师
00003	李芳	财务部	管理人员	11022033003	研究生	会计师
00004	王强	财务部	管理人员	11022033004	本科	助理员
00005	赵红	采购部	管理人员	11022033005	研究生	助理员
00006	孙明	采购部	采购人员	11022033006	大专	—
00007	王佳	销售部	销售人员	11022033007	本科	—
00008	李刚	生产车间	车间管理人	11022033008	大专	—

注：代发银行为建设银行。

7. 计算公式

缺勤扣款＝基本工资/22×缺勤天数

销售人员的交通补助为 100 元，其他人员的交通补助为 30 元。

住房公积金＝(基本工资＋职务补贴十福利补贴＋交通补贴＋奖金)×0.12

8. 输入并计算汇总 1 月份的工资数据

2021 年 1 月有关的工资数据见表 4-9。

表 4-9　工资数据表

职员编号	人员姓名	所属部门	人员类别	基本工资	职务补贴	福利补贴	奖金	缺勤天数
00001	张同	行政部	管理人员	4 000.00	2 000.00	200.00	800.00	—
00002	刘宁	行政部	管理人员	3 000.00	1 500.00	200.00	800.00	2
00003	李芳	财务部	管理人员	4 000.00	1500.00	200.00	800.00	—
00004	王强	财务部	管理人员	2 800.00	1 000.00	200.00	800.00	—
00005	赵红	采购部	采购人员	1500.00	900.00	200.00	1 000.00	—
00006	孙明	采购部	采购人员	1 500.00	900.00	200.00	1 200.00	—
00007	王佳	销售部	销售人员	1 200.00	900.00	200.00	1 100.00	—
00008	李刚	生产车间	车间管理人	1 600.00	1200.00	200.00	800.00	—

9. 个人所得税设置

个人收入所得税应按“实发工资”按 3500 元的计税基数，1300 的附加费用扣除个人所得税。

10. 工资分摊

按应付工资 100%分摊，按工资总额的 2%计提工会经费。

表 4-10 工资分摊表

计提类型名称	部门名称	人员类别	借方科目	贷方科目
应付工资	行政部	管理人员	管理费用-工资(660203)	应付工资(2211)
	财务部	管理人员	管理费用-工资(660203)	应付工资(2211)
	采购部	采购人员	管理费用-工资(660203)	应付工资(2211)
	销售部	销售人员	销售费用(6601)	应付工资(2211)
	生产车间	车间管理人员	制造费用(5101)	应付工资(2211)
工会经费	行政部	管理人员	管理费用-工资(660203)	其他应付款(2241)
	财务部	管理人员	管理费用-工资(660203)	其他应付款(2241)
	采购部	采购人员	管理费用-工资(660203)	其他应付款(2241)
	销售部	销售人员	销售费用(6601)	其他应付款(2241)
	生产车间	车间管理人员	制造费用(5101)	其他应付款(2241)

11. 工资分摊

月末分摊工资并生成转账凭证，分摊明细到工资项目。

12. 月末处理(不清零)

13. 凭证审核

以操作员“WQ 王强”身份于 2021 年 1 月 31 日登录“[030]哈百丽公司”账套，在总账系统中对由工资系统生成的凭证进行审核并记账。

项目五
固定资产管理

“学习目标”

知识目标

了解固定资产管理系统的基本功能；了解固定资产账套的内容及作用；熟悉固定资产管理系统的业务流程；掌握固定资产管理系统初始设置的主要内容；掌握固定资产管理系统日常业务处理的基本方法；掌握固定资产折旧的处理过程。

能力目标

能进行固定资产管理系统的初始化设置；能进行固定资产增加、减少、变动的处理；能正确进行折旧的计算与计提。

固定资产管理
系统初始化

任务一　固定资产管理系统初始化

固定资产管理系统初始化的内容主要包括建立固定资产账套、设置折旧对应科目、设置资产类别、设置固定资产增减方式和输入固定资产原始卡片。

任务导入

旭日公司自2021年1月开始使用用友T3管理软件，对企业的固定资产进行管理。现在需要尽快了解应如何将现有的固定资产信息输入到计算机中，以便对固定资产的日常业务进行处理。

一　建立固定资产账套

引入配套资料中“固定资产”文件夹中的数据，并建立固定资产账套。固定资产子账套的启用月份为“2021年1月”；固定资产折旧采用“平均年限法（一）—按月计提折旧”，折旧汇总分配周期为“1个月”；当“月初已计提折旧月份＝可使用月份－1”时，要求将剩余折旧全部提足。固定资产编码方式为“2111”，固定资产编码方式采用自动编码，编码方式为“类别编码＋序号”；序号长度为“5”。固定资产系统要求与总账系统进行对账；固定资产对账科目为“1601 固定资产”，累计折旧科目为“1602 累计折旧”；在对账不平的情况下允许结账。

任务流程

（1）以账套管理员“CF 陈峰”身份于2021年1月31日登录“[020]旭日公司”账套。进入“T3用友通标准版10.6Plus1”窗口，单击“固定资产”按钮。系统弹出“这是第一次打开此账套，还未进行过初始化，是否进行初始化?”信息提示对话框，如图5-1所示。

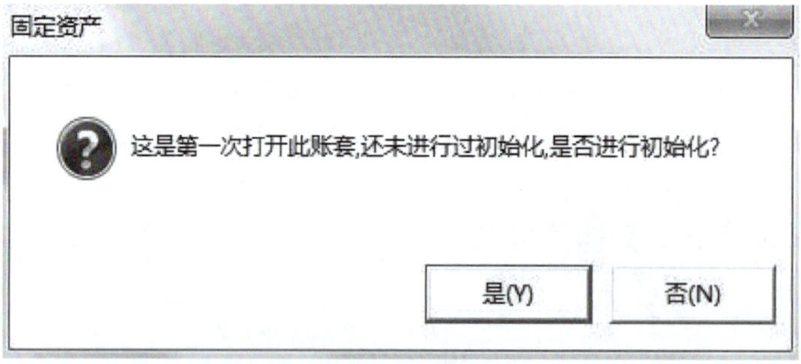

图5-1　是否进行初始化的提示

（2）单击“是”按钮，打开“固定资产初始化向导（约定及说明）”对话框，如图5-2所示。

（3）单击“我同意”单选按钮，单击“下一步”按钮，打开“固定资产初始化向导（启用月份）”对话框，如图5-3所示。

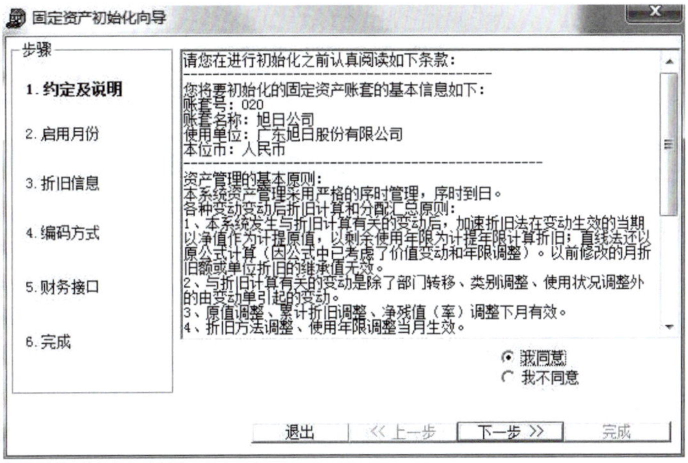

图 5-2　固定资产初始化向导(约定及说明)

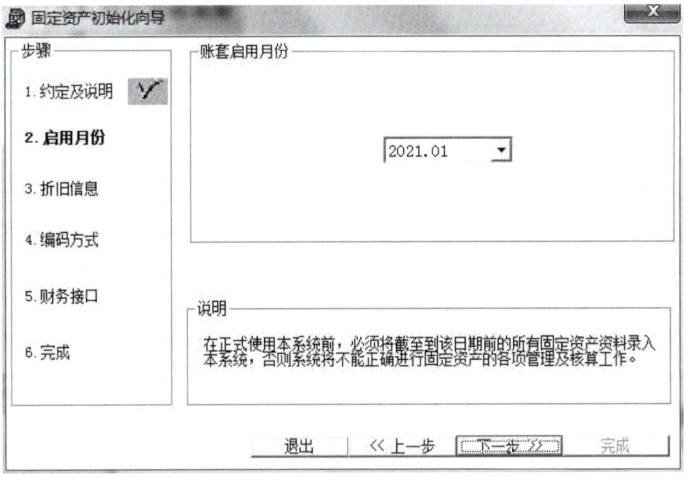

图 5-3　固定资产初始化向导(启用月份)

(4)单击“下一步”按钮，打开“固定资产初始化向导(折旧信息)”对话框，如图 5-4 所示。

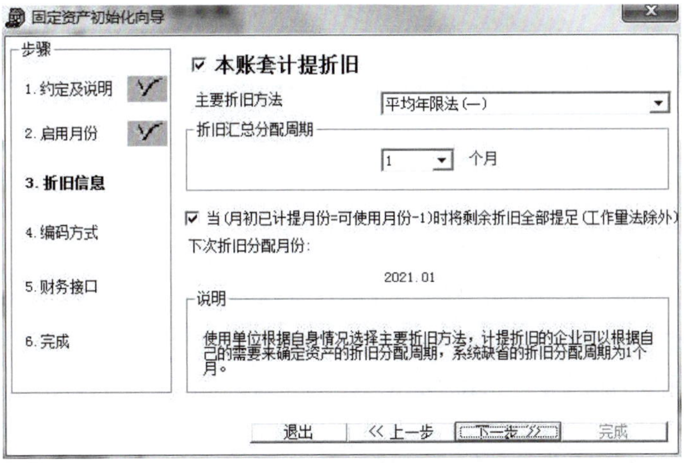

图 5-4　固定资产初始化向导(折旧信息)

(5)单击“下一步”按钮，打开“固定资产初始化向导(编码方式)”对话框，修改编码长度为“2111”，固定资产编码方式为“自动编码”，在右边的下拉按钮中选择“类别编码+序号”，序号长度为“5”，如图 5-5 所示。

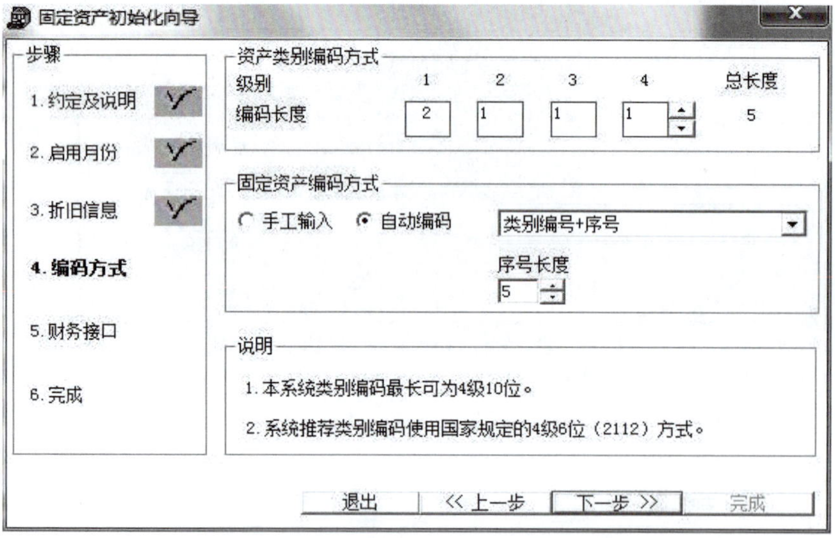

图 5-5　固定资产初始化向导(编码方式)

(6)单击“下一步”按钮，打开“固定资产初始化向导(账务接口)”对话框，如图 5-6 所示。

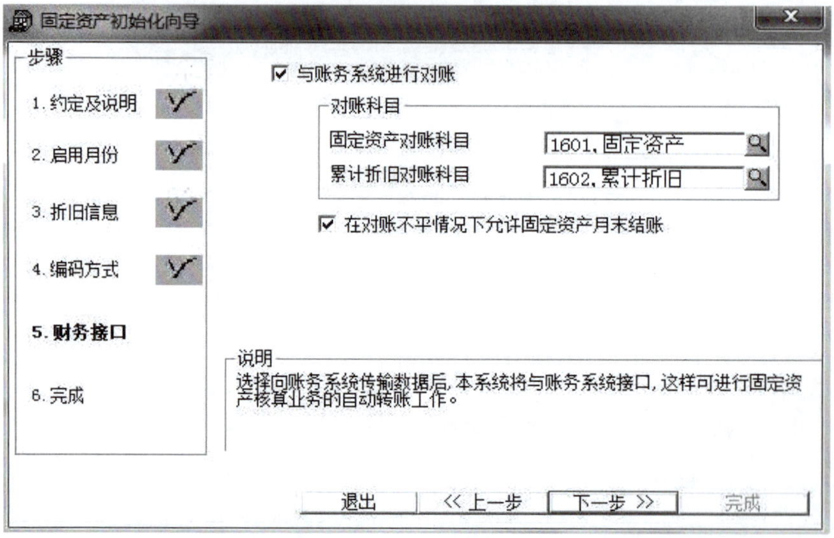

图 5-6　固定资产初始化向导(账务接口)

(7)单击“固定资产对账科目”栏参照按钮，选择“1601. 固定资产”，单击“累计折旧对账科目”栏参照按钮，选择“1602. 累计折旧”。单击“下一步”按钮，打开“固定资产初始化向导(完成)”对话框，如图 5-7 所示。

(8)单击“完成”按钮，系统弹出“已经完成了新建账套的所有设置工作。是否确定所设置的信息完全正确并保存对新账套的所有设置？”信息提示对话框，如图 5-8 所示。

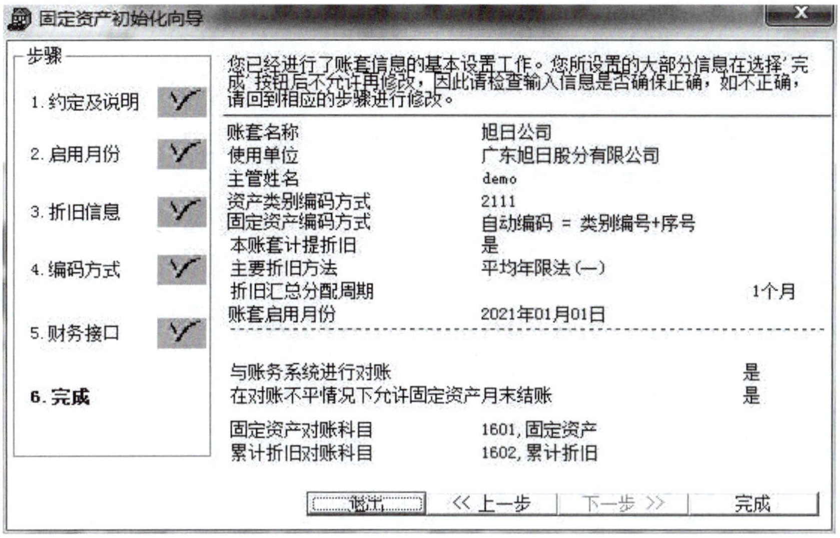

图 5-7 固定资产初始化向分(完成)

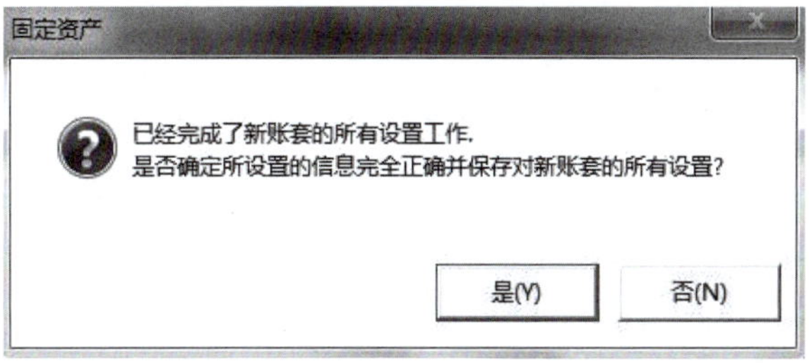

图 5-8 完成新建账套设置后的提示

(9)单击“是”按钮，系统弹出“已成功初始化本固定资产账套！”信息提示对话框，如图 5-9 所示。

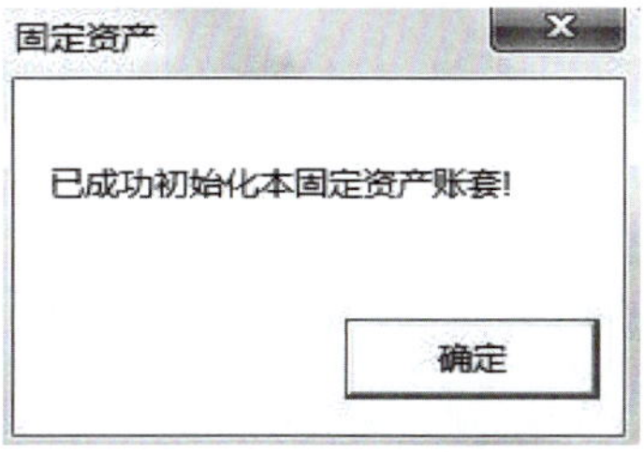

图 5-9 初始化成功提示

(10)单击“确定”按钮，进入固定资产系统。

任务指导

(1)在启动固定资产系统前应先在系统管理中设置相应的账套。

(2)打开“固定资产初始化向导(折旧信息)”对话框，“本账套计提折旧”选项是需要选定本账套是否计提折旧。按照制度规定，行政事业单位的固定资产不计提折旧，而企业的固定资产则应计提折旧，一旦选择不计提折旧，则账套内所有与折旧有关的功能均不能操作，该选项在初始化设置完成后不能进行修改。

(3)系统设置了6种常用折旧方法，选择折旧方法以便在资产类别设置时自动带出。对具体的固定资产可以重新定义折旧方法。

(4)当"月初已计提月份=可使用月份-1"时，将剩余折旧全部提足(工作量法除外)，如果选中该项，则除工作量法外，只要上述条件满足，该月的月折旧额=净值-净残值，并且不能手工修改；如果不选该项，则该月不提足折旧并且可以手工修改，但是如果以后各月按照公式计算的月折旧额是负数时，认为公式无效，令月折旧率=0，月折旧额=净值-净残值。

(5)建账完成后，当需对账套中的某些参数进行修改时，可以执行"固定资产"→"设置"→"选项"命令重新设置。

二 设置与折旧对应的会计科目

与折旧对应的科目见表5-1。

表5-1　　部门对应折旧表

部门名称	折旧科目
行政部	管理费用—折旧费(660204)
财务部	管理费用—折旧费(660204)
采购部	管理费用—折旧费(660204)
销售部	销售费用—折旧费(660104)

任务流程

(1)执行"固定资产"→"设置"→"部门对应折旧科目"命令，进入"部门编码表"窗口，如图5-10所示。

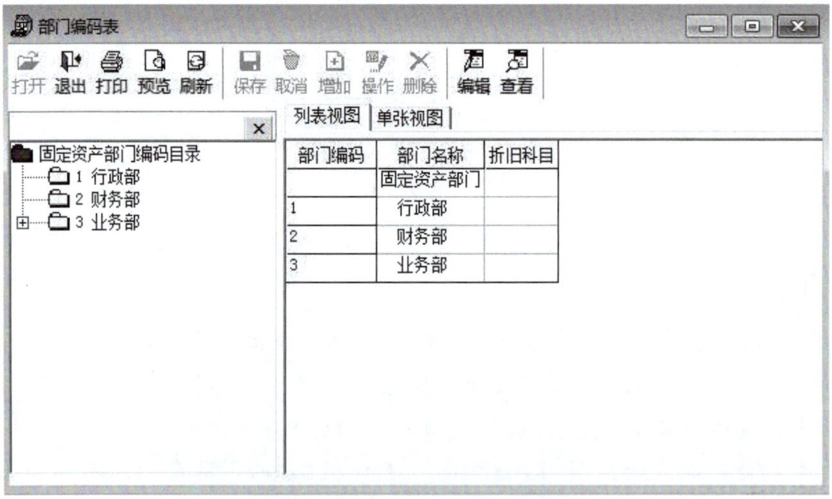

图5-10　"部门编码表"窗口

（2）单击“行政部”所在行，单击“操作”按钮，打开行政部“单张视图”选项卡。

（3）单击“折旧科目”栏对照按钮，选择“660204，折旧费”，如图 5-11 所示。

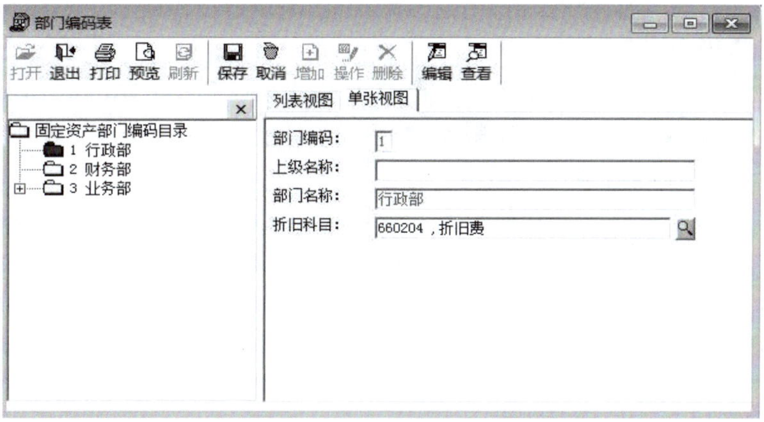

图 5-11　行政部“单张视图”选项卡

（4）单击“保存”按钮，如图 5-12 所示。

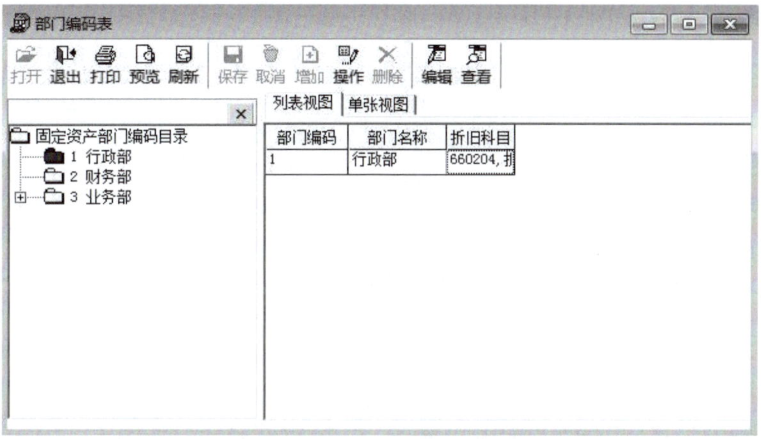

图 5-12　行政部所对应的折旧科目

（5）依此方法继续设置“财务部”和“业务部”的对应折旧科目，如图 5-13 所示。

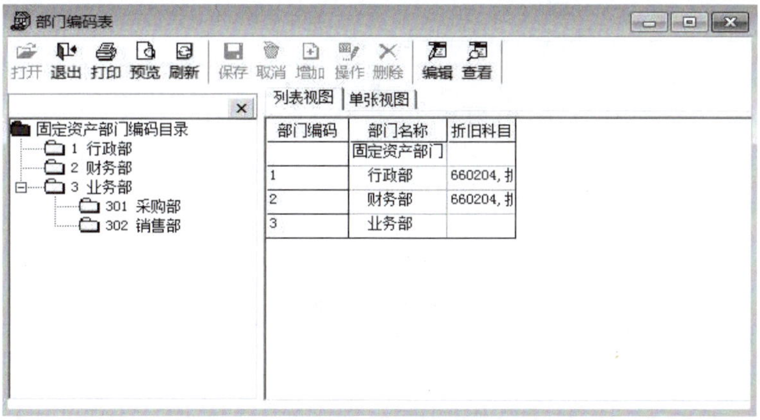

图 5-13　所有部门所对应的折旧科目

(6)单击“退出”按钮，退出。

任务指导

(1)在使用部门对应折旧科目功能前，必须已建立好部门档案。

(2)在设置上级部门的折旧科目后，其下级部门可以自动继承，下级部门也可以选择与上级部门不同的会计科目。

(3)设置对应折旧科目的目的是在企业计提固定资产折旧时，系统会根据固定资产的所属部门，直接按系统所设置的对应折旧科目生成记账凭证。

三 设置资产类别

固定资产类别见表 5-2。

表 5-2　　资产类别表

类别编码	类别名称	使用年限	净残值率	计提属性	折旧方法	卡片样式
01	建筑物	50	2%	正常计提	平均年限法(二)	通用样式
02	设备	—	—	正常计提	平均年限法(二)	通用样式
021	办公设备	5	2%	正常计提	平均年限法(二)	通用样式
022	运输设备	15	2%	正常计提	平均年限法(二)	通用样式

任务流程

(1)执行“固定资产”→“设置”→“资产类别”命令，进入“类别编码表”窗口。

(2)单击“增加”按钮，打开固定资产分类编码表“单张视图”选项卡。

(3)输入类别名称“建筑物”，使用年限“50”，净残值率“2”，如图 5-14 所示。

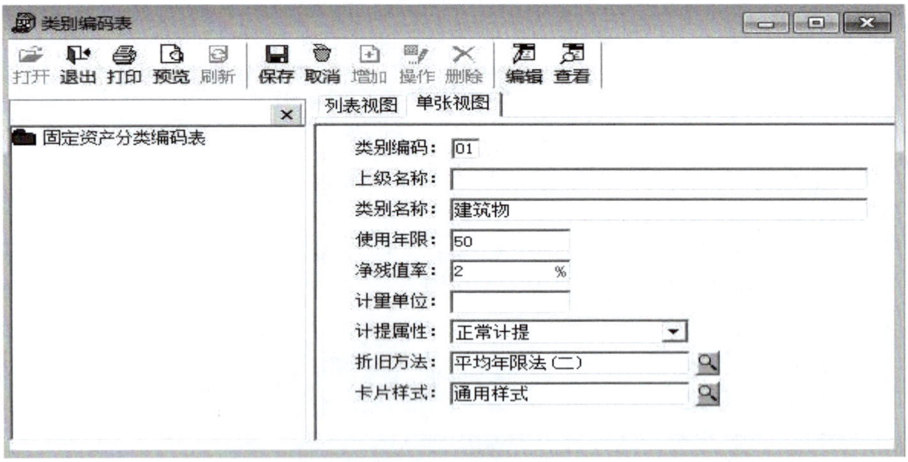

图 5-14　类别编码表“单张视图”选项卡

(4)单击“保存”按钮，系统自动增加下一个新类别。

(5)依此方法继续输入其他资产类别,如图 5-15 所示。

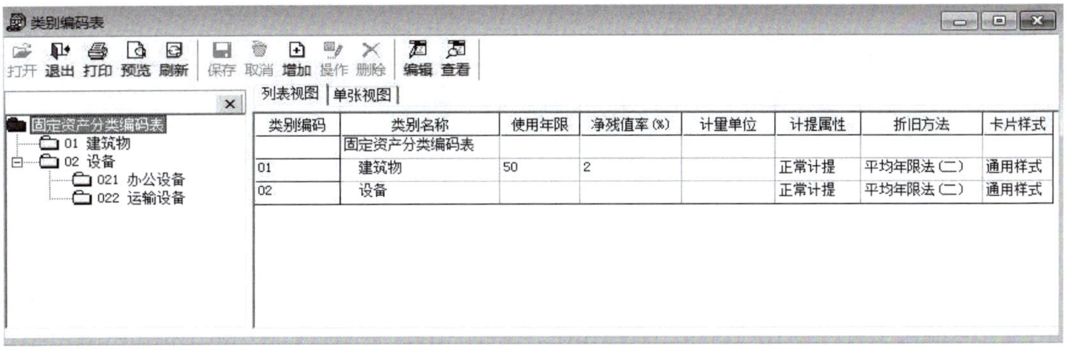

图 5-15 类别编码表

(6)单击“退出”按钮退出,系统弹出“是否保存数据”信息提示对话框,单击“否”按钮。

任务指导

(1)只有在最新会计期间时可以增加资产类别,月末结账后则不能增加。

(2)资产类别编码不能重复,同级的类别名称不能相同。

(3)类别编码、名称、计提属性和卡片样式不能为空;其他各项内容的输入是为了输入卡片方便,要缺省的内容,可以为空。

(4)要增加一级类别的二级分类时,需先退出一级类别建立窗口,单击其一级分类,单击“增加”按钮,此时类别编码会变成其二级编码结构,直接修改或增加即可。

(5)非明细类别编码不能修改和删除,明细类别编码修改时只能修改本级的编码。

(6)使用过的类别计提属性不允许删除或增加下级类别。

四 设置固定资产增减方式

固定资产的增减方式见表 5-3。

表 5-3 增减方式对应科目表

增加方式	对应入账科目	减少方式	对应入账科目
直接购入	工行存款(100201)	出售	固定资产清理(1606)
投资者投入	实收资本(4001)	投资转出	长期股权投资(1511)
在建工程转入	在建工程(1604)	报废	固定资产清理(1606)

任务流程

(1)执行“固定资产”→“设置”→“增减方式”命令,进入固定资产“增减方式”窗口,如图 5-16 所示。

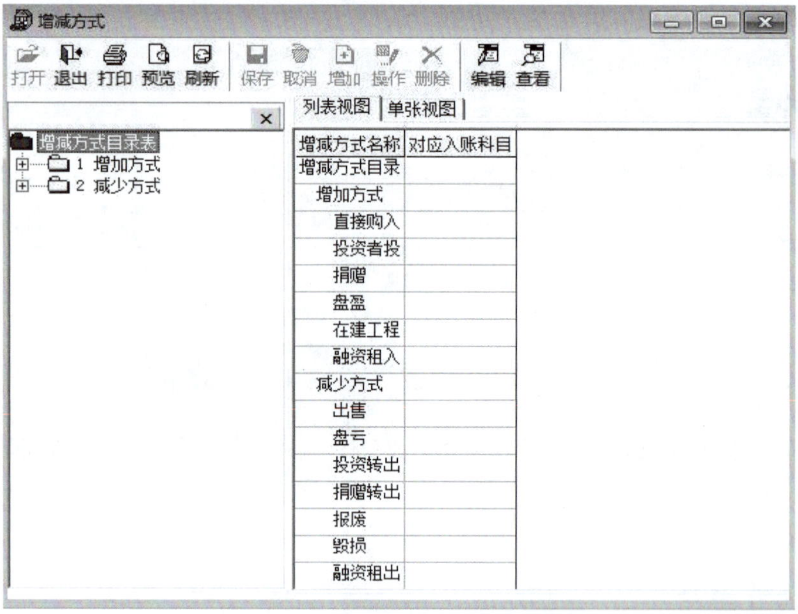

图 5-16　“增减方式”设置窗口

(2)单击“直接购入”所在行，单击“操作”按钮，打开增减方式“单张视图”选项卡。

(3)单击“对应入账科目”栏参照按钮，选择“100201，工行存款”，如图 5-17 所示。

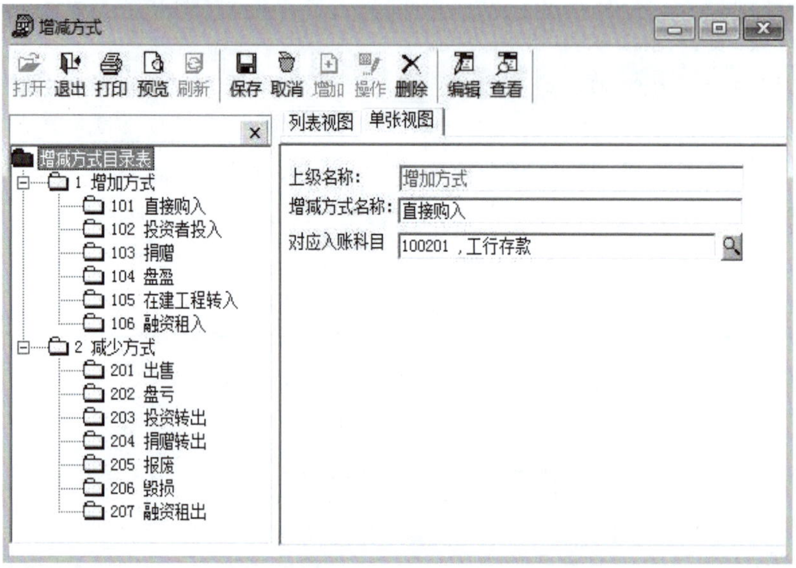

图 5-17　增减方式“单张视图”选项卡

(4)单击“保存”按钮。

(5)依此方法继续输入其他固定资产增减方式所对应的会计科目，如图 5-18 所示。

(6)单击“退出”按钮退出。

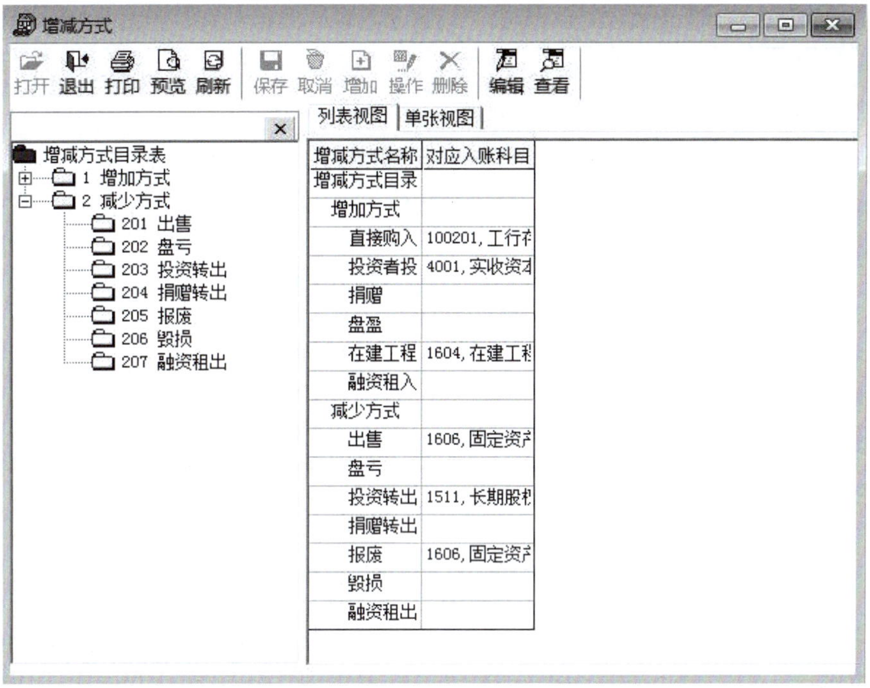

图 5-18 增减方式“列表视图”选项卡

任务指导

(1)此处所设置的对应入账科目是为了在进行增加及减少固定资产业务处理时，直接生成凭证中的会计科目。

(2)非明细级增减方式不能删除，已使用的增减方式不能删除。

(3)生成凭证时如果入账科目发生了变化，可以进行修改。

五 输入固定资产原始卡片

固定资产的原始卡片信息见表 5-4。

表 5-4 原始资产卡片

卡片编号	00001	00002
固定资产编号	02100001	02200001
固定资产名称	多功能一体机	卡车
类别编号	021	022
类别名称	办公设备	运输设备
部门名称	行政部	销售部
增加方式	直接购入	投资者投入

（续表）

卡片编号	00001	00002
使用状况	在用	在用
使用年限	5 年	15 年
折旧方法	平均年限法(二)	平均年限法(二)
开始使用日期	2019-8-12	2018-9-23
币种	人民币	人民币
原值	26 000.00	233 300.00
净残值率	2%	2%
累计折旧	1 274.00	15 242.00
对应折旧科目	660204 管理费用—折旧费	660104 销售费用—折旧费

任务流程

(1)执行“固定资产”→“卡片”→“录入原始卡片”命令，打开“资产类别参照”对话框，如图 5-19 所示。

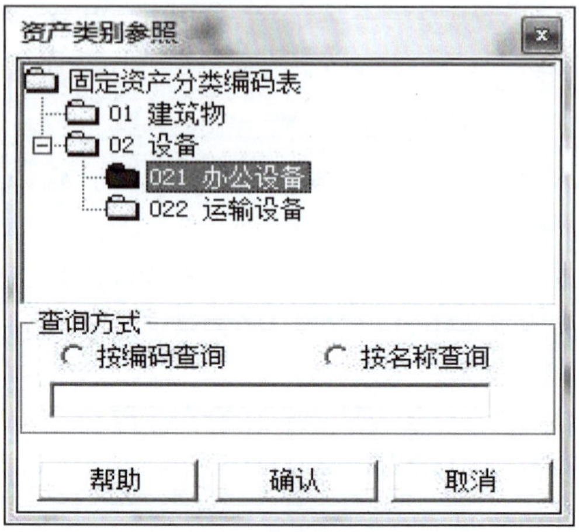

图 5-19 “资产类别参照”对话框(1)

(2)选中“02 设备”中的“021 办公设备”，单击“确认”按钮，打开“固定资产卡片[录入原始卡片:00001 号卡片]”对话框，如图 5-20 所示。

(3)在固定资产编号栏输入“02100001”，在“固定资产名称”栏输入“多功能一体机”，单击“部门名称”，出现“部门名称”按钮，单击“部门名称”按钮，打开“部门参照”对话框，单击“行政部”。

(4)单击“确认”按钮，单击“增加方式”，出现“增加方式”按钮，单击“增加方式”按钮，打开“增加方式参照”对话框，单击“直接购入”。

(5)单击“确认”按钮，单击“使用状况”，出现“使用状况”按钮，单击“使用状况”按钮，打开“使用状况参照”对话框，单击“在用”按钮。

(6)单击“确认”按钮，在“开始使用日期”栏输入“2019-8-12”。

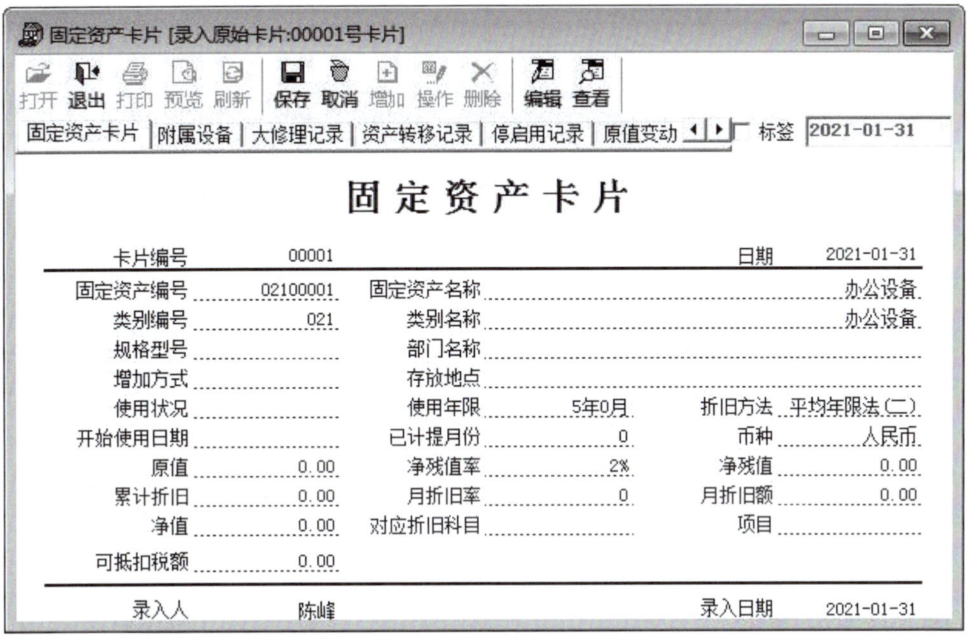

图 5-20 新增固定资产卡片

(7)在“原值”栏输入“26 000.00”。

(8)在“累计折旧”栏输入“1 274.00”，如图 5-21 所示。

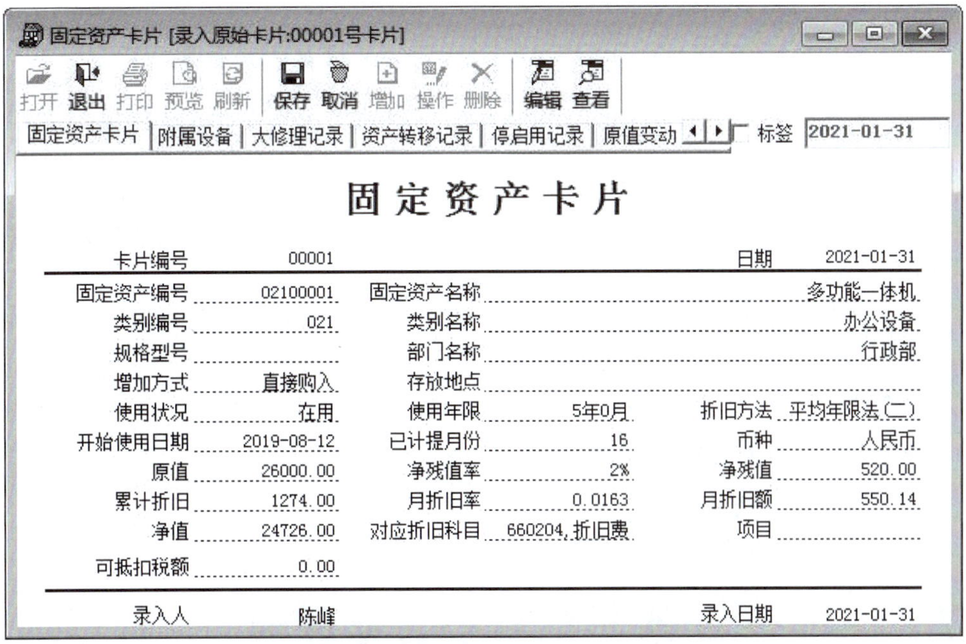

图 5-21 填制完成的固定资产卡片

(9)单击“保存”按钮，系统弹出“数据成功保存!”信息提示对话框，如图 5-22 所示。

(10)单击“确定”按钮，依此方法继续输入其他固定资产原始卡片。

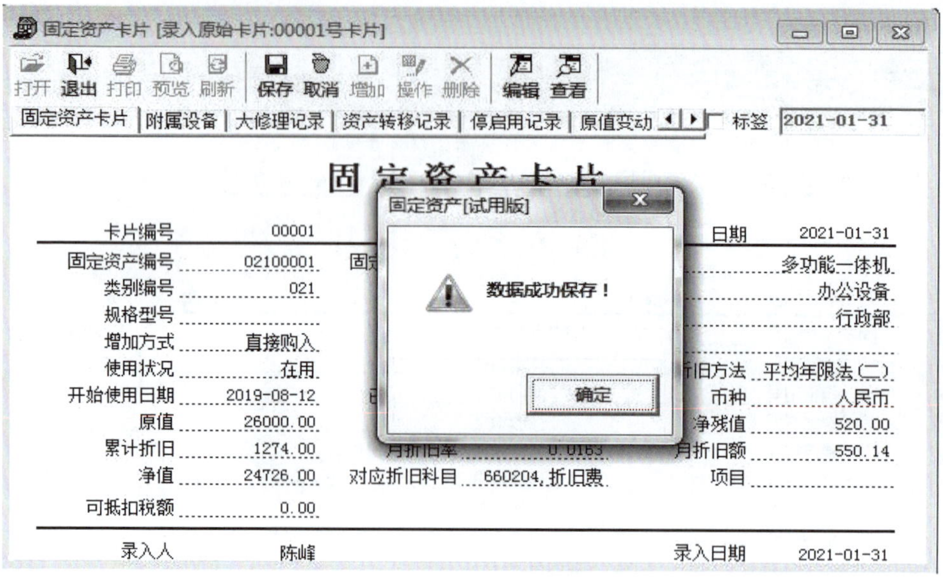

图 5-22　数据成功保存提示

任务指导

(1)卡片中的固定资产编号根据初始化或选项设置中的编码方式，可以自动编码或用户手工录入。

(2)“录入人”自动显示为当前操作员，“录入日期”为当前登录日期。

(3)与计算折旧有关的项目输入后，系统会按照输入的内容将本月应提的折旧额显示在“月折旧额”项目内，可将该值与手工计算的值进行比较，判断是否有输入错误。

(4)其他选项卡输入的内容只是为管理卡片设置，不参与计算，并且除附属设备外，其他内容在输入月结账后除“备注”外不能修改和输入，由系统自动生成。

(5)原值、累计折旧和累计工作量的输入一定要是卡片输入月的月初价值，否则将会出现计算错误。

(6)已计提月份必须严格按照该资产已经计提的月份数，不包括使用期间停用等不计提折旧的月份，否则不能正确计算折旧。

(7)开始使用日期，必须采用 YYYY-MM-DD 形式输入，其中年和月对折旧计提有影响，日不会影响折旧的计提，但是也必须输入。

(8)如果输入原值和净值，可自动计算累计折旧。

(9)对应的折旧科目，根据所选择的使用部门自动带出。

固定资产
日常业务处理

任务二　日常业务处理

固定资产日常业务处理的工作主要包括固定资产卡片管理、固定资产增减业务管理以及固定资产原值变动管理。

任务导入

旭日公司马上要使用财务管理软件对固定资产进行管理，现在需要了解在固定资产的使用过程中，如果发现固定资产卡片的信息发生了变化应该如何进行处理？当增加固定资产时又应该如何在财务管理软件中进行操作？

一 卡片查询

查询全部固定资产卡片并查询业务部的固定资产情况。

任务流程

（1）进入“T3 用友通标准版 10.6Plus1”窗口，执行“固定资产”→“卡片”→“卡片管理”命令，进入“卡片管理卡片[全部卡片，在役资产]”窗口，如图 5-23 所示。

图 5-23 “卡片管理卡片[全部卡片，在役资产]”窗口

（2）单击左侧窗口中“固定资产部门编码目录”中的“302 销售部”，在右侧窗口中显示销售部的固定资产情况，如图 5-24 所示。

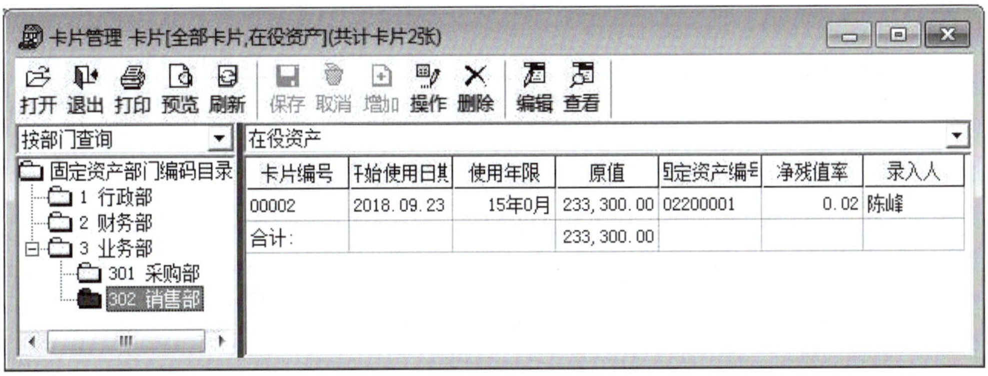

图 5-24 销售部的固定资产情况

（3）单击“退出”按钮。

任务指导

（1）按部门查询卡片可以单击左边查询条件下拉按钮，选择“按部门查询”，选择“固定资产部门编码目录”，右边显示所有在役和已减少资产状况；选择要查询的部门名称，则右侧列表显示的就是属于该部门的卡片列表，其中在役资产和已减少资产可分别显示。

（2）按类别查询卡片可以单击左边查询条件下拉按钮，选择“按类别查询”，选择“分类编码表”，右边显示所有在役和已减少资产状况；选择要查询固定资产类别，则右侧列表中显示的就是属于该类别的卡片列表，其中在役资产和已减少资产可分别显示。

（3）双击某一卡片则会打开该卡片，查看该卡片中的所有内容。

二 修改固定资产卡片

将卡片编号为“00001”的多功能一体机的折旧方式修改为“平均年限法（一）”。

任务流程

（1）进入“T3 用友通标准版 10.6Plus1”窗口，执行“固定资产”→“卡片”→“卡片管理”命令，进入“卡片管理[全部卡片]”窗口。

（2）单击“00001” 卡片所在行，执行“编辑”→“修改”命令，进入“00001”固定资产卡片窗口，如图 5-25 所示。

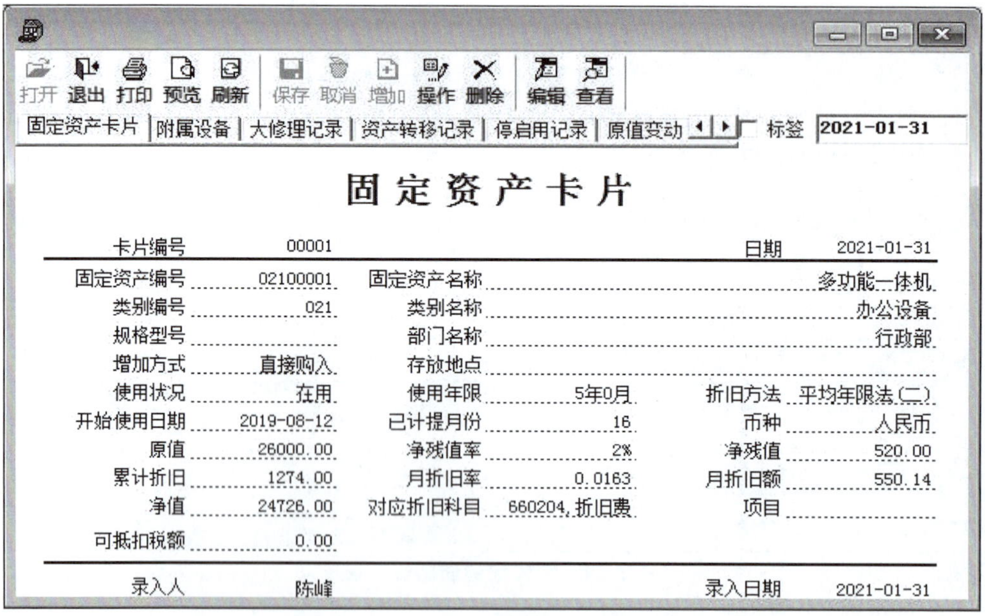

图 5-25 “00001”号固定资产卡片

(3)单击“折旧方法”按钮，打开“折旧方法参照”对话框，选中“平均年限法(一)”，如图 5-26 所示。

图 5-26 “折旧方法参照”对话框

(4)单击“确认”按钮，返回“00001”号固定资产卡片窗口。

(5)单击“保存”按钮，保存修改后的卡片内容，如图 5-27 所示。

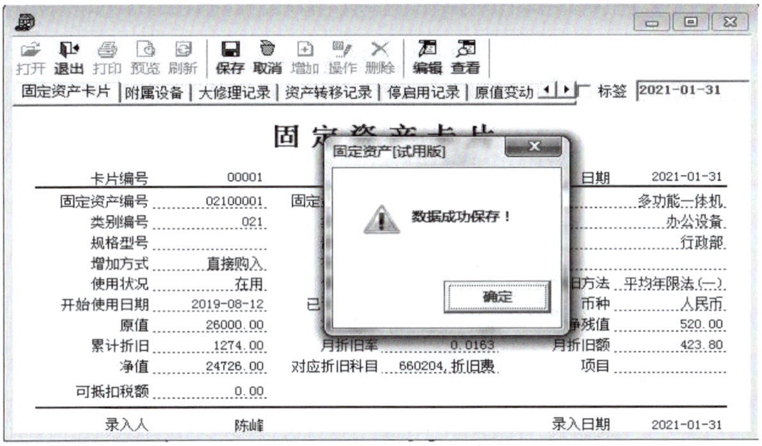

图 5-27 已修改的“00001”号固定资产卡片

(6)单击“确定”按钮。

任务指导

(1)原始卡片的原值、使用部门、工作总量、使用状况、累计折旧、净残值(率)、折旧方法、使用年限以及资产类别在没有做变动单或评估单的情况下，输入当月可以修改。如果做过变动单，只有删除变动单才能进行修改。

(2)通过“资产增加”输入系统的卡片，如果在没有制作凭证、变动单和评估单的情况下，输入当月可以修改；如果做过变动单，只有删除变动单后才能进行修改；如果已制作凭证，要修改原值或累计折旧，必须删除凭证后才能进行修改。

(3)原值、使用部门、使用状况、累计折旧、净残值(率)、折旧方法、使用年限以及资产类别在做过一次月末结账后，只能通过变动单或评估单进行调整，不能通过卡片修改功能进行变更。

(4)卡片输入当月若发现卡片输入有错误，想删除该卡片，可以通过“卡片删除”功能实现，删除后如果该卡片不是最后1张，卡片编号会保留空号。

(5)非本月输入的卡片不能删除。

(6)卡片做过一次月末结账后不能再删除，做过变动单、评估单或凭证的卡片在删除时，系统会提示先删除相关的变动单、评估单或凭证。

三 增加固定资产

2021年1月13日，通过中行转账方式销售部购买金杯小型卡车1辆，买入价153 000元，可抵扣税额19 890元，预计使用年限10年，预计净残值率为3%，采用“平均年限法(二)”计提折旧；同一天，采购部购买笔记本电脑一台用于办公，买入价5 000元，可抵扣税额650元，预计使用年限5年，预计净残值率为2%，采用“平均年限法(二)”计提折旧；将新增加的固定资产进行制单。

任务流程

(1)执行“固定资产”→“卡片”→“资产增加”命令，打开“资产类别参照”对话框，单击“02 设备”中的“022 运输设备”，如图5-28所示。

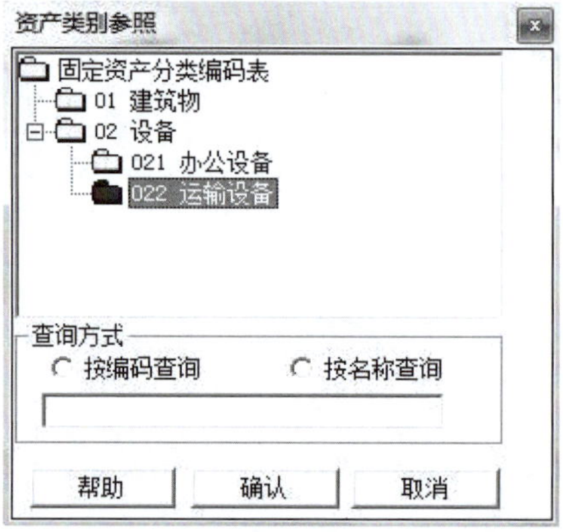

图5-28 “资产类别参照”对话框(2)

(2)单击“确认”按钮，打开“固定资产卡片[新增资产：00003号卡片]”对话框。

(3)分别输入固定资产编号“02200002”，固定资产名称“金杯小汽车”。输入或选择部门名称为“销售部”，增加方式为“直接购入”，使用状况为“在用”，开始使用日期为“2021-01-13”，原值为“153 000.00”，预计使用年限为“10”年，净残值率为“3%”，折旧方法为“平均年限法(二)”，如图5-29所示。

(4)单击“保存”按钮，系统弹出“数据成功保存!”信息提示对话框，单击“确定”按钮。

按同样方法输入其他增加的资产。

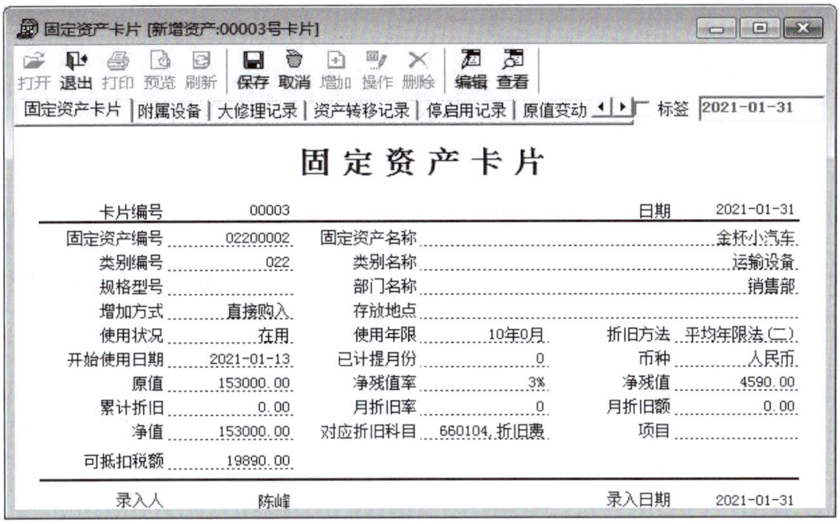

图 5-29 填制完成的 00003 号卡片

任务指导

(1)新卡片第1个月不提折旧,折旧额为空或0。

(2)原值输入一定为卡片输入月的月初价值,否则将会出现计算错误。

(3)如果输入的累计折旧、累计工作量不是“0”,说明是旧资产,该累计折旧或累计工作量的值是在进入本企业前的值。

(4)已计提月份必须严格按照该资产在其他单位已计提或估计已计提的月份数,不包括使用期间停用等不计提折旧的月份,否则不能正确计算折旧。

(5)只要卡片未被删除,就可以通过卡片管理中的“已减少资产”来查看实际减少的资产。

(5)业务制单。执行“固定资产”→“处理”→“批量制单”命令,打开“批量制单”对话框。

(6)单击“全选”按钮或双击“制单”按钮,如图 5-30 所示。

图 5-30 新增固定资产的制单设置

(7)打开“制单设置”选项卡，在第1行“科目”栏输入新增固定资产的借方科目“1601 固定资产”，如图5-31所示。

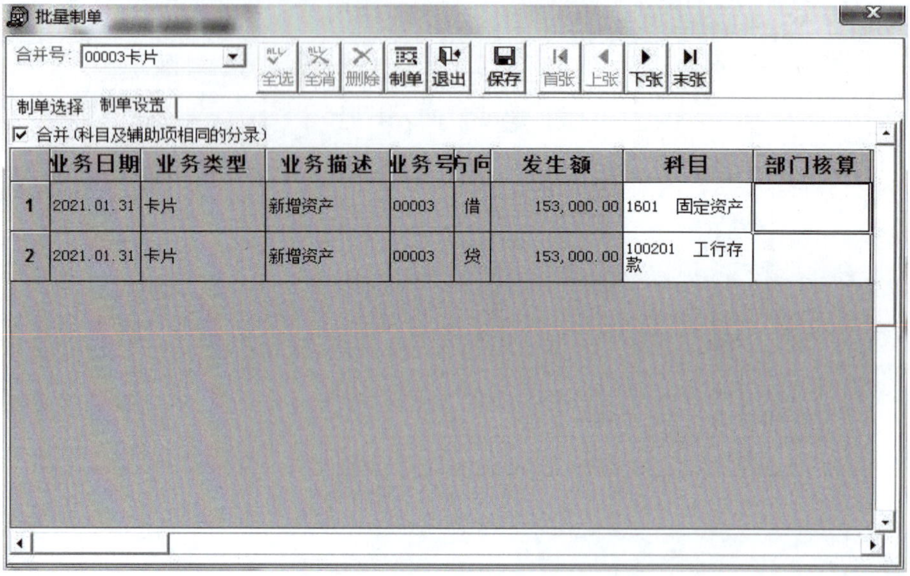

图5-31　新增固定资产的制单设置

(8)单击“下张”按钮，在第1行“科目”栏输入新增固定资产的借方科目“1601 固定资产”，单击“制单”按钮，在生成的凭证中输入摘要“增加资产”，选择凭证类别“付款凭证”，日期为“2021.01.13”。

(9)选中分录第二行，单击“插分”按钮，增加一行分录，输入科目代码“22210101”，借方金额为“19 890”。

(10)单击“保存”按钮，如图5-32所示。

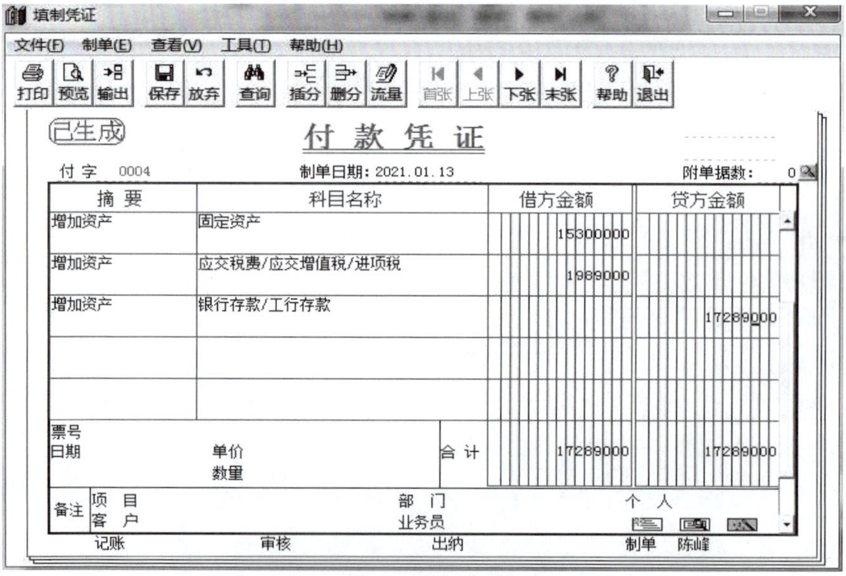

图5-32　新增固定资产的付款凭证

(11)单击“下张”按钮,参照步骤(8)～(9)的方法填写完整并生成凭证。

四 固定资产原值变动

2021 年 1 月 22 日,固定资产编号为 00002 的销售部卡车,因为增加配件使原值增加 10 000 元,通过现金支付,变动原因为“增加配件”,并制单。

任务流程

(1)执行“固定资产”→“卡片”→“变动单”→“原值增加”命令,进入“固定资产变动单”窗口,如图 5-33 所示。

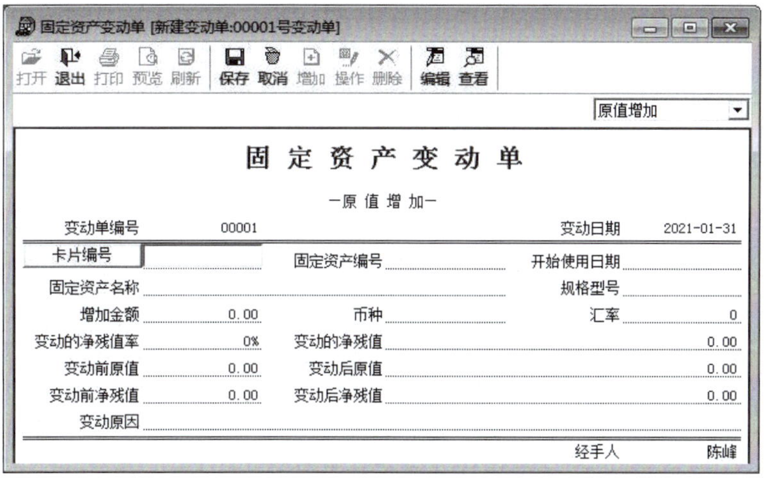

图 5-33 固定资产变动单窗口

(2)在卡片编号栏输入“00002”,系统自动显示该卡片编号的内容。“增加金额”栏输入“10 000.00”,“变动原因”栏输入“增加配件”,如 5-34 所示。

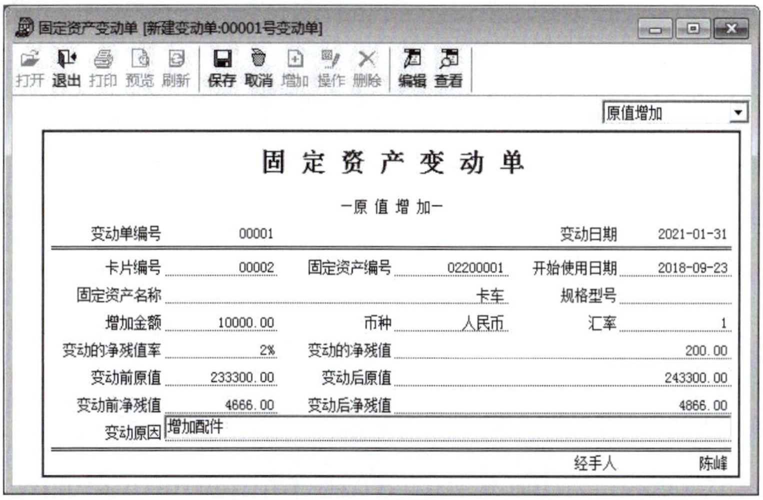

图 5-34 录入资产变动单内容

(3)单击“保存”按钮,系统弹出“数据成功保存!”信息提示对话框。如图 5-35 所示。

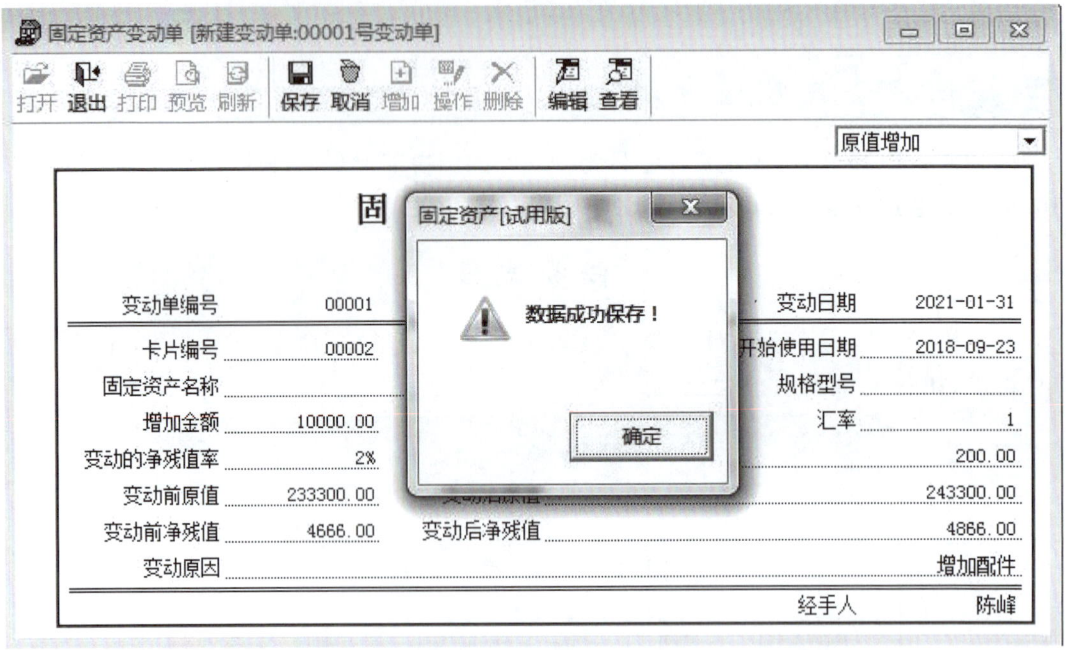

图 5-35　保存成功的资产变动单

(4)单击“确定”按钮，单击“退出”按钮。

(5)执行“固定资产”→“处理”→“批量制单”命令，打开“批量制单”对话框。

(6)单击“全选”按钮或双击“制单”按钮，如图 5-36 所示。

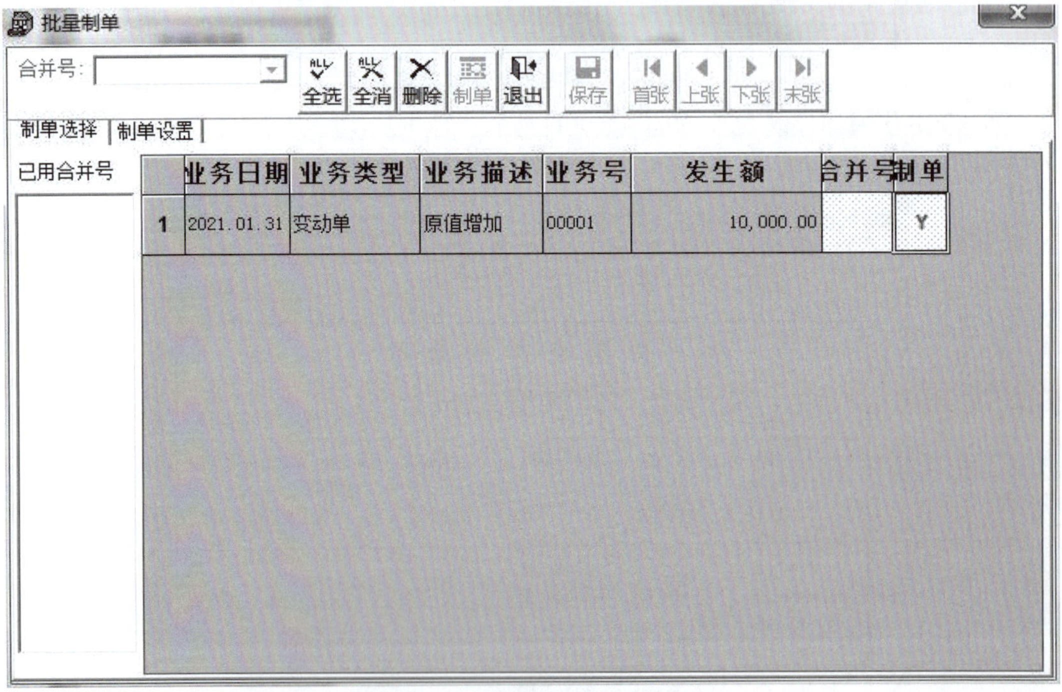

图 5-36　原值增加的制单设置

(7)打开“制单设置”选项卡，在第 1 行“科目”栏输入固定资产原值增加的借方科目

“1601 固定资产”，第 2 行贷方科目输入“1001 库存现金”，如图 5-37 所示。

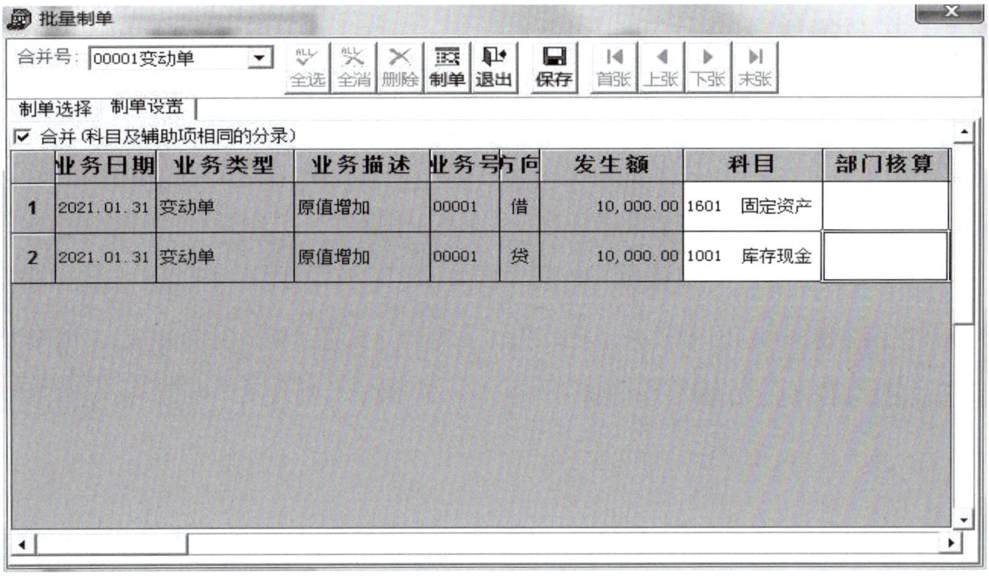

图 5-37 原值增加的制单设置

(8)单击“制单”按钮，在生成的凭证中输入摘要 “卡车增加配件”，选择凭证类别“付款凭证”，日期为“2021.01.22”。

(9)单击“保存”按钮，如图 5-38 所示。

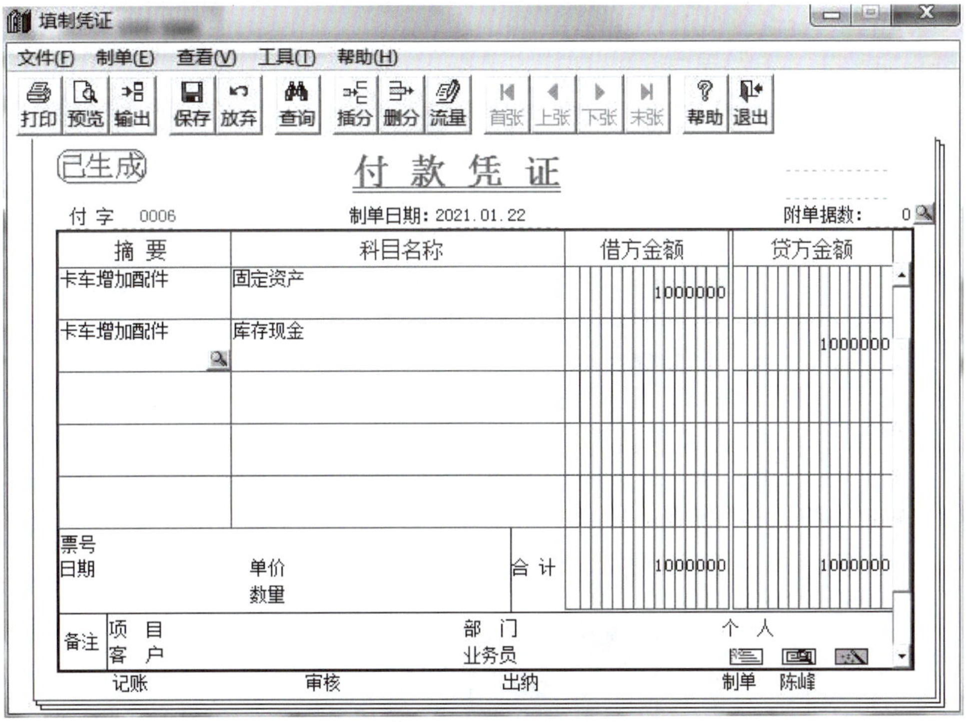

图 5-38 原值增加的付款凭证

任务指导

（1）资产变动单通过卡片编号查找。

（2）变动原因必须输入，否则卡片不能保存。

任务三　月末业务处理

在固定资产系统中，期末业务处理的工作主要包括计提折旧、制单处理、对账和结账处理。

任务导入

旭日公司现在使用财务管理软件对固定资产进行管理，固定资产的账务处理是财务部门的重要工作。现在需要了解在财务管理软件中，应如何对固定资产的增减变动及固定资产折旧计提等进行账务处理。

一 计提固定资产折旧

计提2021年1月的固定资产折旧。

任务流程

（1）执行“固定资产”→“处理”→“计提本月折旧”命令，系统弹出“本操作将计提本月折旧，并花费一定时间，是否要继续？”信息提示对话框，如图5-39所示。

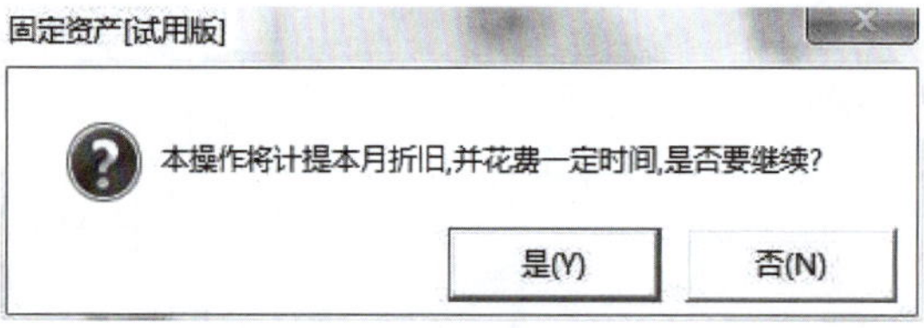

图5-39　计提折旧前的提示

（2）单击“是”按钮，系统弹出“是否要查看折旧清单？”信息提示对话框，如图5-40所示。

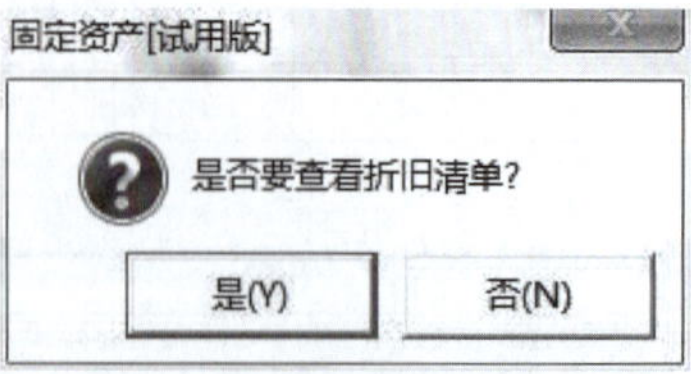

图5-40　是否要查看折旧清单的提示

（3）单击“是”按钮，打开“折旧清单”对话框，如图5-41所示。

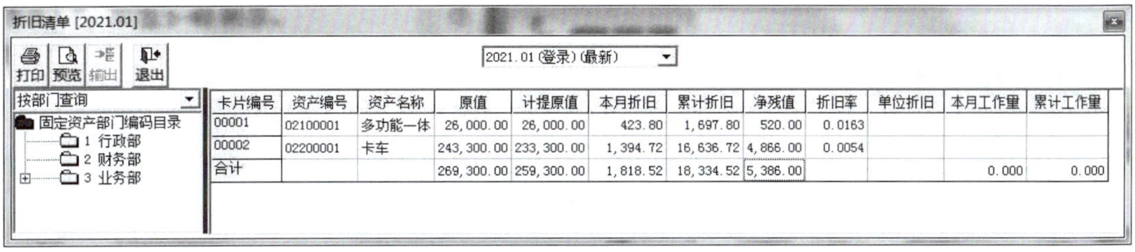

卡片编号	资产编号	资产名称	原值	计提原值	本月折旧	累计折旧	净残值	折旧率	单位折旧	本月工作量	累计工作量
00001	02100001	多功能一体	26,000.00	26,000.00	423.80	1,697.80	520.00	0.0163			
00002	02200001	卡车	243,300.00	233,300.00	1,394.72	16,636.72	4,866.00	0.0054			
合计			269,300.00	259,300.00	1,818.52	18,334.52	5,386.00			0.000	0.000

图 5-41 “折旧清单”对话框

（4）单击“退出”按钮，打开“折旧分配表”对话框，如图 5-42 所示。

部门编号	部门名称	项目编号	项目名称	科目编号	科目名称	折旧额
1	行政部			660204	折旧费	423.80
302	销售部			660104	折旧费	1,394.72
合计						1,818.52

图 5-42 折旧分配表

（5）单击“凭证”按钮，生成一张计提折旧的记账凭证，选择凭证种类为“转账凭证”，单击分录第三行的科目名称参照按钮，选择“1602 累计折旧”，单击“保存”按钮，保存计提折旧的转账凭证，如图 5-43 所示。

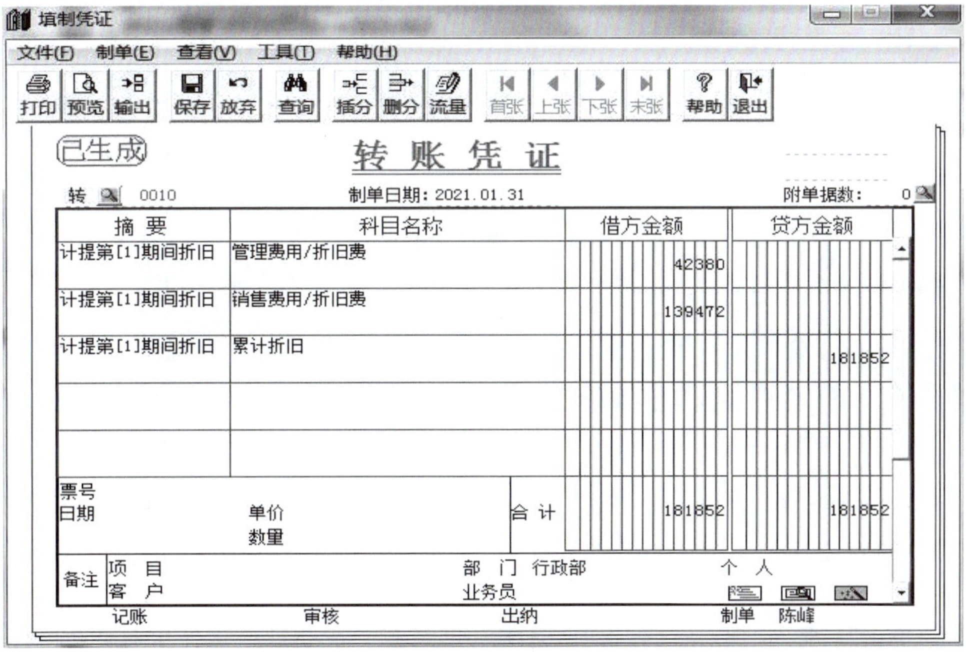

图 5-43 计提折旧的转账凭证

（6）单击“退出”按钮退出，系统提示计提折旧完成。

任务指导

(1)系统在一个会计期间内可以多次计提折旧,每次计提折旧后,只是将计提的折旧累加到月初的累计折旧中,不会重复累计。

(2)如果上次计提折旧已制单,则相当于数据已传递到账务系统,故必须删除该凭证才能重新计提折旧。

(3)计提折旧后又对账套进行了影响折旧计算或分配的操作,必须重新计提折旧,否则系统不允许结账。

(4)如果自定义的折旧方法中月折旧率或月折旧额出现负数,系统则自动终止折旧的计提。

二 减少固定资产并制单

2021年1月31日,资产卡片编号为00004的笔记本电脑,因遭遇雷击而造成资产报废,做固定资产报废处理并制单。

任务流程

(1)执行"固定资产"→"卡片"→"资产减少"命令,进入"资产减少"窗口,如图5-44所示。

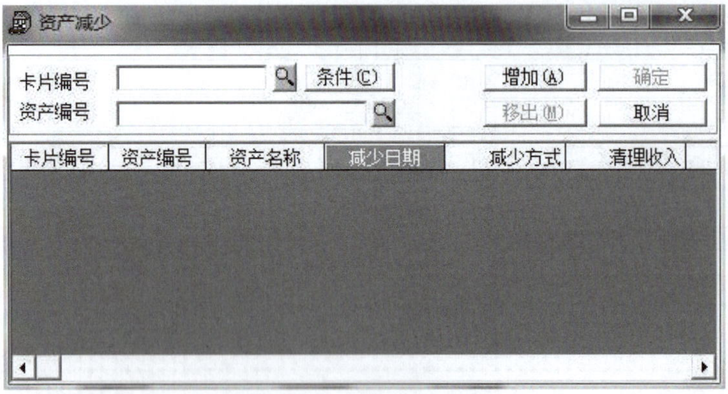

图 5-44 "资产减少"窗口

(2)在"卡片编号"栏输入"00004",单击"增加"按钮,系统自动将要减少的资产添加到要减少的列表当中,在减少方式栏,单击"参照"按钮,或手动输入"报废",如图5-45所示。

(3)单击"确定"按钮,系统弹出"所选卡片已经减少成功!"信息提示对话框,如图5-46所示。

(4)单击"确定"按钮。

(5)执行"固定资产"→"处理"→"批量制单"命令,打开"批量制单"对话框。

(6)单击"全选"按钮或双击"制单"按钮,如图5-47所示。

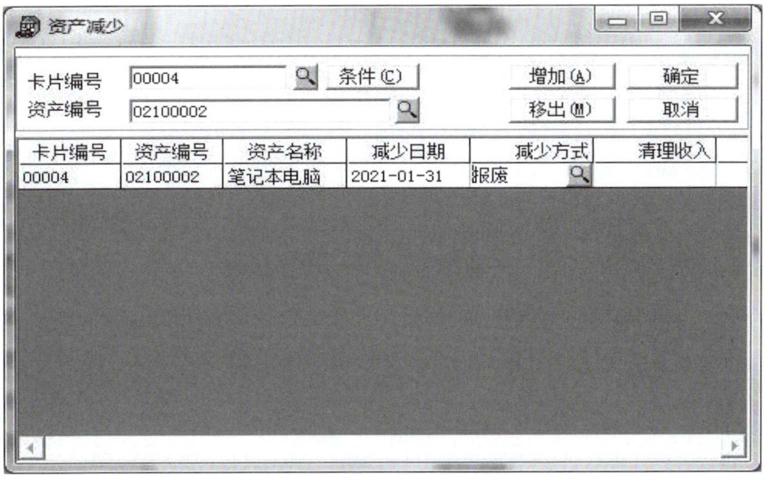

图 5-45 添加要减少的固定资产

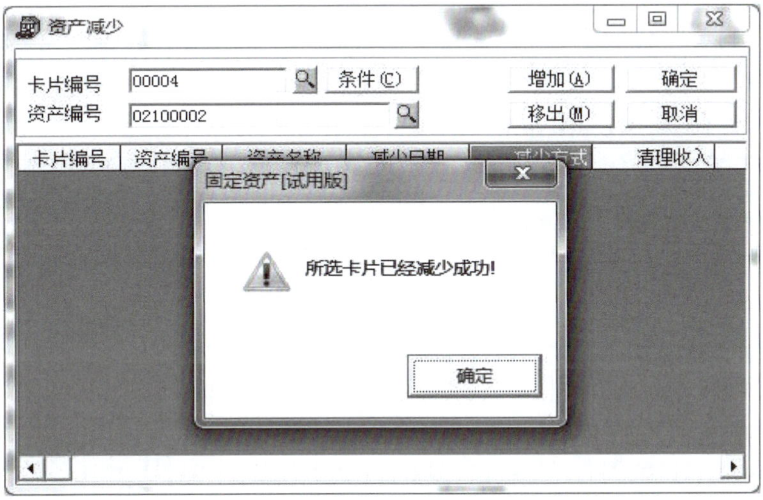

图 5-46 资产卡片减少成功

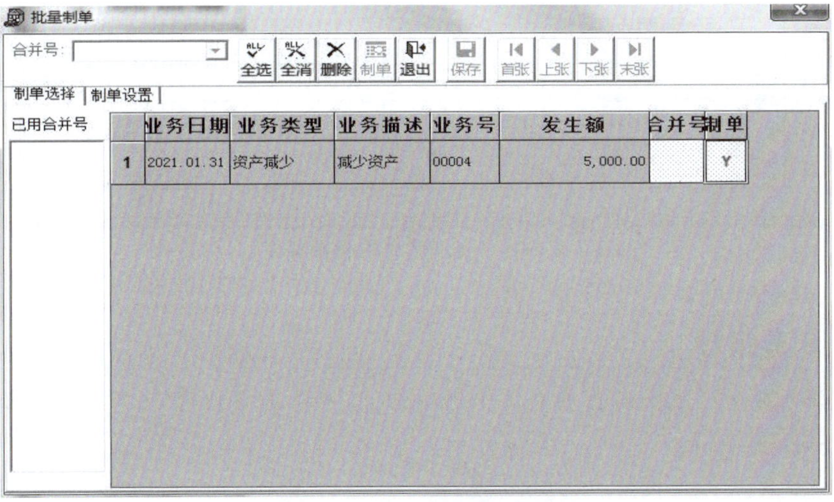

图 5-47 资产减少的制单设置

(7)打开“制单设置”选项卡，第二行贷方科目输入“1601 固定资产”，如图 5-48 所示。

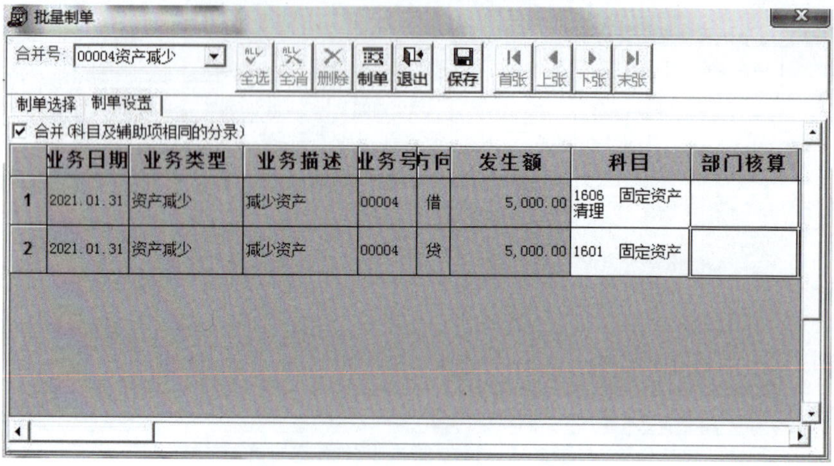

图 5-48　资产减少的制单设置

(8)单击“制单”按钮，在生成的凭证中输入摘要 “资产减少”，选择凭证类别“转账凭证”，日期为“2021.01.31”。

(9)单击“保存”按钮，如图 5-49 所示。

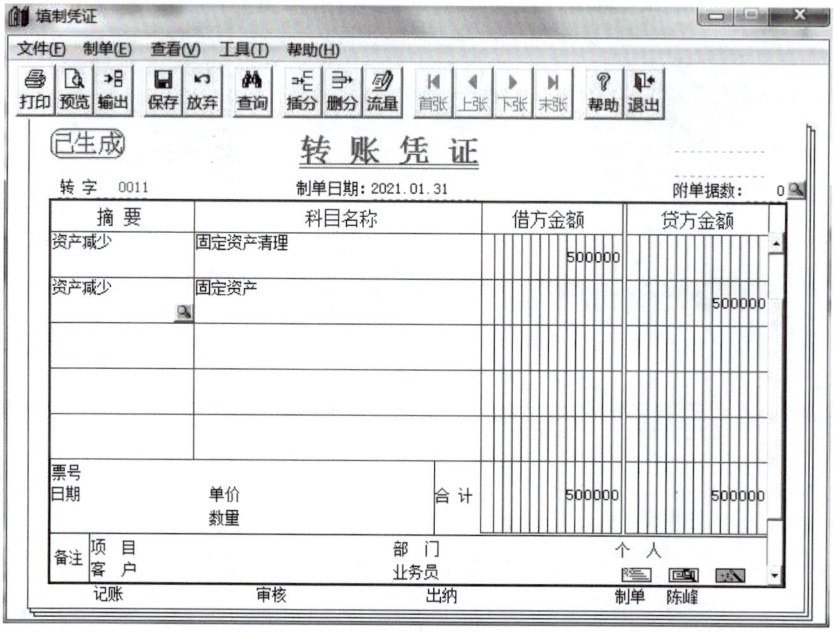

图 5-49　资产减少的付款凭证

任务指导

(1)如果在资产减少列表当中发现删除错了，可以选中该资产，单击“移出”按钮将该资产移出减少列表。

(2)减少方式必须填写。

三 对账

将固定资产系统与总账进行对账。

任务流程

(1)执行"固定资产"→"处理"→"对账"命令,打开"与账务对账结果"对话框,如图5-50所示。

图5-50 "与账务对账结果"对话框

(2)单击"确定"按钮。

任务指导

(1)账套在固定资产系统所填制的记账凭证还未在总账系统中记账,因此,固定资产系统的数据与总账系统不一致。

(2)如果对账不平,需要根据初始化时是否选中"在对账不平情况下允许固定资产月末结账"来判断是否可以进行结账处理。

(3)由于账套选择了"在对账不平情况下允许固定资产月末结账",因此,结账前可以不进行对账,即使对账不平也可以进行结账处理。

四 结账

对固定资产系统进行结账。

任务流程

(1)执行"固定资产"→"处理"→"月末结账"命令,打开"月末结账…"对话框,如图5-51所示。

(2)单击"开始结账"按钮,系统显示与账务对账结果。

(3)单击"确定"按钮,系统弹出"月末结账成功完成!"信息提示对话框,如图5-52所示。

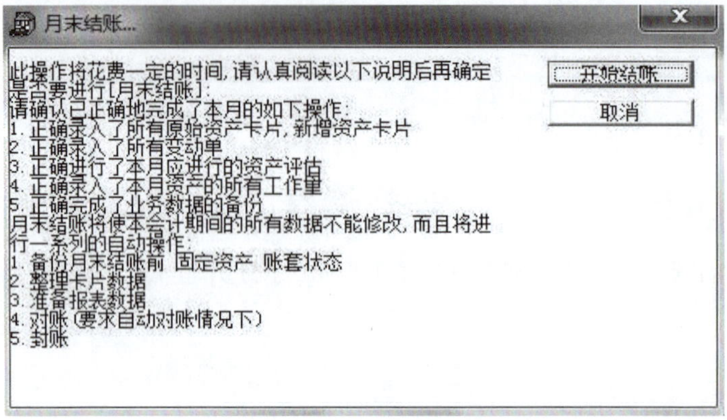

图 5-51　月末结账对话框

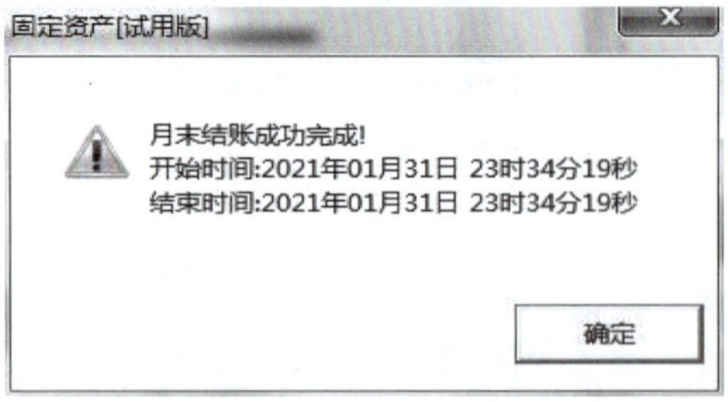

图 5-52　月末结账成功对话框

(4)单击“确定”按钮,系统弹出“本账套最新可修改日期已经更改为2021-02-01,而您现在的登录日期为2021-01-31,您不能对此账套的任何数据进行修改!”信息提示对话框,如图5-53所示。

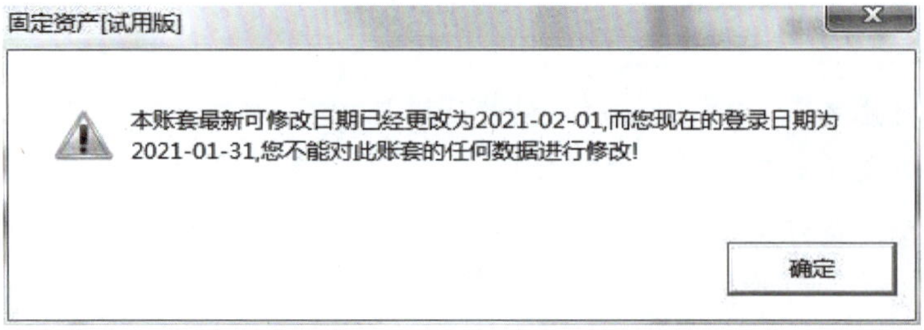

图 5-53　月末结账成功后的提示

(5)单击“确定”按钮。

任务指导

(1)本期不结账,将不能处理下期的数据,结账前一定要进行数据备份。

(2)不能跨年度恢复数据,即本系统年末结转后,不能利用本功能恢复年末结转。

五　凭证审核记账

月末以操作员“WDM 吴东妹”身份对固定资产系统生成的凭证进行审核并记账。

任务流程

参照总账系统中的凭证审核记账方法。

任务实训

固定资产系统初始化

【实验准备】

已经完成了之前任务实训的操作。引入配套资料中的"T3-4"账套，以操作员"LN 刘宁"身份于 2021 年 1 月 31 日注册进入系统管理。

【实验要求】

(1)建立固定资产子账套

(2)基础设置

(3)输入原始卡片

【实验资料】

1. 配置 030 账套固定资产系统的参数

固定资产账套的启用月份为"2021 年 1 月"，固定资产采用"平均年限法(一)"计提折旧，折旧汇总分配周期为一个月，当"月初已计提月份＝可使用月份－1"时将剩余折旧全部提足。固定资产编码方式为"2112"并采用自动编码方法，编码方式为"类别编码＋序号"，序号长度为"5"。要求固定资产系统与总账进行对账，对账科目为"1601 固定资产"，累计折旧对账科目为"1602 累计折旧"，对账不平衡的情况下允许固定资产月末结账。

2. 部门对应折旧科目

表 5-5 部门对应折旧科目表

部门名称	贷方科目
行政部	管理费用—折旧费(660204)
财务部	管理费用—折旧费(660204)
采购部	销售费用—折旧费(660204)
销售部	销售费用(6601)
生产车间	制造费用(5101)

3. 固定资产类别

表 5-6 固定资产类别表

类别编码	类别名称	使用年限	净残值率	计提属性	折旧方法	卡片样式
01	房屋及建筑物	—	—	—	平均年限法(一)	通用样式
011	办公楼	30	2%	正常计提	平均年限法(一)	通用样式
012	厂房	30	2%	正常计提	平均年限法(一)	通用样式
02	机器设备	—	—	—	平均年限法(一)	通用样式
021	办公设备	5	3%	正常计提	平均年限法(一)	通用样式

4. 固定资产增减方式

表 5-7 固定资产增减方式表

增加方式	对应入账科目	减少方式	对应入账科目
直接购入	银行存款—工行存款(100201)	出售	固定资产清理(1606)
投资者投入	实收资本(4001)	投资转出	长期股权投资(1511)
盘盈	以前年度调整损益(6901)	盘亏	待处理财产损溢(1901)
在建工程转入	在建工程(1604)	报废	固定资产清理(1606)

5. 固定资产原始卡片

表 5-8 固定资产原始卡片

卡片编号	00001	00002	00003
固定资产编号	01100001	01200001	02100001
固定资产名称	1 号楼	2 号楼	电脑
类别编号	011	012	021
类别名称	办公楼	厂房	办公设备
部门名称	行政部	生产车间	财务部
增加方式	在建工程转入	在建工程转入	直接购入
使用状况	在用	在用	在用
使用年限	30 年	30 年	5 年
折旧方法	平均年限法(一)	平均年限法(一)	平均年限法(一)
开始使用日期	2007-01-08	2008-03-10	2017-06-01
币种	人民币	人民币	人民币
原值	1 400 000.00	1 450 000.00	10 000.00
净残值率	2%	2%	3%
累计折旧	564 044.00	584 189.00	3 557.00
对应折旧科目	管理费用一折旧费	制造费用	管理费用一折旧费

6. 修改固定资产卡片

将卡片编号为“00003”的固定资产(电脑)的折旧方式由“平均年限法(一)”修改为“双倍余额递减法”。

7. 新增固定资产并制单

2021 年 1 月 25 日直接购入一台电脑并交付销售部使用，固定资产编号为0210002，预计使用年限为 5 年，原值为 12 000 元，可抵扣税额为 1 560 元，净残值为 3%，采用“年数总和法”计提折旧。

8. 计提本月固定资产折旧，并制单

9. 审核并记账

以操作员“WQ 王强”“于 2021 年 1 月 31 日登录“[030]哈百丽公司”账套，在总账系统中对由固定资产系统生成的凭证进行审核并记账。

项目六
应收应付款管理

“学习目标”

知识目标

了解应收应付款管理子系统的主要功能及业务处理流程；熟悉应收应付款管理系统的功能；掌握应收应付款管理系统日常业务处理的方法。

能力目标

能够进行付款条件的设置；能进行应收应付款管理系统的应收应付单据处理；能进行收款付款单据的处理与核销。

任务一 应收应付初始化设置

应收应付系统初始化1

企业与客户、供应商之间的往来款项是企业日常业务的重要组成部分，也是决定企业销售利润的关键因素，因此，要求会计人员熟悉应收应付系统的核算，在开始应收应付的核算前应先进行初始化设置。

任务导入

旭日公司自2021年1月启用用友T3管理软件中的应收应付款管理系统，在进行日常业务处理之前还需要做好哪些准备工作？在操作中需要掌握的知识点有哪些？

一 引入应收应付账套数据

引入配套资料中“应收应付”文件夹中的账套数据，并设置付款条件：编码为04，付款条件为4/5，2/15，1/30，n/60。

任务流程

(1)将配套资料中“应收应付”文件夹中的账套引入到系统中。

(2)以账套主管“CF陈峰”身份于2021年1月31日登录“[020]旭日公司”账套。

(3)执行“基础设置”→“收付结算”→“付款条件”命令，进入“付款条件”窗口，如图6-1所示。

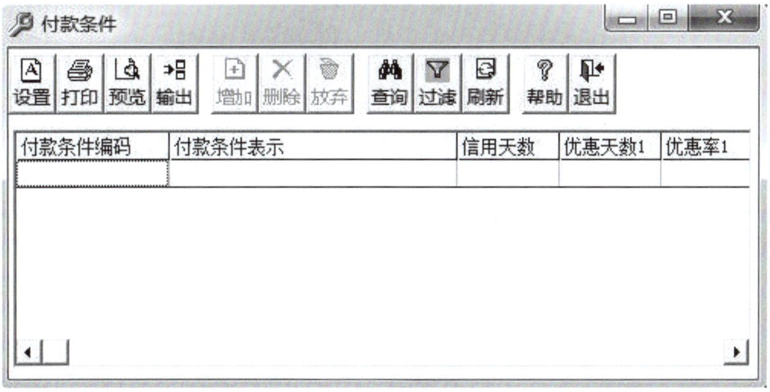

图6-1 “付款条件”窗口

(4)在“付款条件编码”输入“04”，“信用天数”输入“60”，“优惠天数1”输入“5”，“优惠率1”输入“4”，“优惠天数2”输入“15”，“优惠率2”输入“2”，“优惠天数3”输入“30”，“优惠率3”输入“1”，最后两空格不输入任何数值，如图6-2所示。

(5)单击“退出”按钮。

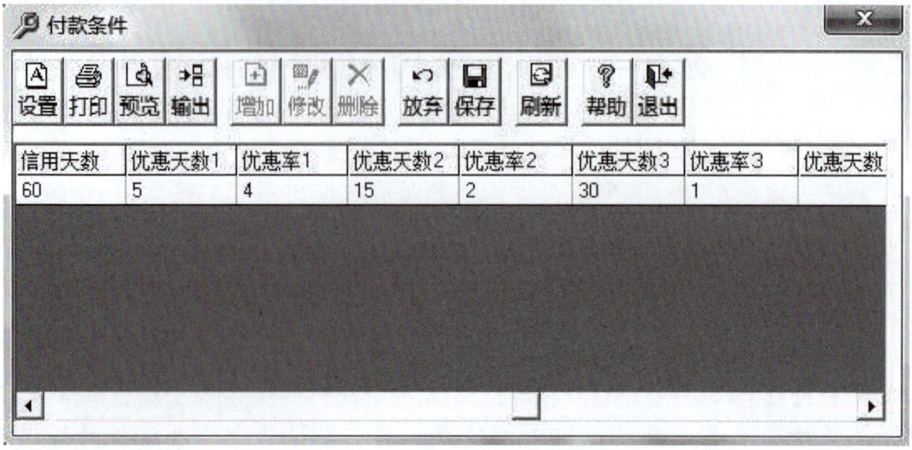

图 6-2　已设置的付款条件

任务指导

(1)设置收付款条件主要是为了在采用赊销方式进行销售时,促使客户及时支付货款,当客户能够在一定的期限内付款时可以给客户一定的折扣。从供应商的角度看,须设置付款条件,从销售角度看,须设置收款条件。

(2)收付款条件主要设置折扣的有效期限、对应折扣率和应收应付款的到期天数,通常表达为5/10、2/20、n/30,即客户在10天内偿还货款可得到5%折扣,在20天内偿还货款可得到2%折扣,在30天以后偿还货款则不仅要按全额支付货款,还可能要支付延期付款利息或违约金。

二　应收款科目设置

设置应收款(客户)管理相关科目,具体信息见表6-1和表6-2。

表 6-1　应收款基本科目设置表

应收科目	1122
预收科目	2203
销售收入科目	6001
应交增值税科目	22210102

表 6-2　应收款科目结算方式设置表

结算方式	币种	科目
现金结算	人民币	1001
银行转账	人民币	100201
转账支票	人民币	100201

任务流程

(1)以账套主管"CF 陈峰"身份于 2021 年 1 月 31 日登录"[020]旭日公司"账套。

(2)进入"T3-用友通标准版 10.6Plus1"窗口,执行"核算"→"科目设置"→"客户往来科目"命令,进入"客户往来科目设置"窗口,单击"基本科目设置",根据表 6-1 输入对应科目的编码,如图 6-3 所示。

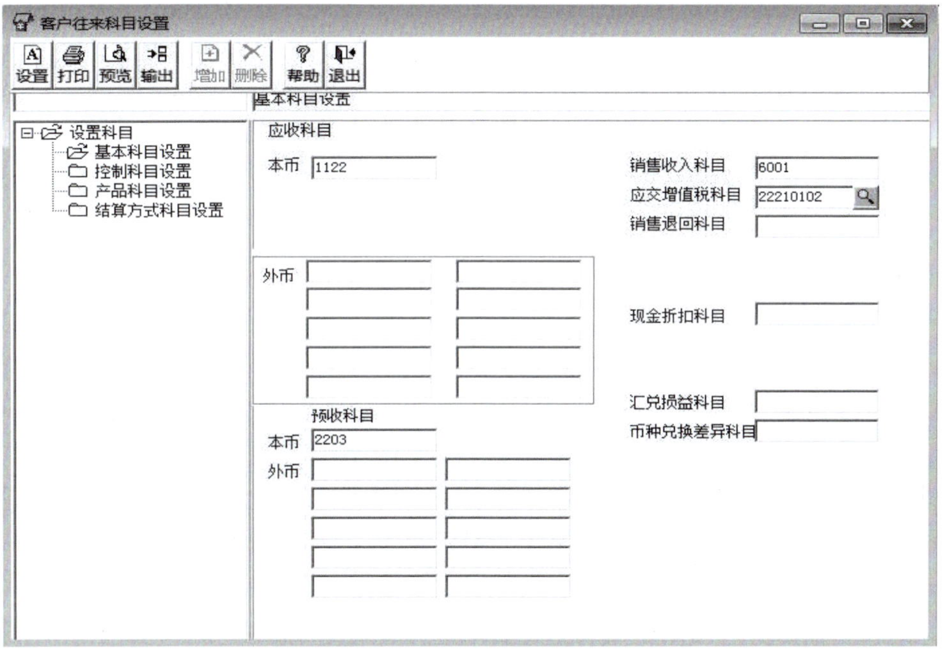

图 6-3 客户往来科目设置(1)

(3)设置客户往来结算方式科目。进入"客户往来科目设置"窗口,单击"结算方式科目设置",根据表 6-2 输入对应科目编码,如图 6-4 所示。

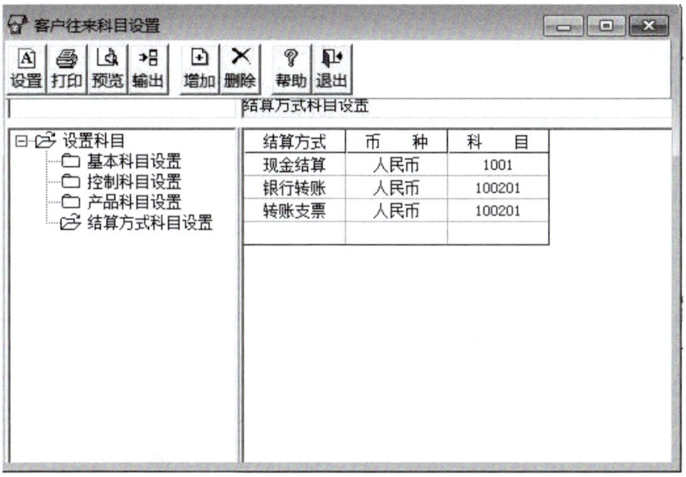

图 6-4 客户往来科目设置(2)

(4)单击"退出"按钮完成设置。

三 应付款科目设置

设置应付款(供应商)管理相关科目,具体信息见表 6-3 和表 6-4。

表 6-3　　应付款基本科目设置表

应付科目	2202
预付科目	1123
采购科目	1501
采购税金科目	22210101

表 6-4　　应付款科目结算方式设置表

结算方式	币种	科目
现金结算	人民币	1001
银行转账	人民币	100201
转账支票	人民币	100201

任务流程

(1)进入“T3-用友通标准版 10.6Plus1”窗口,执行“核算”→“科目设置”→“供应商往来科目”命令,进入“供应商往来科目设置”窗口,单击“基本科目设置”,根据表 6-3 输入对应科目的编码,如图 6-5 所示。

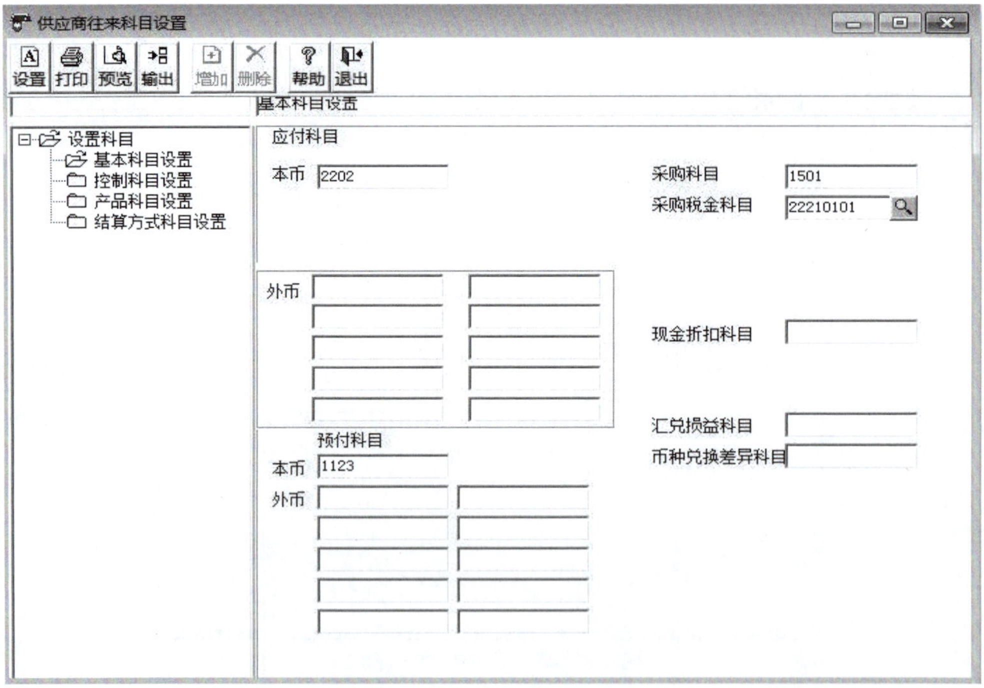

图 6-5　供应商往来科目设置

(2)设置供应商往来结算方式科目。进入“供应商往来科目设置”窗口,单击“结算方式科目设置”,根据表6-4输入对应科目编码,如图6-6所示。

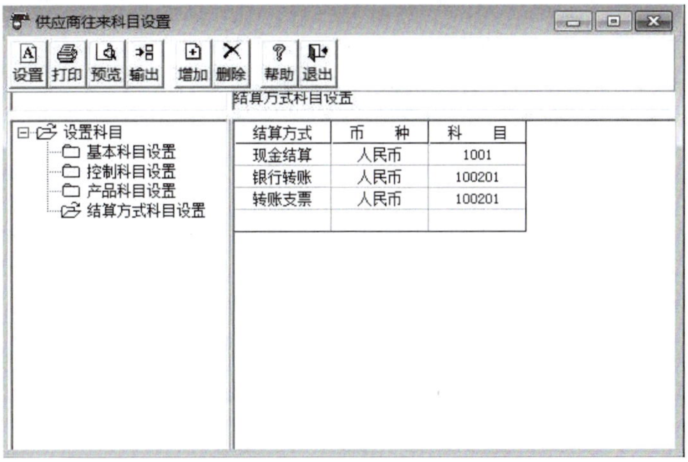

图6-6 客户往来科目设置

(3)单击“退出”按钮完成设置。

四 设置仓库档案

仓库档案的具体信息见表6-5。

表6-5 仓库档案信息

仓库编码	仓库名称	所属部门	计价方式
1	成品库	销售部	全月平均法
2	原料库	采购部	全月平均法

任务流程

(1)进入“T3-用友通标准版10.6Plus1”窗口,执行“基础设置”→“购销存”→“仓库档案”命令,打开“仓库档案”对话框,单击“增加”按钮,打开“仓库档案卡片”对话档,根据表6-5输入仓库档案,如图6-7所示。

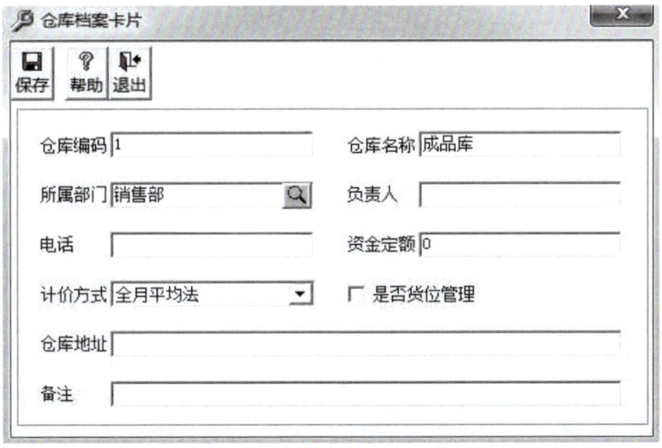

图6-7 仓库档案卡片

(2)单击“保存”按钮,继续输入其他仓库信息,完成后如图 6-8 所示。

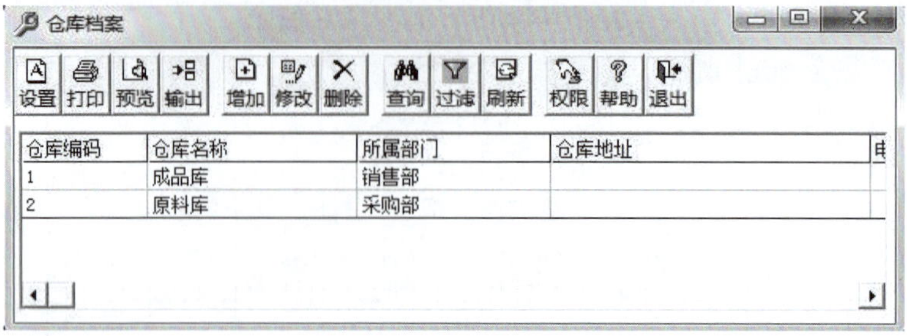

图 6-8　输入仓库档案

(3)单击“退出”按钮,完成仓库档案设置。

五　设置期初采购入库单信息并记账

期初采购入库单的具体信息见表 6-6,设置并记账。

表 6-6　期初采购入库单信息

入库单号	存货编码	存货名称	数量	单价	规格型号	仓库	入库日期
001	CJ001	打印机	50.00	1 500.00	杰西卡公司	成品库	2020-12-22
	CJ00201	笔记本电脑	50.00	4 190.44	杰西卡公司	成品库	2020-12-22
	CJ00202	笔记本电脑	50.00	3 200.00	杰西卡公司	成品库	2020-12-22
002	CJ003	多媒体软件	100.00	800.00	华实公司	成品库	2020-12-28
	XY002	控制面板	50.00	5 000.00	华实公司	成品库	2020-12-28

任务流程

(1)进入“T3-用友通标准版 10.6Plus1”窗口,执行“采购”→“采购入库单”命令,进入“期初采购入库单”窗口,如图 6-9 所示。

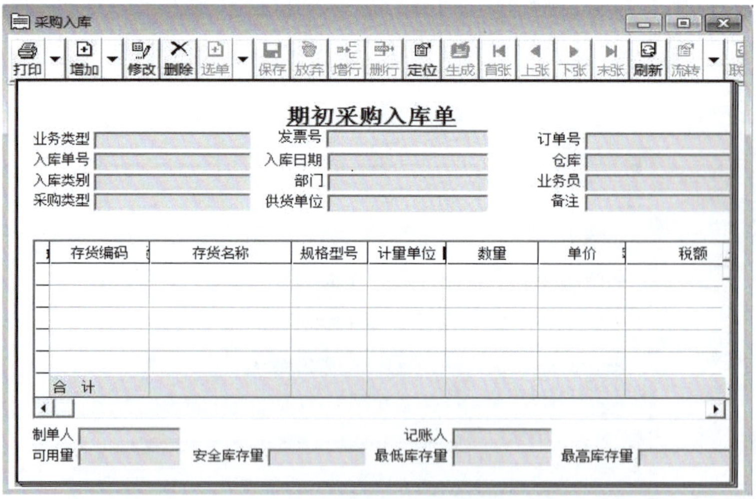

图 6-9　期初采购入库单

(2)单击"增加"按钮,根据表 6-6 输入单号为 001 的期初采购入库单,输入完成后单击"保存"按钮,如图 6-10 所示。

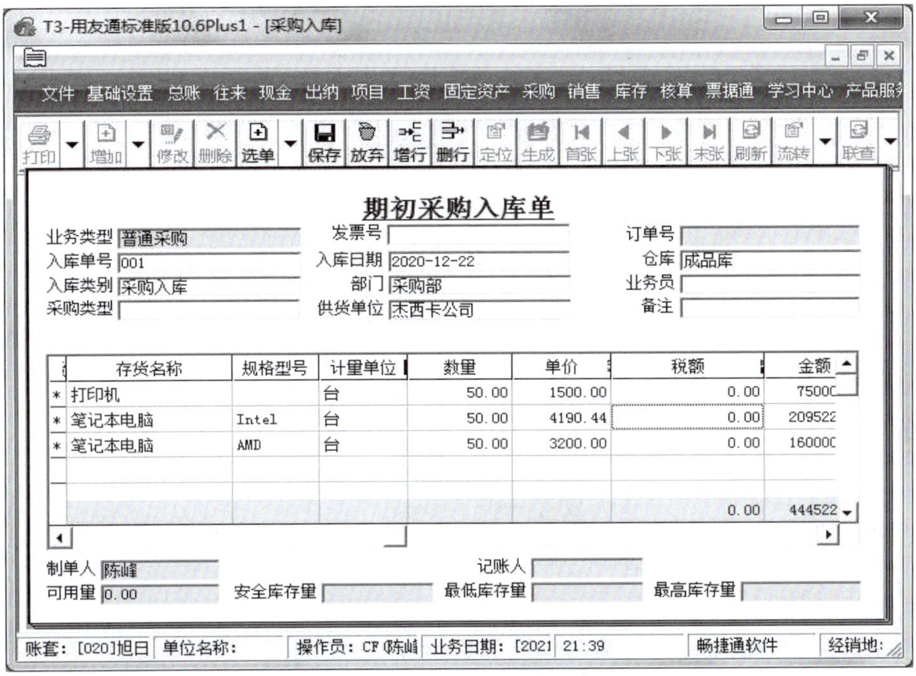

图 6-10 001 号期初采购入库单

(3)单击"增加"按钮增加一张新的期初采购入库单,根据表 6-6 输入 002 号入库单的入库信息,完成后单击"保存"按钮,如图 6-11 所示。

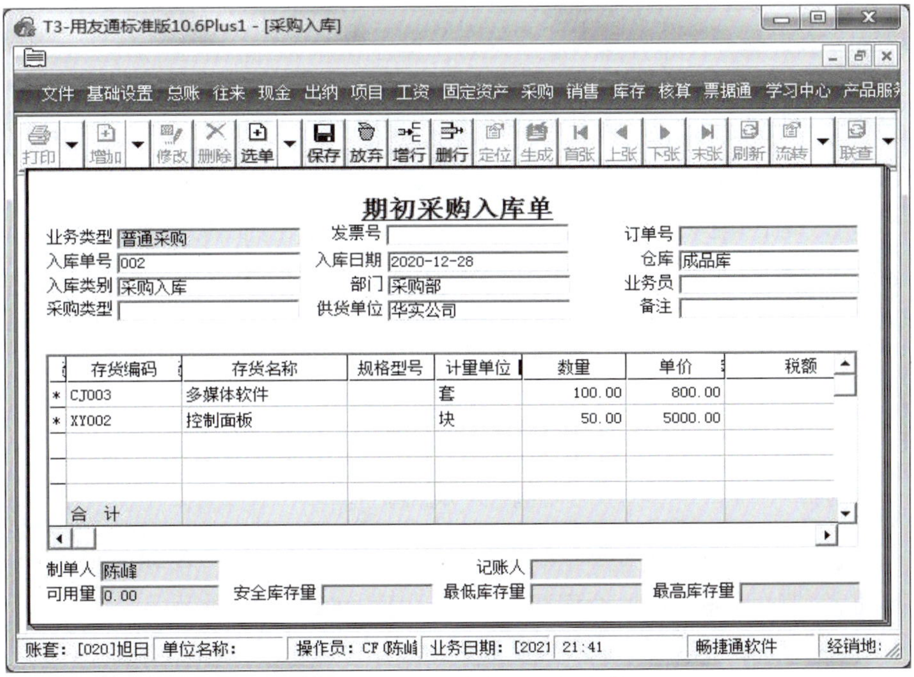

图 6-11 002 号期初采购入库单

(4)单击“退出”按钮,完成期初采购入库单的输入。

(5)执行“采购”→“期初记账”命令,打开“期初记账”对话框。如图 6-12 所示。

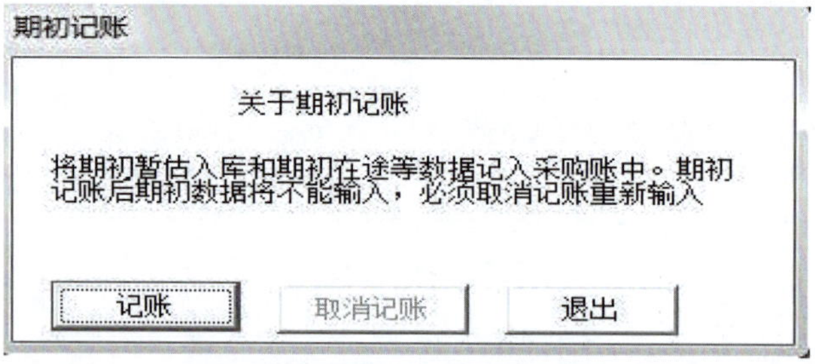

图 6-12 采购期初记账对话框

(6)单击“记账”按钮,系统弹出“期初记账完毕!”信息提示对话框,如图 6-13 所示,单击“确定”按钮退出期初记账。

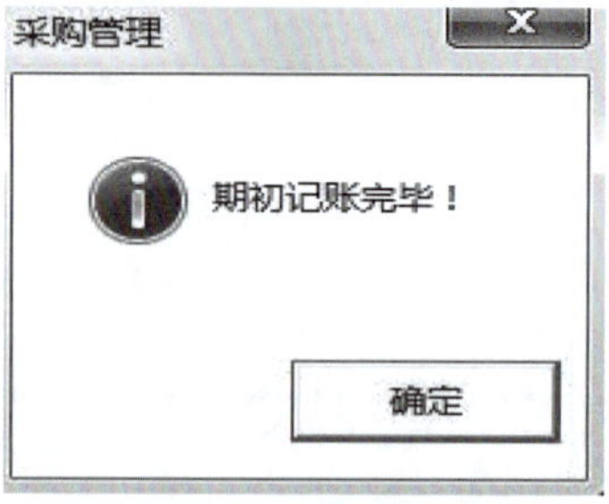

图 6-13 完成记账提示框

六 设置库存期初数据并记账

成品库库存数据具体信息见表 6-7,设置并记账。

表 6-7 成品库库存数据

存货编码	存货名称	数量	单价	金额	入库日期
CJ001	打印机	50.00	1 500.00	75 000.00	2020-12-22
CJ00201	笔记本电脑	50.00	4 190.44	209 522.00	2020-12-22
CJ00202	笔记本电脑	50.00	3 200.00	160 000.00	2020-12-22
CJ003	多媒体软件	100.00	800.00	80 000.00	2020-12-28
XY002	控制面板	50.00	5 000.00	250 000.00	2020-12-28

应收应付系统初始化2

任务流程

(1)进入“T3-用友通标准版 10.6Plus1”窗口,执行“库存”→“期初数据”→“库存期初”命令,进入“期初余额”窗口,仓库选择“1 成品库”,如图 6-14 所示。

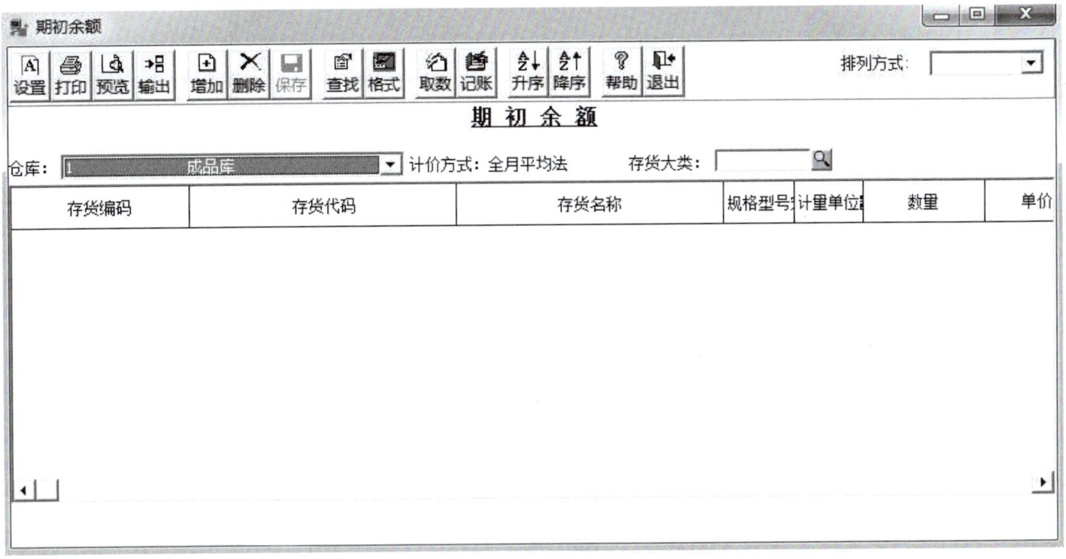

图 6-14 成品库期初余额

(2)单击“增加”按钮,根据表 6-7 输入成品仓库期初余额,如图 6-15 所示。

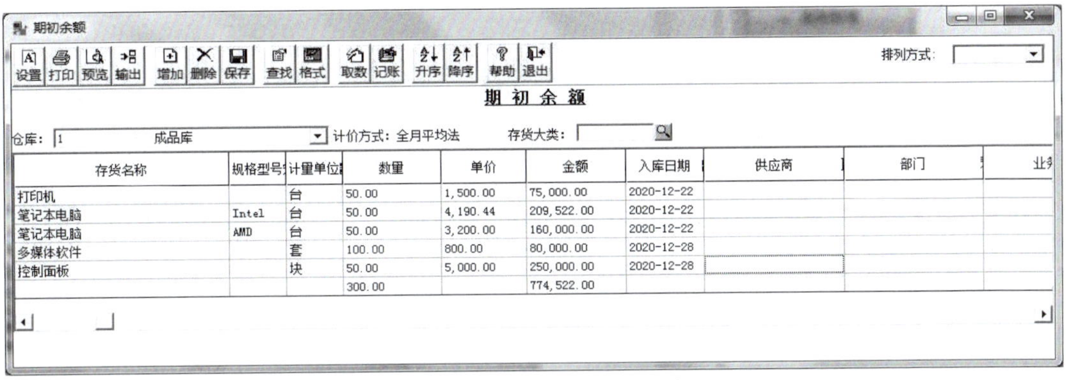

图 6-15 成品库期初余额数据

(3)单击“保存”按钮,系统弹出“保存成功”信息提示对话框。

(4)单击“记账”按钮,系统弹出“期初记账成功!”信息提示对话框,如图 6-16 所示,单击“确定”按钮退出期初记账。

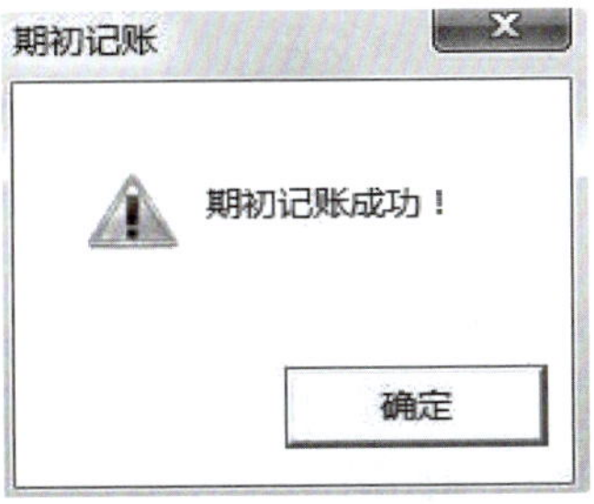

图 6-16 完成记账提示框

(5)单击“确定”按钮,单击“退出”按钮完成设置。

七 设置应收期初数并对账

企业应收期初数值具体见表 6-8，设置并与总账对账。

表 6-8　　企业应收期初数

日期	单据类型	客户	部门	存货名称	数量	单价	科目编号
2020-12-30	普通发票	荣泰公司	销售部	控制面板	10.00	6 000.00	1122
2020-12-28	普通发票	大亚公司	销售部	多媒体软件	11.00	800.00	1122
2020-12-26	专用发票	天鹏公司	销售部	AMD 电脑	30.00	3 200.00	1122
				多媒体软件	30.00	800.00	
				控制面板	20.00	5 000.00	

任务流程

(1)进入“T3-用友通标准版 10.6Plus1”窗口，执行“销售”→“客户往来”→“客户往来期初”命令，打开“期初余额-查询”对话框，如图 6-17 所示。

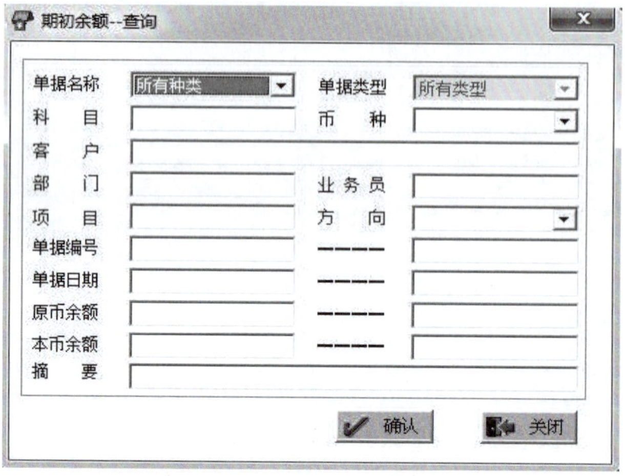

图 6-17　“期初余额查询”对话框(1)

(2)单击“确认”按钮，打开“单据类别”对话框，单击“增加”按钮，“单据类别”选择“销售发票”，单据类型选择“普通发票”，如图 6-18 所示。

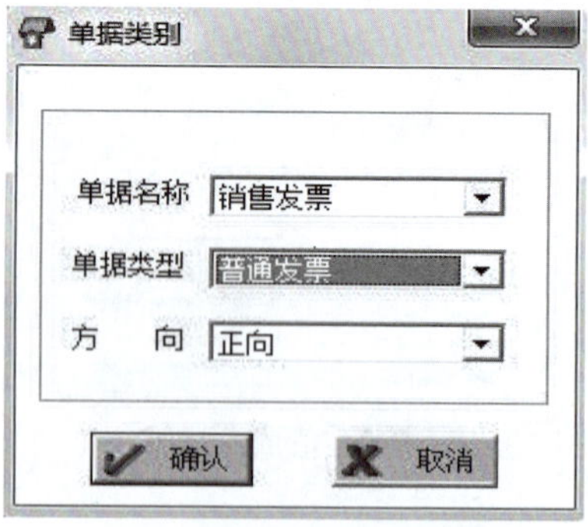

图 6-18　“单据类别”对话框(1)

(3)单击“确认”按钮，进入“期初录入”窗口，根据表6-8输入销售普通发票，输入完毕单击“保存”按钮保存，如图6-19所示。

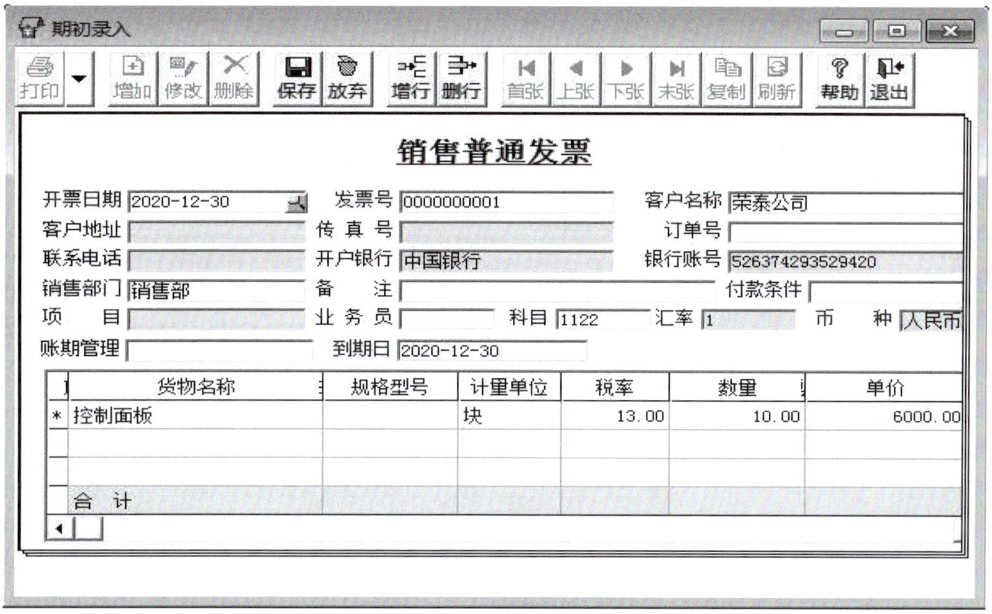

图6-19 输入销售期初余额(1)

(4)单击“增加”按钮，按照流程(1)～(3)的步骤继续增加大亚公司的普通发票单据。

(5)单击“退出”按钮，返回“期初余额明细表”窗口，单击“增加”按钮，打开“单据类别”对话框，选择单据类别为“专用发票”，单击“确认”按钮，进入“销售专用发票”窗口，根据表6-8输入天鹏公司的期初销售专用发票，并保存，如图6-20所示。

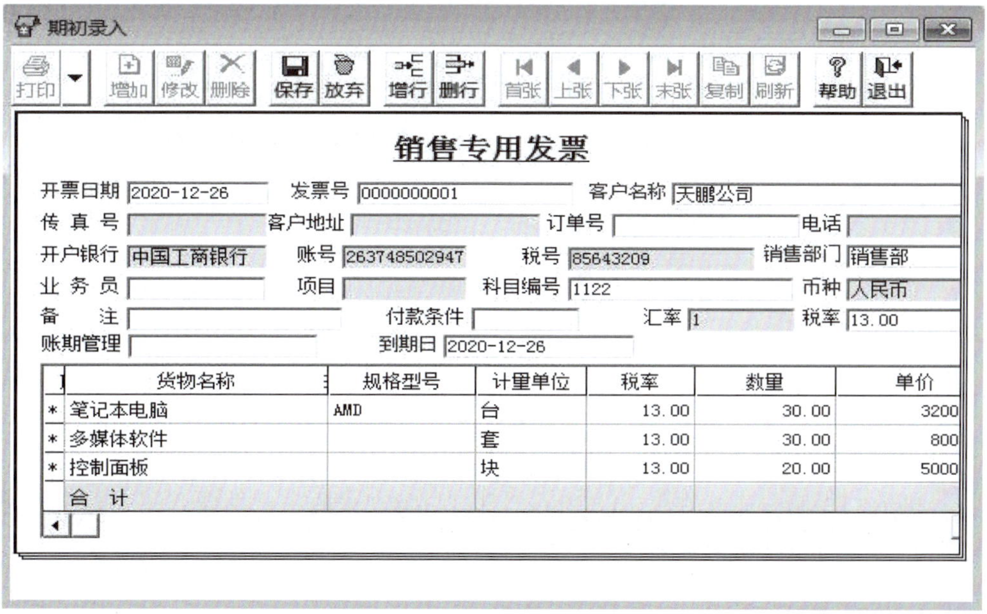

图6-20 输入销售期初余额(2)

(6)单击“退出”按钮，返回“期初余额明细表”窗口，系统显示已输入的期初余额，如

图 6-21 所示。

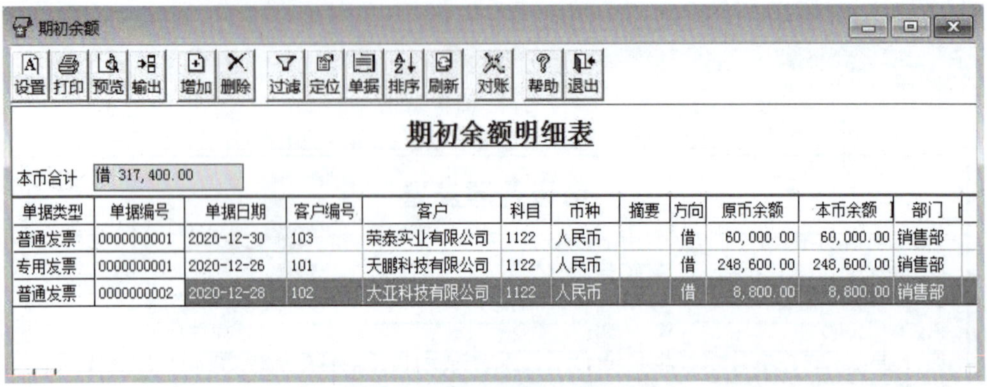

图 6-21　期初余额明细表(1)

(7)单击"对账"按钮,系统自动与总账"应收账款"科目进行对账,并显示对账结果,如图 6-22 所示。

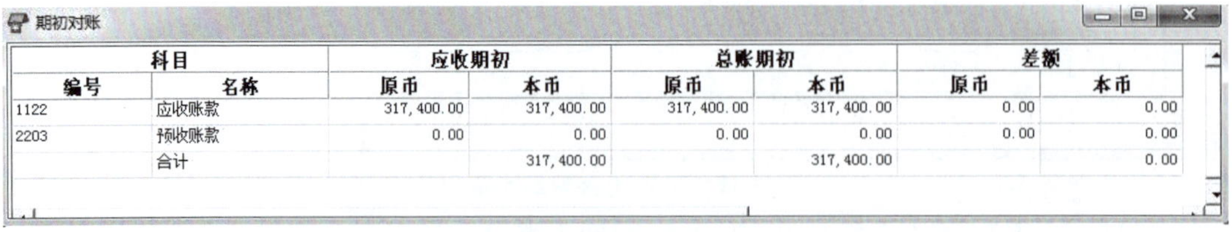

图 6-22　应收与总账对账

(8)单击"关闭"按钮,单击"退出"按钮完成设置。

八、设置应付期初数并对账

企业应付期初数值具体见表 6-9,设置并与总账对账。

表 6-9　企业应付期初数

日期	发票号	单据类型	供应商	部门	存货名称	数量	单价	科目编号
2020-12-22	C33	普通发票	杰西卡公司	采购部	打印机	50.00	1 300.00	2202
2020-12-28	C142	普通发票	华实公司	采购部	多媒体软件	100.00	800.00	2202

任务流程

(1)进入"T3-用友通标准版 10.6Plus1"窗口,执行"采购"→"供应商往来"→"供应商往来期初"命令,打开"期初余额-查询"对话框,如图 6-23 所示。

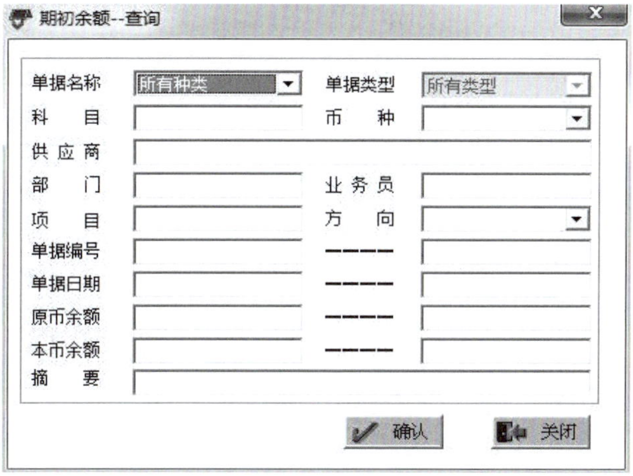

图 6-23 “期初余额查询”对话框(2)

(2)单击“确认”按钮,打开“期初余额”对话框,单击“增加”按钮,打开“单据类别”对话框,单据名称为“采购发票”,单据类型为“普通发票”,如图 6-24 所示。

图 6-24 “单据类别”对话框(2)

(3)单击“确认”按钮,进入“期初录入”窗口,根据表 6-9 输入采购普通发票,输入完毕单击“保存”按钮保存,如图 6-25 所示。

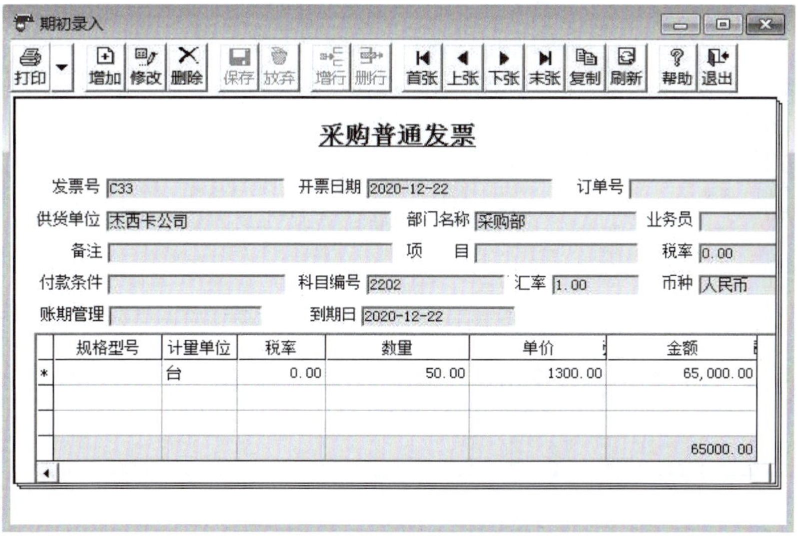

图 6-25 输入采购期初余额(1)

(4)单击“增加”按钮，根据表6-9输入华实公司的期初普通发票，如图6-26所示。

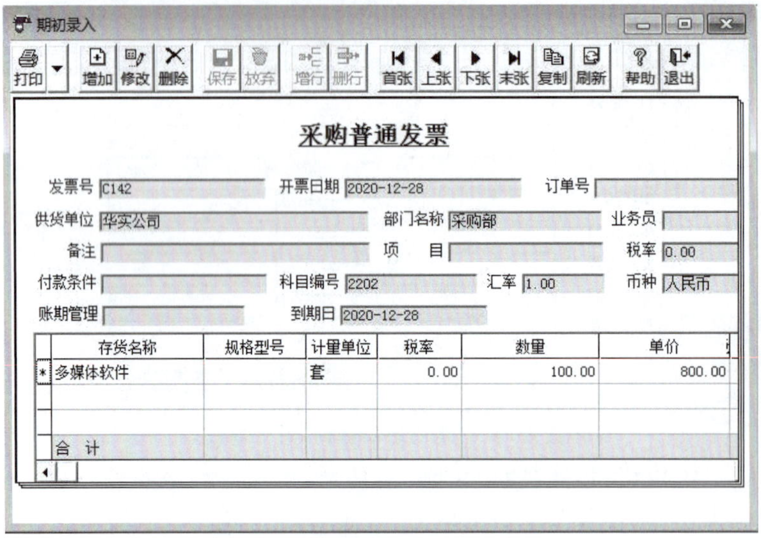

图6-26 输入采购期初余额(2)

(5)单击“退出”按钮，返回“期初余额明细表”窗口，系统显示已输入的期初余额，如图6-27所示。

图6-27 期初余额明细表(2)

(6)单击“对账”按钮，系统自动与总账“应收账款”科目进行对账，并显示对账结果，如图6-28所示。

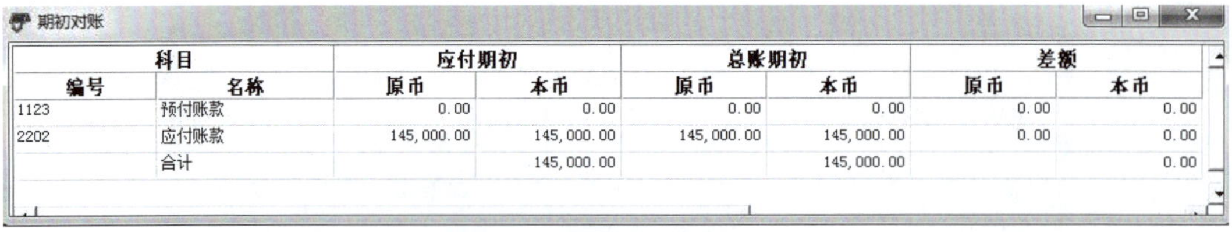

图6-28 应付与总账对账(1)

(7)单击“关闭”按钮，单击“退出”按钮完成设置。

九 设置开户银行信息

企业开户银行信息见表6-10。

表 6-10　　企业银行信息

编号	开户银行	银行账号
1	中国银行	5424653765423532

任务流程

（1）进入“T3-用友通标准版 10.6Plus1”窗口，执行“基础设置”→“收付结算”→“开户银行”命令，进入“开户银行”窗口，如图 6-29 所示。

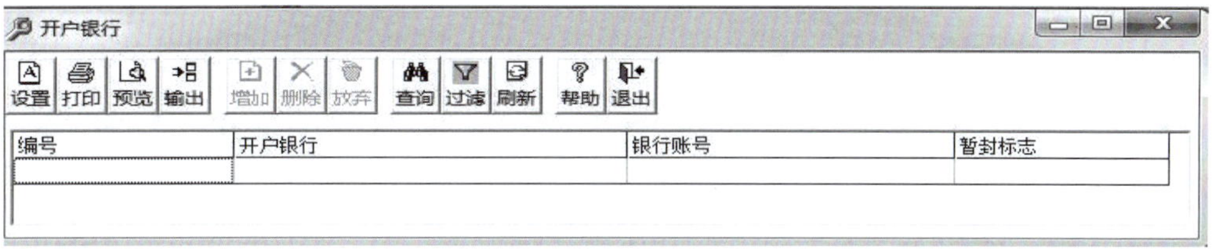

图 6-29　应付与总账对账(2)

（2）根据表 6-10 输入相应的信息，输入完毕按回车键保存，如图 6-30 所示。

图 6-30　应付与总账对账(3)

（3）单击“退出”按钮完成设置。

任务二　应收账款核算

企业与客户之间的往来款项主要包括因销售产品、材料、提供劳务而发生的应收款项和预收款项。应收款核算及管理历来是会计工作的重要内容，随着市场经济在我国的建立和发展，核算和管理好流通过程中的债权，保护企业财产安全越来越受到重视。

任务导入

旭日公司自 2021 年 1 月启用用友 T3 管理软件中的应收款管理系统，首先需要了解应收款的业务流程，在操作中需要掌握的知识点有哪些？

应收款核算

一　输入销售专用发票并复核制单

2021 年 1 月 10 日，销售部向大亚公司销售控制面板（AMD 型号），数量 20 块，每块无税单价 6000 元，开出专用发票一张，发票号为 B001，增值税率为 13%，价税合计 135 600 元，适用付款条件为 04。

任务流程

（1）以账套主管“CF 陈峰”身份于 2021 年 1 月 10 日登录“[020]旭日公司”账套。

（2）执行“销售”→“销售发票”命令，进入“销售发票”窗口，单击“增加”按钮旁边的下拉按钮，选择“专用发票”，进入“销售专用发票”窗口，如图 6-31 所示。

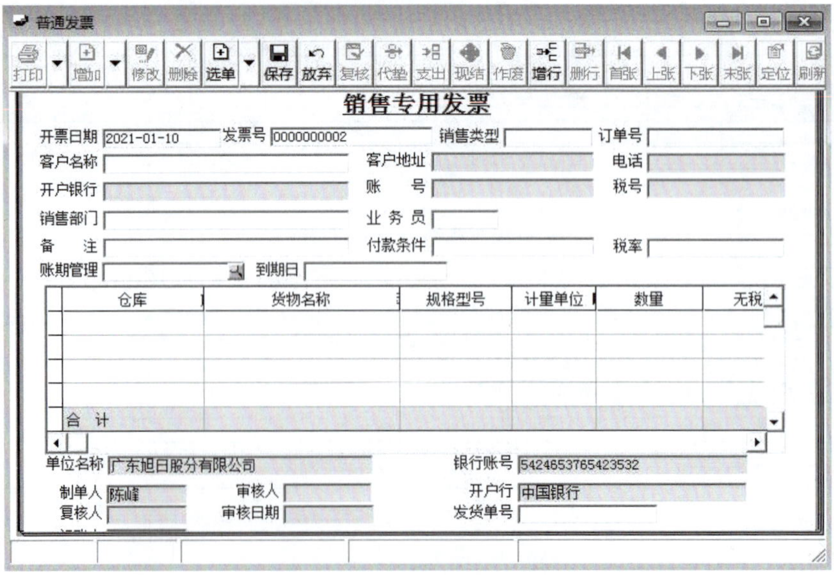

图 6-31 填制销售专用发票

（3）按要求填入发票相关信息，输入完毕单击“保存”按钮，如图 6-32 所示。

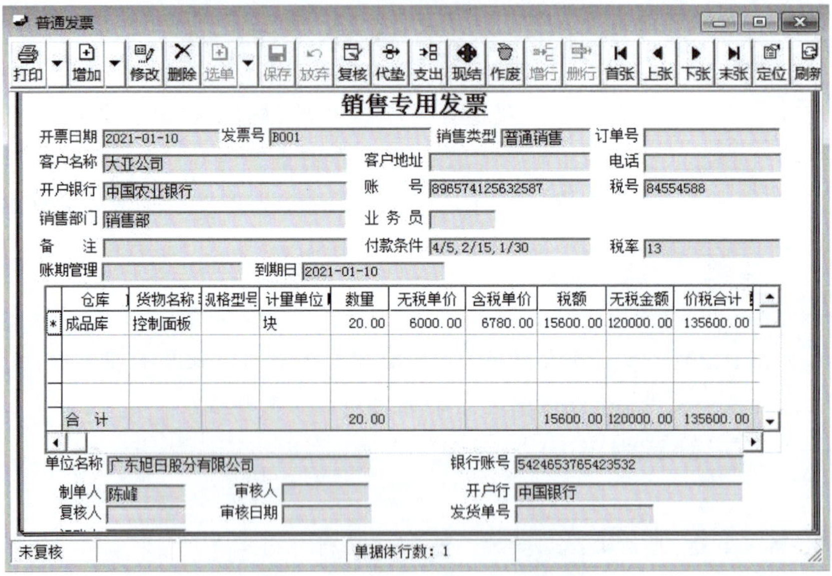

图 6-32 已保存的销售专用发票

(4)单击“复核”按钮,打开“销售管理”对话框,如图 6-33 所示。

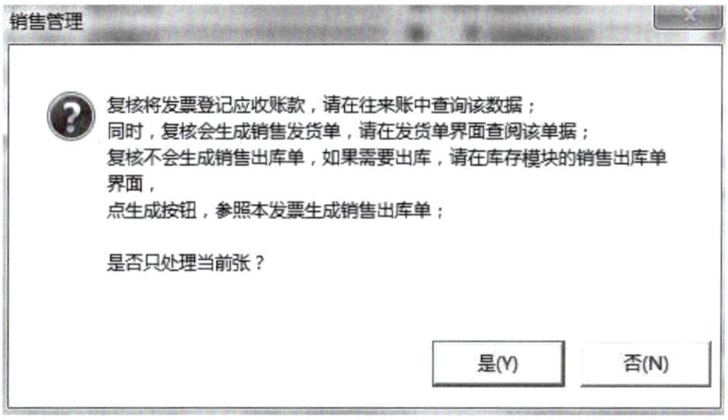

图 6-33 “销售管理”对话框

(5)单击“是”按钮,系统弹出“B001 号单据复核成功!”信息提示对话框,如图 6-34 所示。

图 6-34 发票复核成功

(6)单击“确定”按钮完成发票输入。

(7)生成凭证,执行“核算”→“凭证”→“客户往来制单”命令,打开“客户制单查询”对话框,勾选“发票制单”复选框,如图 6-35 所示 。

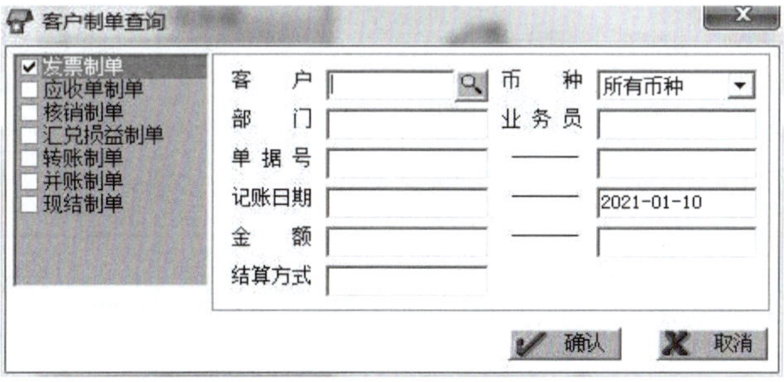

图 6-35 “客户制单查询”对话框(1)

(8)单击“确认”按钮,进入“销售发票制单”窗口,单击“全选”按钮,系统自动打上序号“1”,如图 6-36 所示。

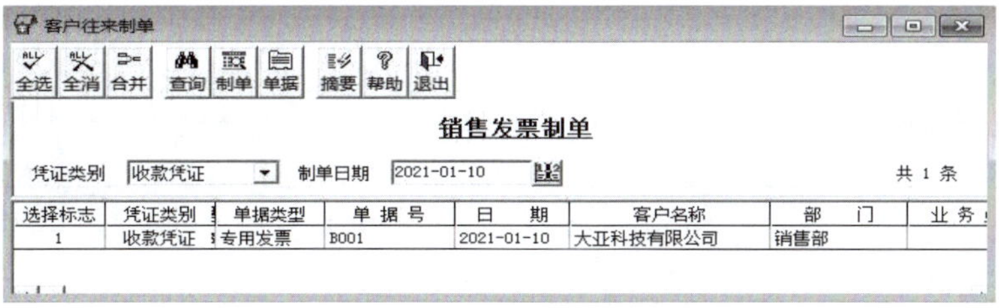

图 6-36 销售发票制单

（9）单击“制单”按钮，系统自动生成凭证，在生成的凭证窗口中选择“转”字类型凭证，选择“主营业务收入”科目，鼠标移至左下角“备注”区域，当鼠标变成羽毛形状时，双击弹出“辅助项”对话框，选择“AMD 系列”，如图 6-37 所示。

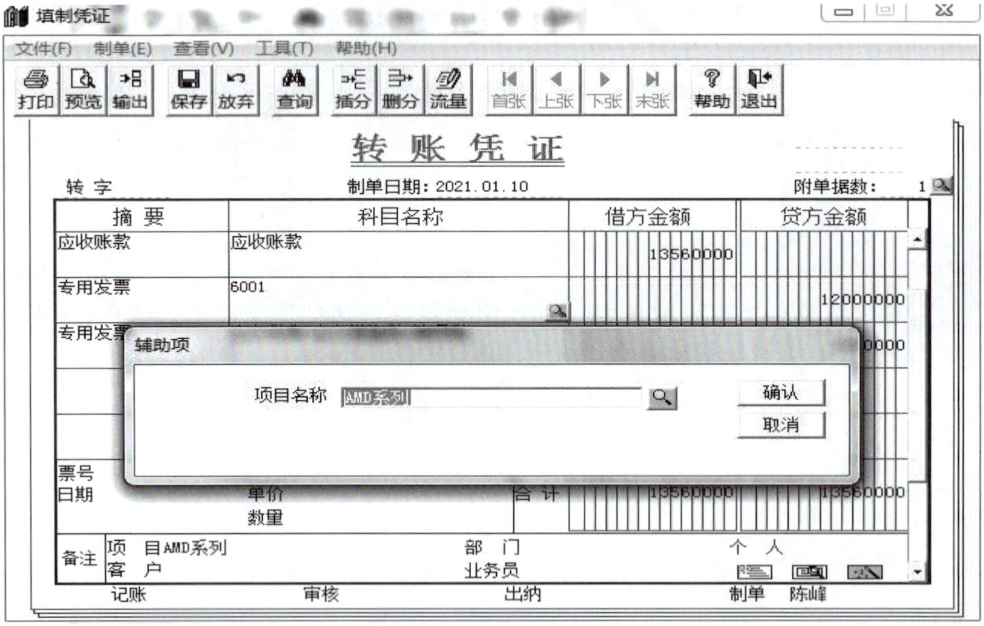

图 6-37 选择辅助项目

（10）单击“确认”按钮，单击“保存”按钮，凭证将自动显示“已生成”标志，如图 6-38 所示。

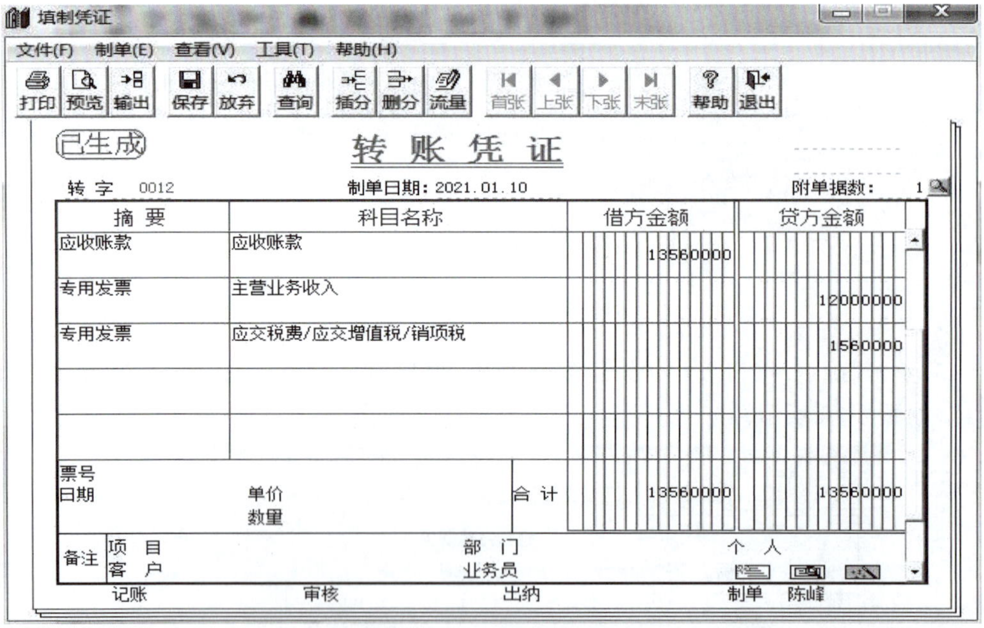

图 6-38 已生成的凭证(1)

任务指导

(1)销售发票是企业发生销售业务时开出的业务发票。

(2)发票与应收单要区别开来，应收单是指发票以外的其他所有需要进行往来管理的应收款凭据。例如购买一台洗衣机，含税价 2 260 元，则销售单位所开的发票价格为 2 260 元，客户要求送至 50 公里以外的城镇，此时销售单位要多收 200 元的运费，这 200 元运费则是应收单所开的价格。

(3)用户必须对输入的销售发票与应收单进行复核，这些单据一经复核则不可以修改，而且也只有经过复核才能记账。记账一般与复核同时进行，即一旦复核就同时执行了记账处理。

二 填制收款单并核销生成凭证

2021 年 1 月 18 日，销售部收到大亚公司的转账支票一张，为 10 号销售控制面板的货款，数量 20 张，每张无税单价 6 000 元，增值税率为 13%，价税合计 135 600 元。

任务流程

(1)以账套主管“CF 陈峰”身份于 2021 年 1 月 18 日登录“[020]旭日公司”账套。

(2)执行“销售”→“客户往来”→“收款结算”命令，进入“单据结算”窗口，如图 6-39 所示 。

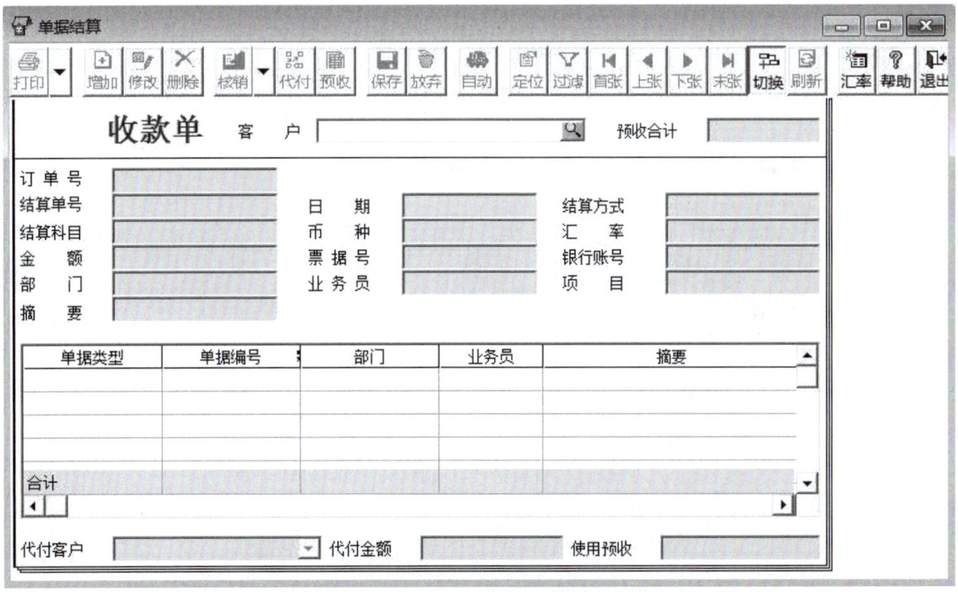

图 6-39 “单据结算”窗口

(3)单击“客户”栏的查找按钮，双击“大亚公司”，单击“增加”按钮，按要求输入相关的收款单内容，单击“保存”按钮，如图 6-40 所示

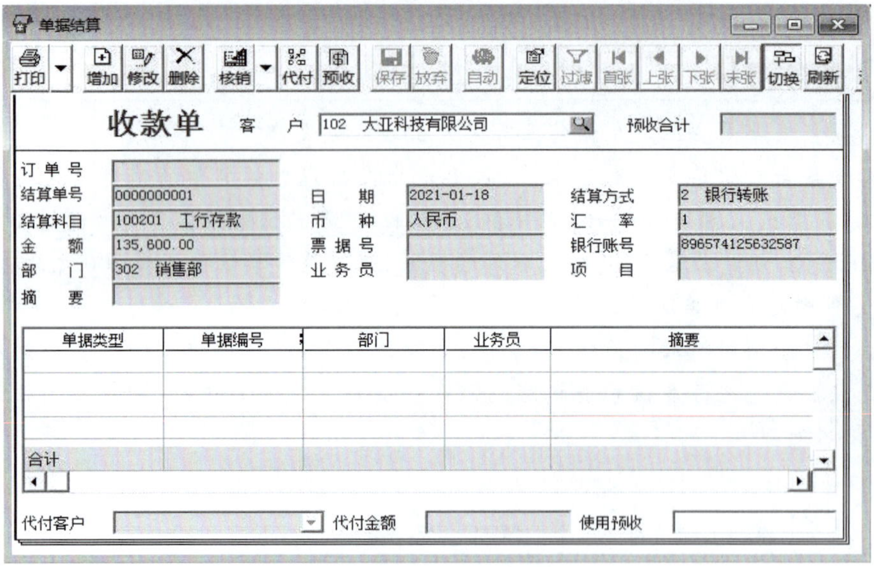

图 6-40 填制大亚公司的收款单

任务指导

(1)填制收款单时,必须先选择客户名称,才可以增加相应的收款单。

(2)填制收款单时蓝色字体项目为必填项目,灰色栏目不可编辑,由系统自动生成。

(4)单击“核销”按钮,系统自动列出大亚公司可核销的项目,共有两笔欠款,如图 6-41 所示。

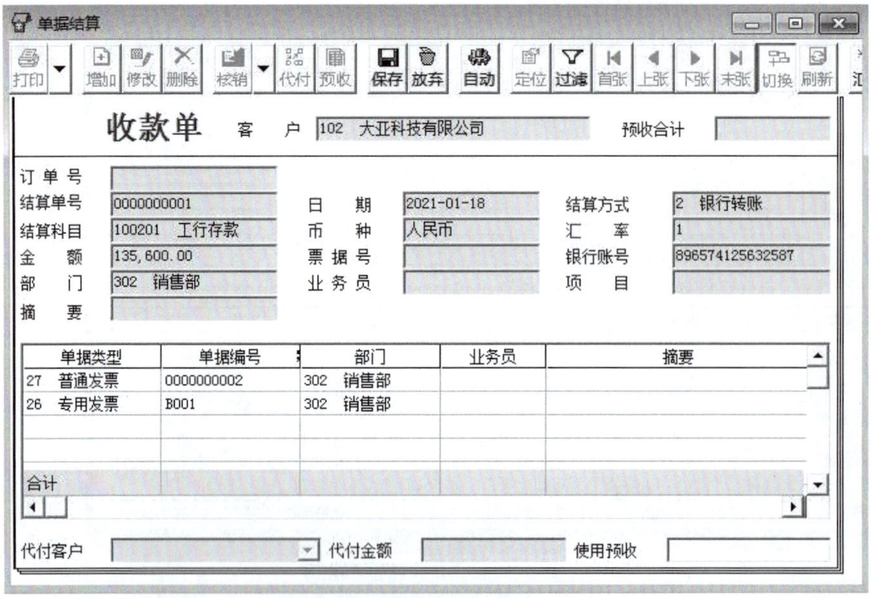

图 6-41 大亚公司可核销项目

(5)拖动单据下方的滚动栏至最右,在对应单据日期为 2021-01-10 日业务的“本次结算”栏输入“135 600.00”，单击“保存”按钮，系统自动列出已核销的业务，完成核销，保存按钮变成灰色，如图 6-42 所示。

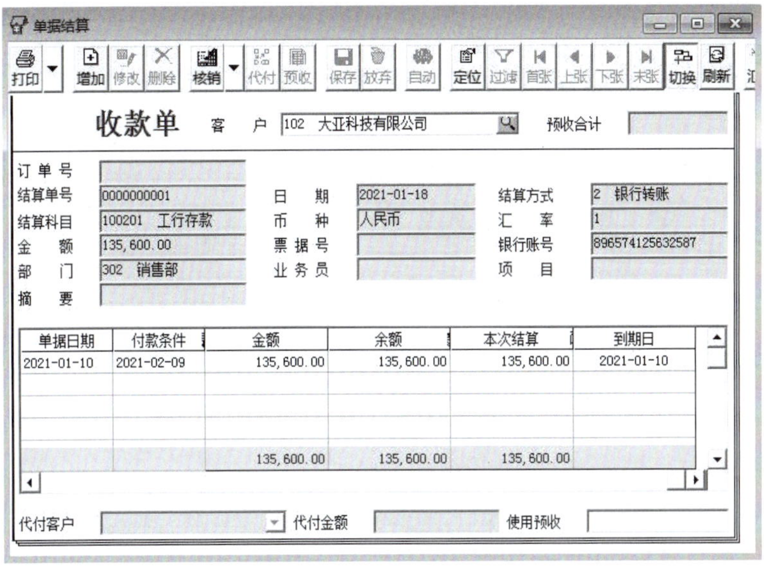

图 6-42 核销状态(1)

任务指导

(1)核销是指销售发票、应收单与收款单之间关系的确认，即每次收款需要明确指定是收哪几笔应收款项。

(2)核销一般在输入收款单时进行，例如在输入界面通过“核销”按钮执行。

(3)核销过程一般是：单击“核销”按钮，系统根据发票编号在销售发票或应收单文件中找到相应发票记录，将金额加到发票记录的已收金额字段，如果已收金额等于应收金额，则该发票或应收单结清，出现已核销标志。

(4)核销若收到客户款项而销售或劳务尚未发生，则在输入收款单时要做预收款处理，将该款项全部转为预收款，以后可用于“核销”或“预收冲应收”。

(6)生成凭证，执行“核算”→“凭证”→“客户往来制单”命令，打开“客户制单查询”对话框，勾选“核销制单”复选框，如图 6-43 所示 。

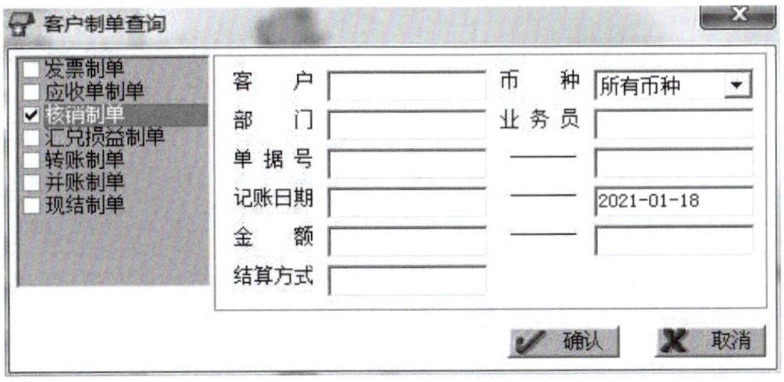

图 6-43 “客户制单查询”对话框(2)

(7)单击“确认”按钮，进入“核销制单”窗口，单击“全选”按钮，系统自动打上序号“1”，如图 6-44 所示。

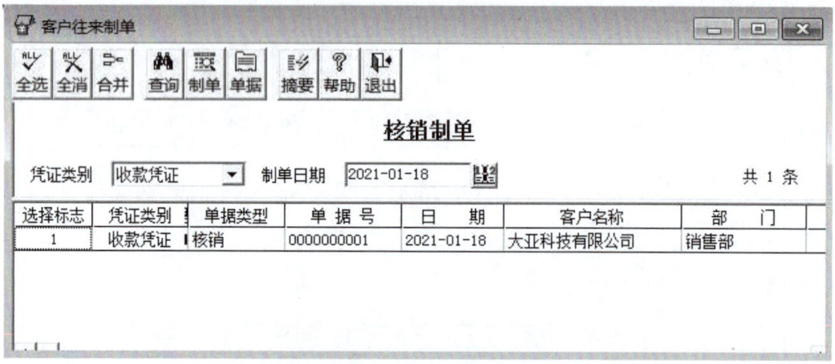

图 6-44　核销制单(1)

(8)单击“制单”按钮，系统自动生成凭证，选择“收”字类型凭证，单击“保存”按钮，在凭证上将自动显示“已生成”标志，如图 6-45 所示。

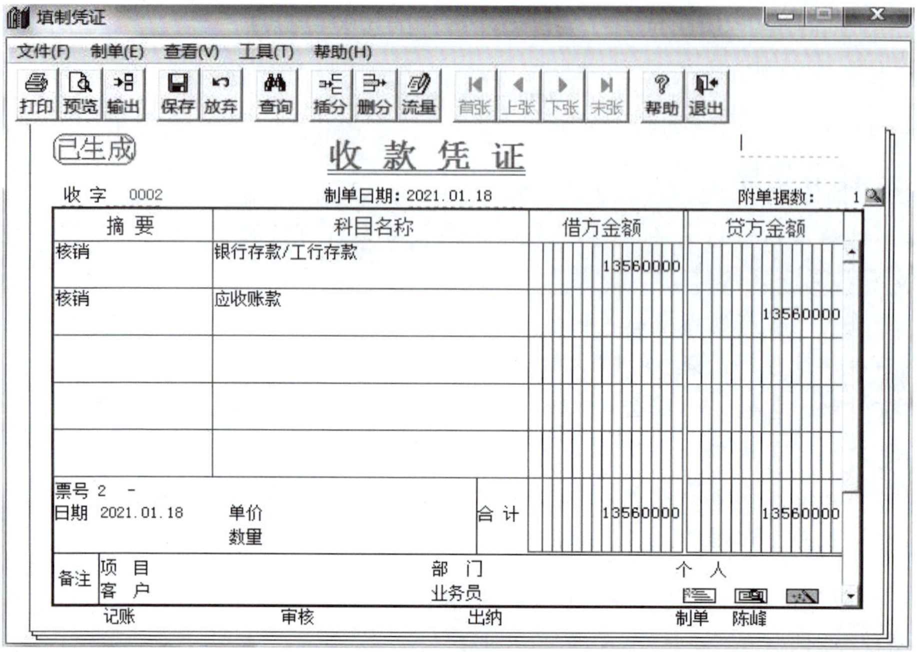

图 6-45　已生成的凭证(2)

2021 年 1 月 20 日，销售部收到荣泰实业有限公司的银行转账，为上个月 30 号的销售货款 60 000 元，转账票据号为 Z89，要求填制收款单，并进行核销，生成凭证。

任务流程

(1)以账套主管“CF 陈峰”身份于 2021 年 1 月 20 日登录“[020]旭日公司”账套。

(2)执行“销售”→“客户往来”→“收款结算”命令，进入“单据结算”窗口，单击“客户”栏的查找按钮，双击“荣泰实业”，单击“增加”按钮，按要求输入相关的收款单内容，单击

"保存"按钮,如图 6-46 所示。

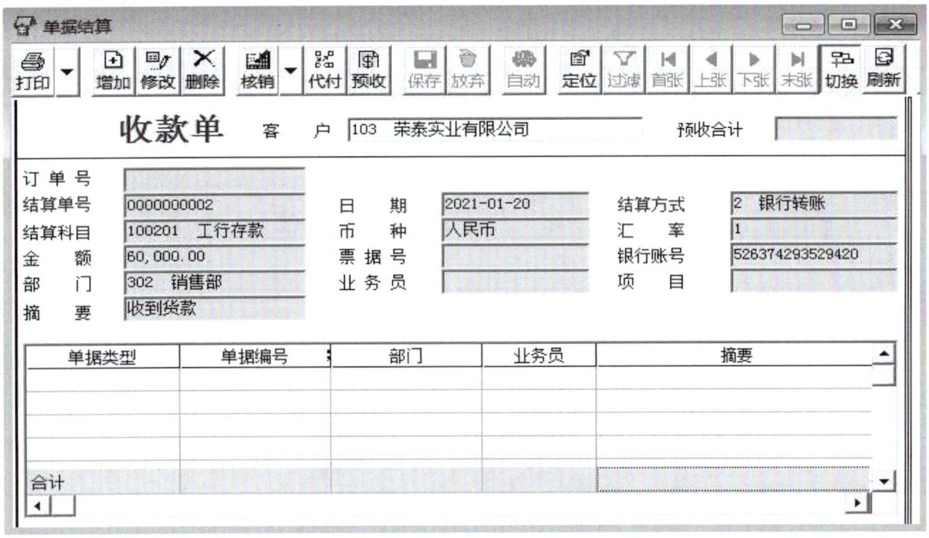

图 6-46 填制天鹏科技公司收款单

(3)单击"核销"按钮,系统自动列出荣泰实业公司可核销的项目,拖动单据下方的滚动栏至最右,在可核销项目的"本次结算"栏输入"60 000.00",单击"保存"按钮,核销完成,保存按钮变成灰色,如图 6-47 所示。

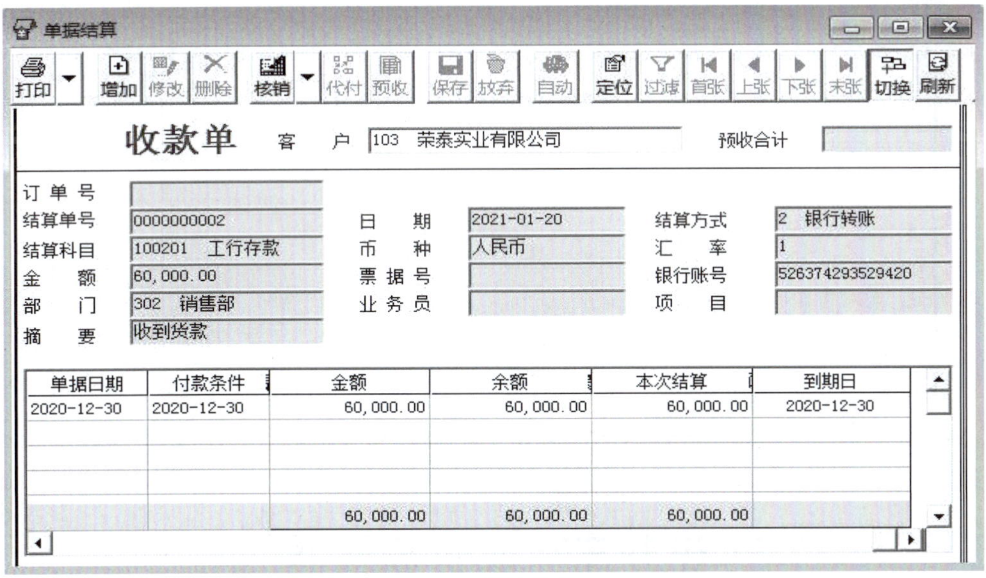

图 6-47 核销状态(2)

(4)生成凭证,执行"核算"→"凭证"→"客户往来制单"命令,打开"客户制单查询"对话框,勾选"核销制单"复选框,单击"确认"按钮,进入"核销制单"窗口,单击"全选"按钮,系统自动打上序号"1",如图 6-48 所示。

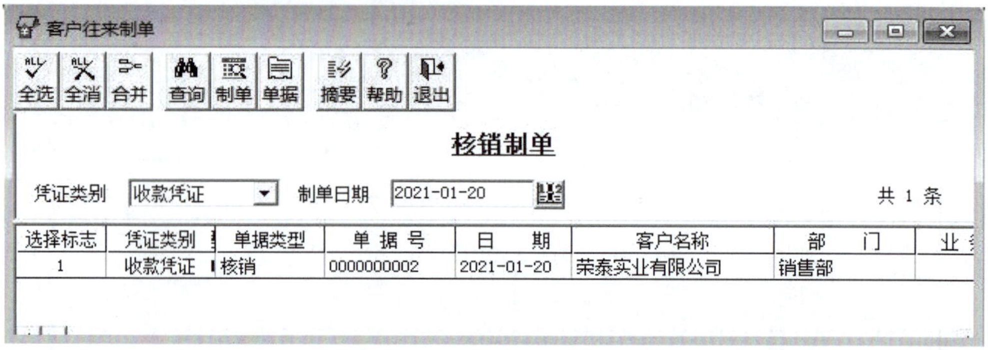

图 6-48　核销制单(2)

(5)单击“制单”按钮,系统自动生成凭证,选择“收”字类型凭证,单击“保存”按钮,在凭证上将自动显示“已生成”标志,如图 6-49 所示。

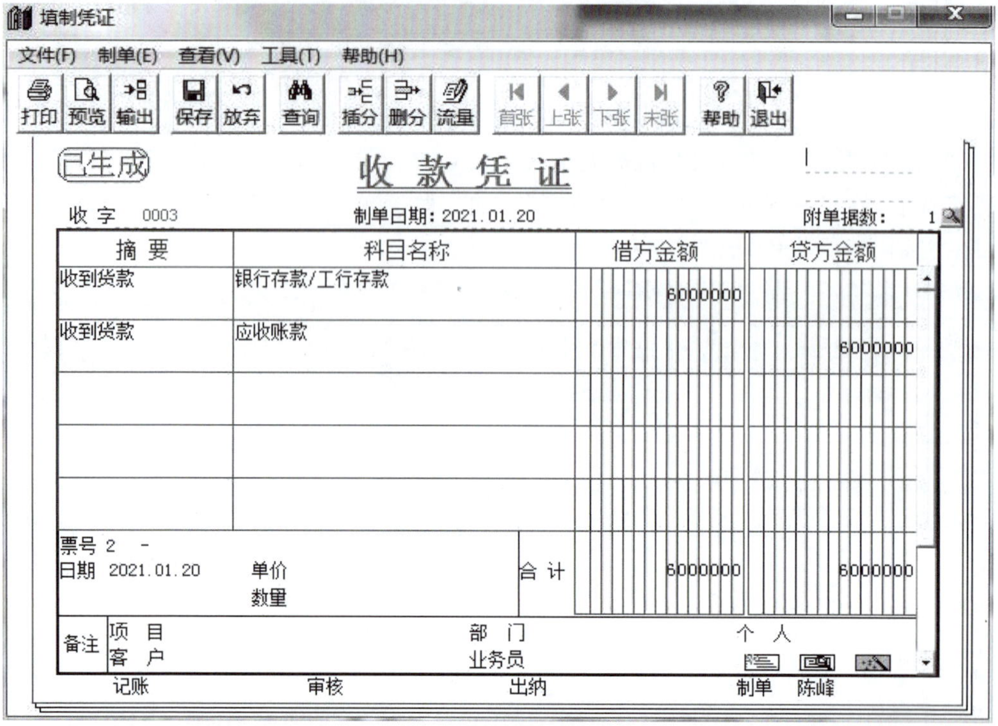

图 6-49　已生成的凭证(3)

应付款核算

任务三　应付款核算

应付款主要指企业因采购商品、材料或接受劳务而发生的应付款项。会计软件提供应付款的核算和管理功能,既可以通过账务系统的明细科目或辅助核算功能实现,也可以通过专用的应付款管理系统实现。应收、应付的基本原理相同,有应收款的基础,可以更好地理解应付款系统。

任务导入

旭日公司因生产需要，经常要向各个供应商采购各种原材料，自从引进 T3 财务管理软件后，所发生的各笔业务都必须在软件中进行，那么应付款管理系统是怎么工作的呢？

一 输入采购专用发票并复核

2021 年 1 月 2 日，采购部向杰西卡公司采购多媒体学习软件，收到增值税专用发票一张，发票号为 C101，数量为 10 套，原币单价为 800 元，增值税率为 13%，价税合计为 9 040 元，付款条件编号为 04。

任务流程

(1)以账套主管“CF 陈峰”身份于 2021 年 1 月 2 日登录“[020]旭日公司”账套。

(2)执行“采购”→“采购发票”命令，进入“采购发票”窗口，单击“增加”按钮旁的下拉按钮，选择“专用发票”，如图 6-50 所示。

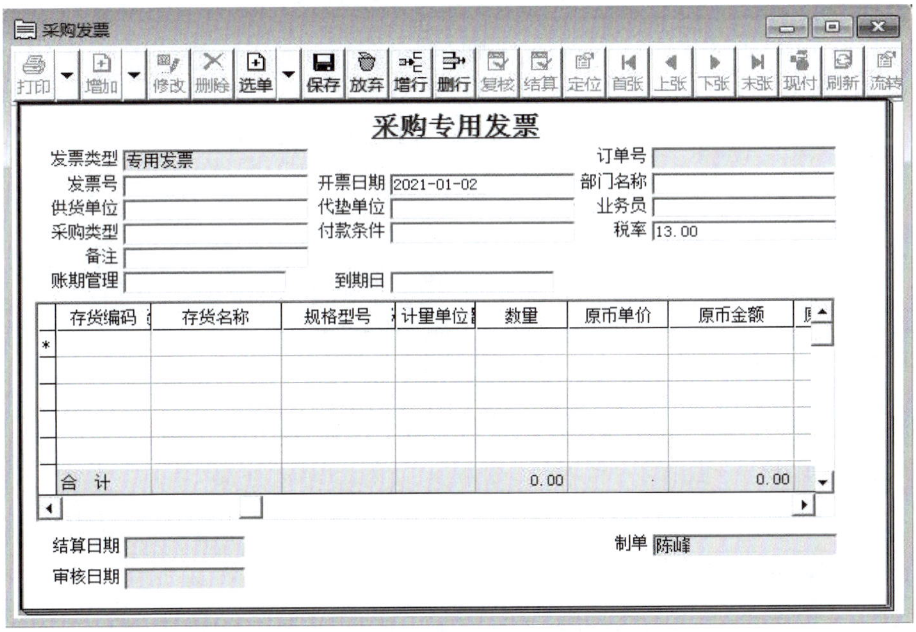

图 6-50 填制“采购专用发票”窗口

(3)按要求输入相关发票信息，输入完毕单击“保存”按钮，如图 6-51 所示。

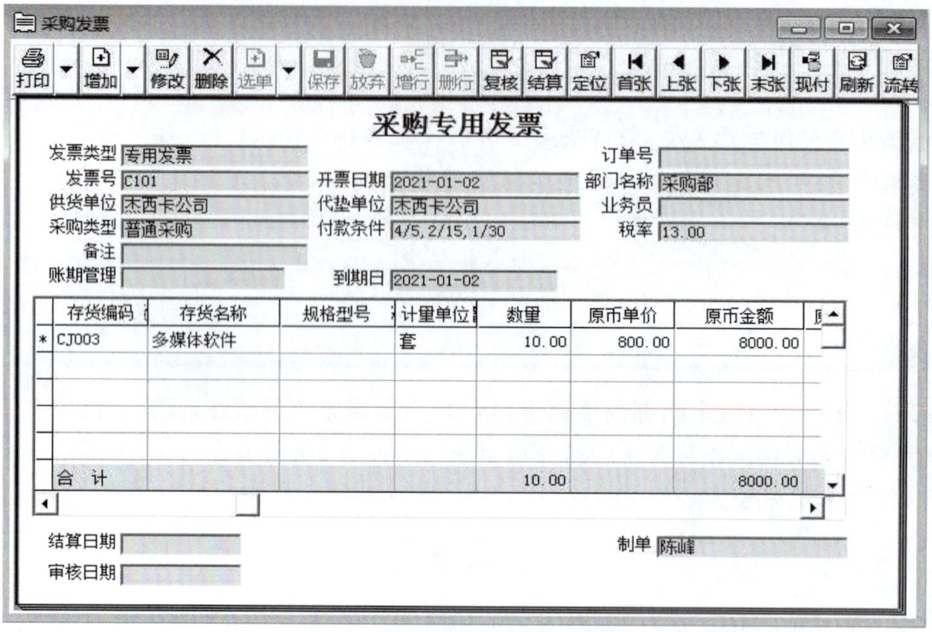

图 6-51 已保存的采购专用发票

(4)单击“复核”按钮，系统弹出“复核将发票登记应付账款，请在往来账中查询该数据，是否只处理当前张?”信息提示对话框，如图 6-52 所示。

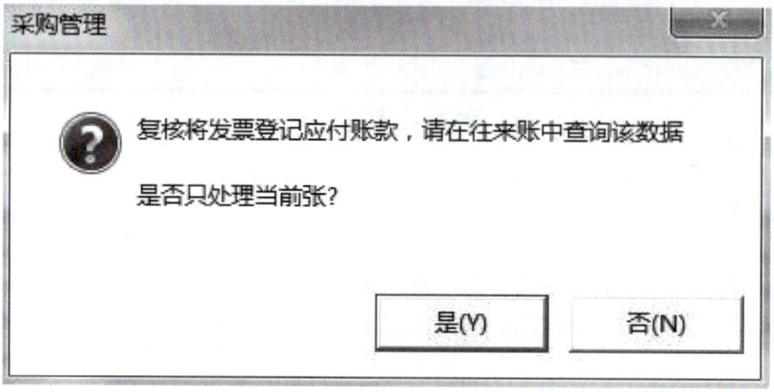

图 6-52 “采购管理”对话框

(5)单击“是”按钮，系统将自动在该采购发票上增加“已审核”三个字。

(6)单击“退出”按钮。

任务指导

(1)填制的采购专用发票跟销售专用发票一样，都需要进行复核与记账，且复核与记账是同时进行，即在复核的同时系统同时记账。

(2)已复核的凭证不能再修改，如果要修改需由复核人进行弃复操作才能修改，采购发票只有在复核以后才能进行结算。

二 填制付款单并核销生成凭证

2021 年 1 月 7 日，收到向杰西卡公司采购的货物，为上个月 22 号采购的 50 台打印机以及本月 2 号采购的 10 套多媒体学习软件。通过转账支票支付给杰西卡公司两批货的货款，共计付款 74 040 元(其中打印机货款 65 000 元，多媒体软件货款 9 040 元)。

任务流程

(1)以账套主管"CF 陈峰"身份于 2021 年 1 月 7 日登录"[020]旭日公司"账套。

(2)执行"采购"→"供应商往来"→"付款结算"命令，进入"单据结算"窗口，单击"供应商"的查找按钮，双击"杰西卡公司"，单击"增加"按钮，输入相关付款信息，单击"保存"按钮，如图 6-53 所示。

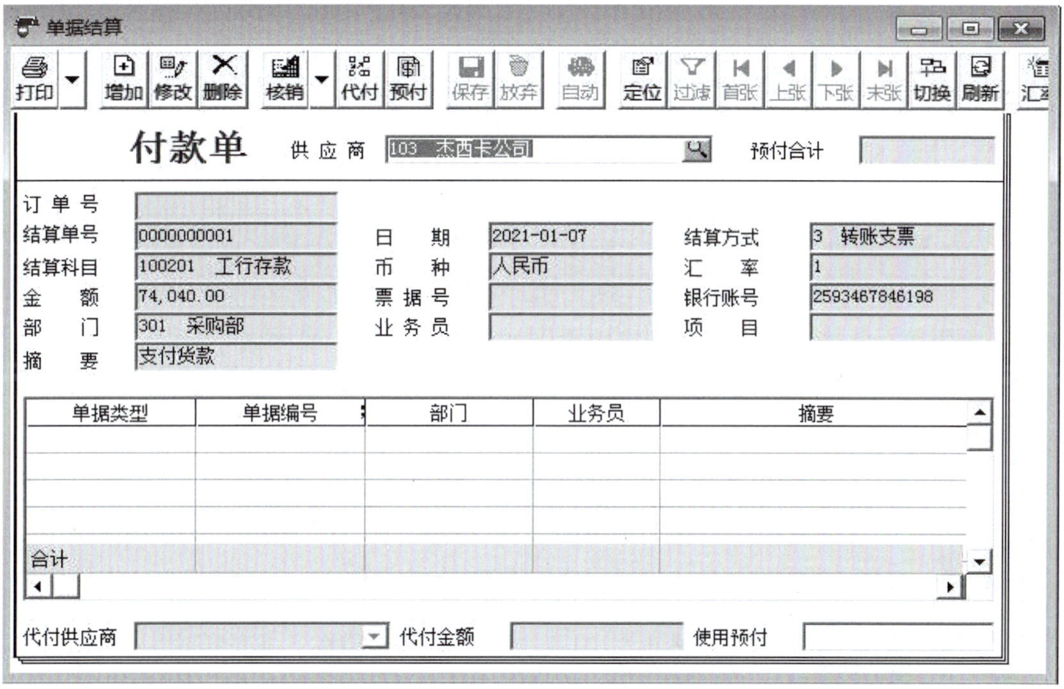

图 6-53 填制杰西卡公司付款单窗口

(3)单击"核销"按钮，系统自动列出杰西卡公司可核销的项目，共两笔，如图 6-54 所示。

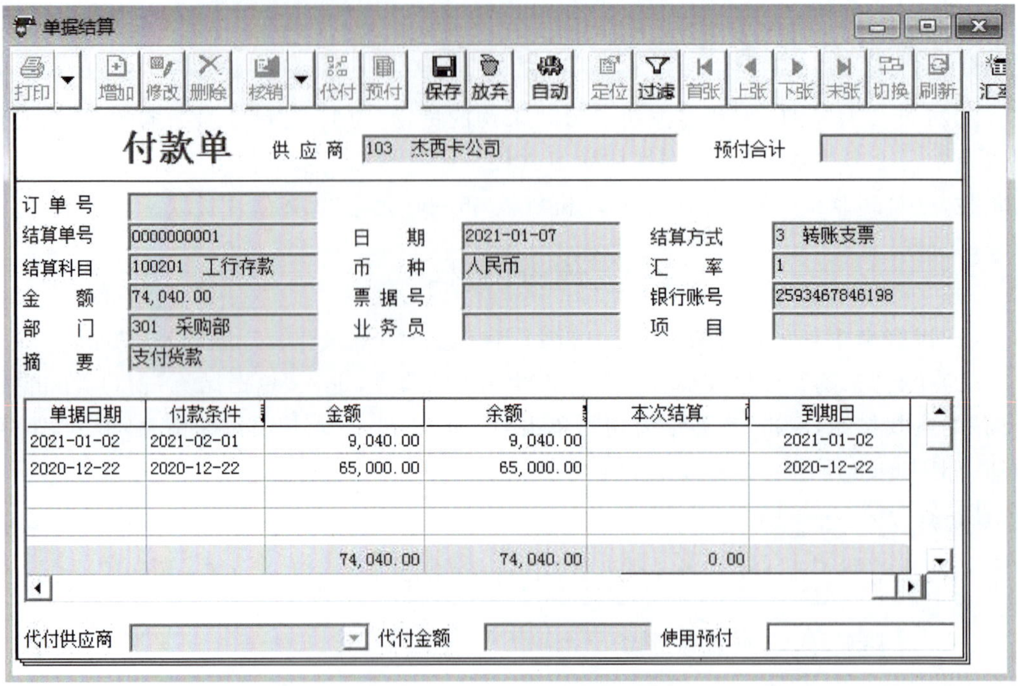

图 6-54　杰西卡公司业务核销

(4)在第一栏的“本次结算”输入“9 040.00”,为支付本月 10 套多媒体软件货款;在第二行的“本次结算”输入“65 000.00”,为支付上月 50 台打印机货款,单击“保存”按钮,核销完成,如图 6-55 所示。

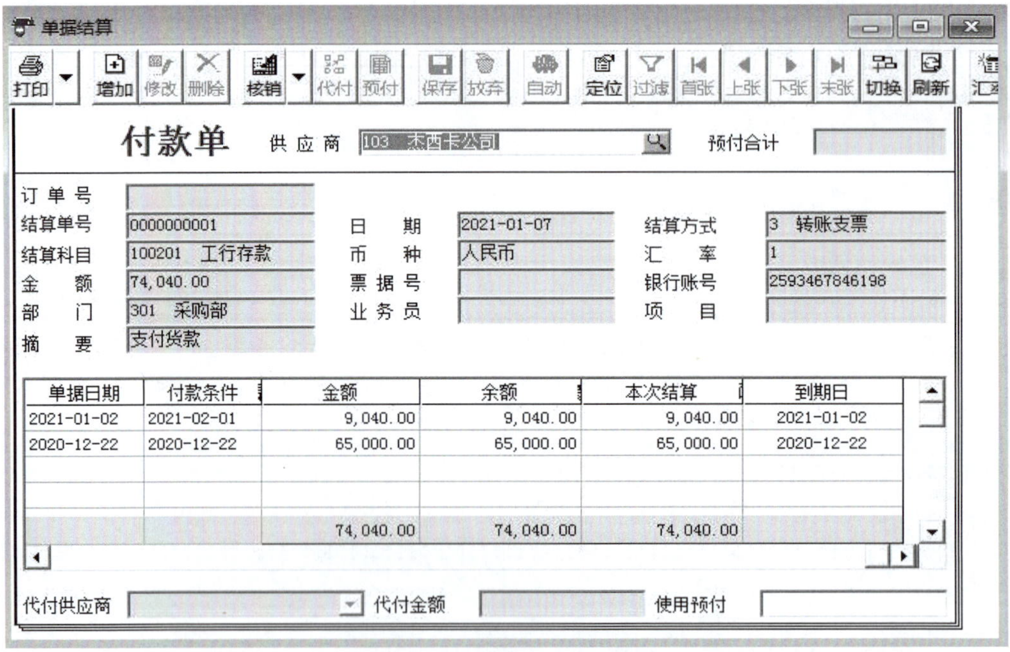

图 6-55　已核销完成的付款单

任务指导

(1)填制付款单时,必须先选择客户名称,才可以增加相应的付款单。

(2)已经核销过的付款单不能再进行弃复操作。

(3)当发生的业务为同一个供应商时,可逐笔核销,也可多笔合并进行核销。

(5)生成凭证,执行"核算"→"凭证"→"供应商往来制单"命令,打开"供应商制单查询"对话框,勾选"核销制单"复选框,如图 6-56 所示 。

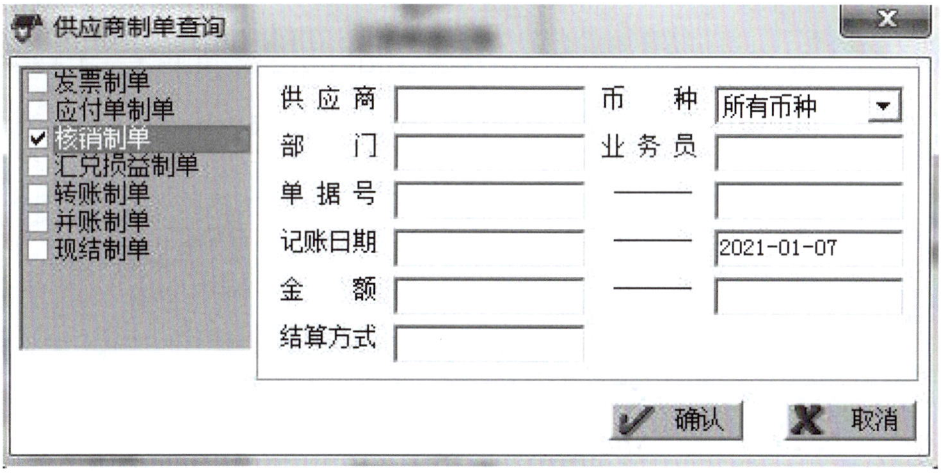

图 6-56 "供应商制单查询"对话框

(6)单击"确认"按钮,进入"核销制单"窗口,双击"选择标志",系统自动打上序号"1",如图 6-57 所示。

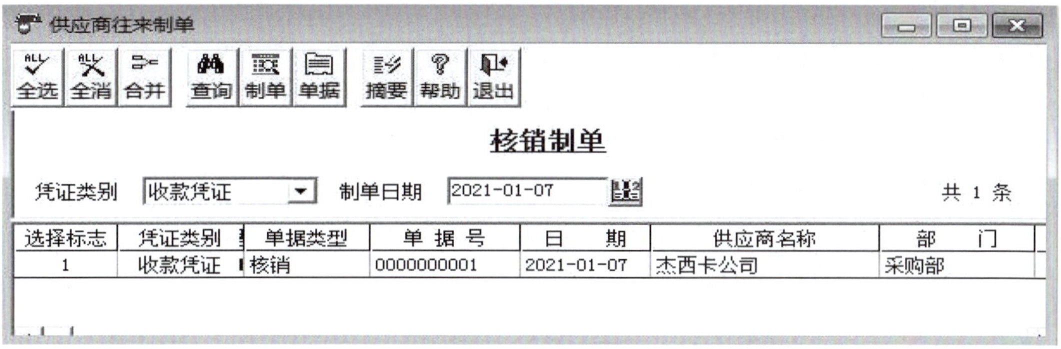

图 6-57 核销制单(3)

(7)单击"制单"按钮,系统自动生成凭证,选择"付"字类型凭证,单击"保存"按钮,在凭证上将自动显示"已生成"的标志,如图 6-58 所示。

2021 年 1 月 13 日,上个月 28 号向华实公司采购的 100 套多媒体软件到货,采购部验收无误入库,通过银行转账向华实公司支付货款 80 000 元,票据号为 Z84,要求填制付款单,并进行核销,生成凭证。

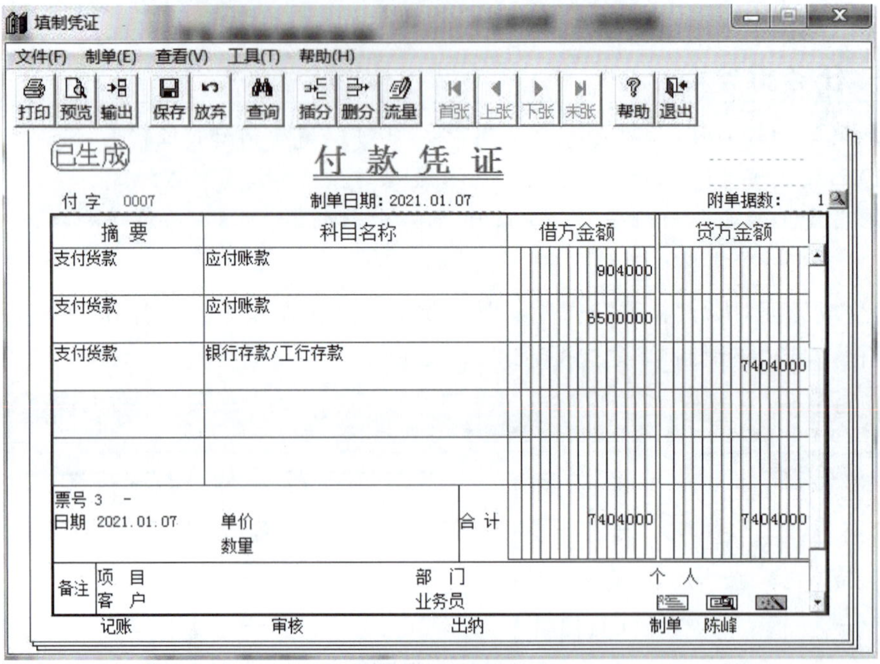

图 6-58 已生成的凭证(4)

任务流程

(1)以账套主管“CF 陈峰”身份于 2021 年 1 月 13 日登录“[020]旭日公司”账套。

(2)执行“采购”→“供应商往来”→“付款结算”命令，进入“单据结算”窗口，单击“供应商”的查找按钮，双击“华实公司”，单击“增加”按钮，按要求输入相关的收款单内容，单击“保存”按钮，如图 6-59 所示。

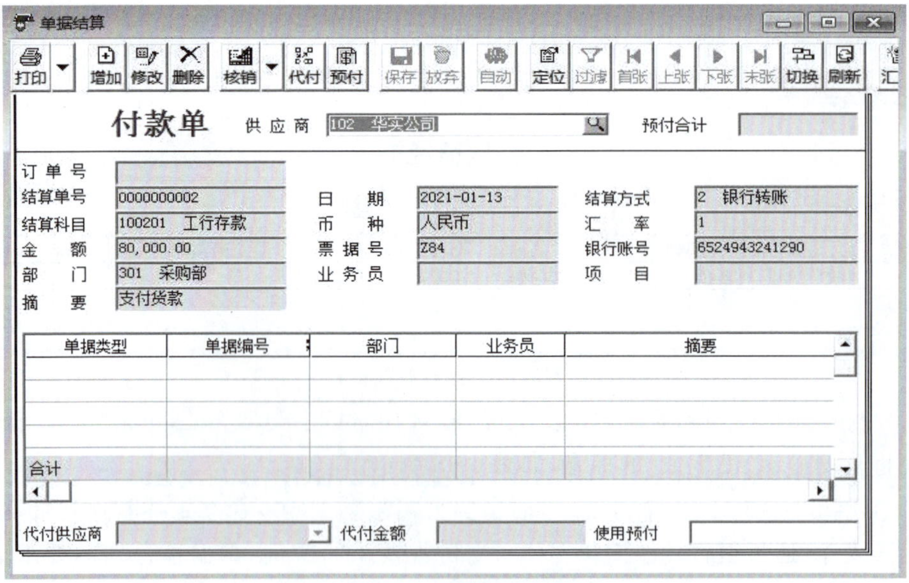

图 6-59 填制华实公司付款单窗口

(3)单击付款单上的“核销”按钮，系统自动列出华实公司可核销的项目，拖动单据下方的滚动栏至最右边，在“本次结算”栏输入“80 000.00”，单击“保存”按钮，核销完成，保存按钮变成灰色，如图 6-60 所示。

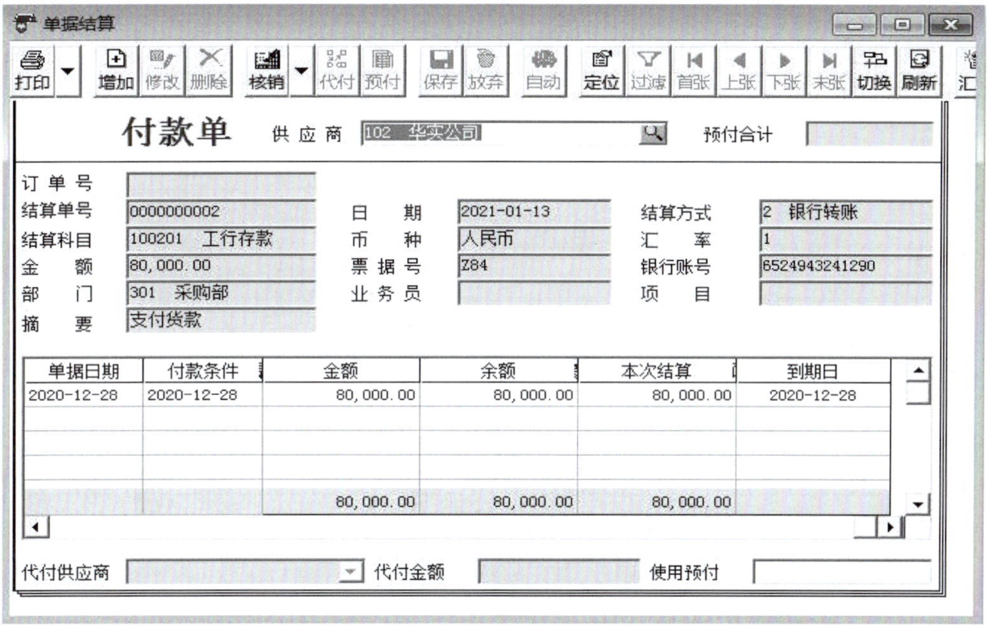

图 6-60 核销状态(3)

(4)生成凭证，执行“核算”→“凭证”→“供应商往来制单”命令，打开“供应商制单查询”对话框，勾选“核销制单”复选框，单击“确认”按钮，进入“核销制单”窗口，双击“选择标志”，系统自动打上序号“1”，如图 6-61 所示。

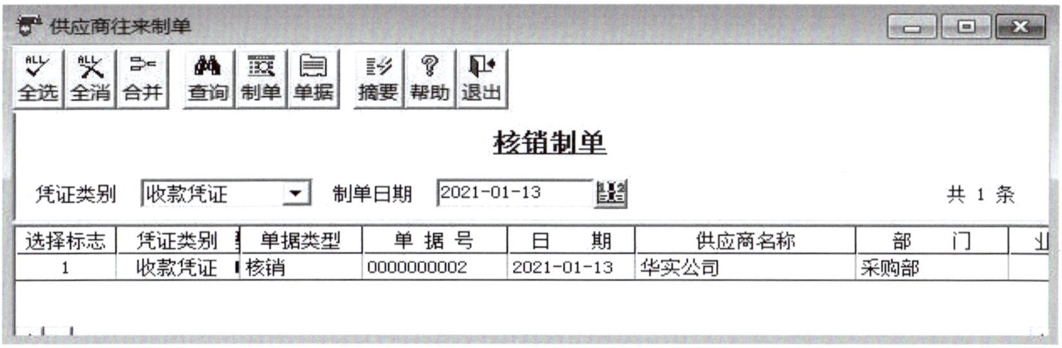

图 6-61 核销制单(4)

(5)单击“制单”按钮，系统自动生成凭证，选择“付”字类型凭证，单击“保存”按钮，在凭证上将自动显示“已生成”的标志，如图 6-62 所示。

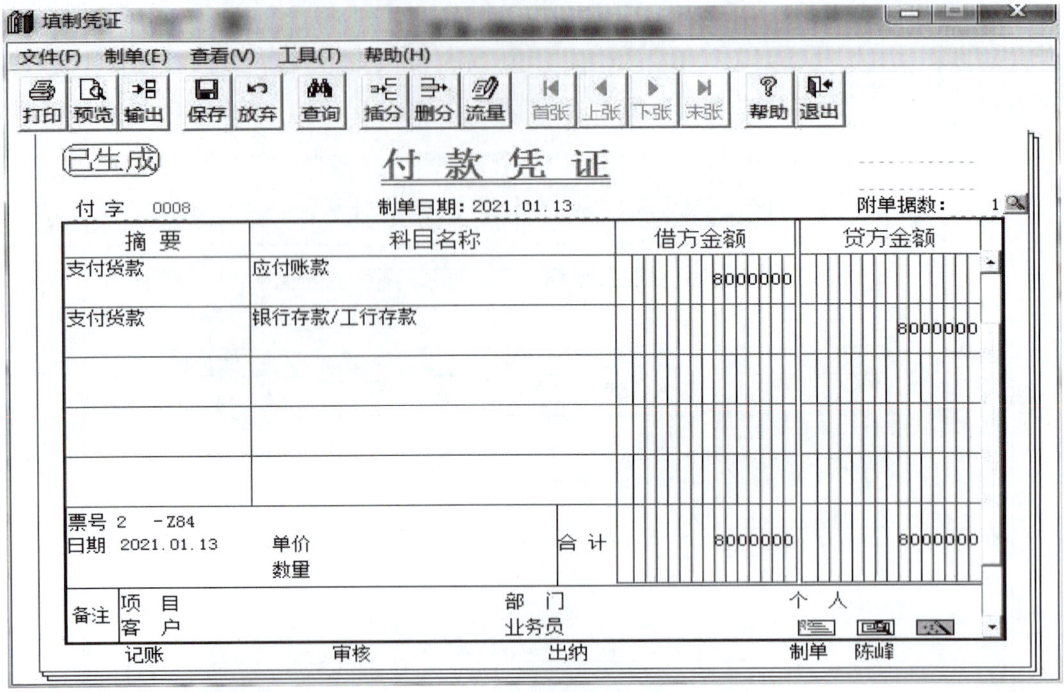

图 6-62 已生成的凭证(5)

任务实训

应收应付业务核算

【实验准备】

已经完成了之前任务实训的操作。可以引入配套资料中的“T3-5”账套。以操作员“LN 刘宁”身份注册进入“[030]哈百丽公司”账套。

【实验要求】

(1)进行系统期初设置。

(2)输入期初余额。

(3)业务填制。

(4)业务结算。

【实验资料】

1. 设置付款条件

编码:04;付款条件:4/5,2/15,1/30,n/60

2. 客户往来相关科目设置

表 6-11　　客户往来科目表

应收科目	1122
销售收入科目	6001
应将增值税科目	22210102